Cómo mantenerse
en la luz
con la ayuda
de los
ángeles

CÓMO MANTENERSE
EN LA LUZ
CON LA AYUDA
DE LOS
ángeles

JULIANA ACOSTA

© 2007, Juliana Acosta López
© 2007, Intermedio Editores, una división de
    Círculo de Lectores S.A.

Editor general: Alberto Ramírez Santos
Editor: Leonardo A. Archila R.
Producción: Ricardo Iván Zuluaga C.
Diseño: María Cristina Franco
Diagramación: Marca Registrada Diseño Gráfico
Diseño de carátula: Diego Martínez Celis

Licencia de Intermedio Editores Ltda.
para Círculo de Lectores S.A.
Calle 67 No. 7-35, piso 5
Bogotá, Colombia

gerencia@intermedioeditores.com.co

Impresión y encuadernación:
Printer Colombiana S.A.

ISBN: 978-958-709-640-8
A B C D E F G H I J

Impreso en Colombia - *Printed in Colombia*

A mi antiguo ser.

Contenido

En cada paso que das dejas una huella que muchos siguen.

Jesús

Prólogo

Este libro venía impreso en las olas del mar de California, recuerdo que pude escucharlo mientras contemplaba absorta uno de los atardeceres de San Diego, pero en esa época yo no sabía que escribiría libros, ni mucho menos que me demoraría muchos años en darle forma a esta obra. Sin embargo, este libro me hizo entender el poder de la continuidad, porque siempre sabemos cómo empiezan nuestros movimientos pero realmente desconocemos cómo y cuándo terminan. Y cuando el destino de nuestras creaciones es el de imponerse y salir adelante, no importa cuánto tiempo haya transcurrido ni cuántas personas, lugares y situaciones hayan pasado mientras se da paso a nuestras obras, porque de alguna manera ellas siempre están presentes.

Cómo mantenerse en la luz con la ayuda de los ángeles es un escrito peregrino, producto de los sabores y de las experiencias que he vivido en los últimos cinco años. Este libro exigió un gran número de viajes para poder contagiarme de las energías y de la inspiración que cada uno de estos lugares tenía y sus capítulos fueron dictados por los ángeles que habitan las tierras que visité. Estas páginas tienen el sabor del mar de California, se contagiaron del intelecto de Buenos Aires, se rindieron ante la mansedumbre de Medellín y salieron a la luz gracias a la grandeza de Boston. Estas palabras se llenaron de la energía de estos lugares y fueron inspiradas por las vivencias que hicieron inolvidables mis andares. En estos momentos vienen a mi memoria las experiencias que tuve que enfrentar para poder escribir este libro y créanme que fueron muchas, sin embargo esto en sí no es lo más importante, lo que realmente cuenta es que tuve que convertirme en otra persona para poder ser la autora de esta obra. Esta exigió lo mejor de mí y me obligó a dejar atrás un mundo seguro y conocido para aventurarme por un camino incierto que me llevaría de vuelta a mi ser. De alguna manera estas páginas se convirtieron en mi único retorno o, dicho de otra forma, en mi puerto más seguro y así como volví una y otra vez a la escritura de estas palabras, volví otra vez a obtener paz.

"Cómo mantenerse en la luz con la ayuda de los ángeles" es un título que fue dictado por los ángeles en uno de sus mensajes cuando apenas me encontraba escribiendo mi primer libro. Desde que escuché este título me gustó y supe de alguna manera que sería una obra interesante. Sin embargo, nunca me imaginé que tendría mucho qué aprender antes de convertirme en la autora de este texto, ni mucho menos sospeché que estuviera siendo guiada por un proceso de crecimiento personal que me pondría a prueba y que me enseñaría no sólo a distinguir la luz sino que me exigiría aprender a mantenerme en ella a pesar de todas las circunstancias que se me presentaran. Quisiera decirles que todo fue sencillo y que por el hecho de contar con la ayuda y la asesoría de mis ángeles las cosas se dieron de manera mágica, pero no fue así; sinceramente he vivido un proceso de formación muy complejo y difícil, pero no ha sido caótico y han sido los ángeles quienes se han encargado de combatir las oscuridades que me han acosado e iluminar mi camino para que mis pasos pudieran ser dados con convicción y con seguridad. Porque cuando se cuenta con la asistencia angelical, de alguna manera nos revestimos de una fortaleza ajena a nuestras capacidades y es gracias a esto que podemos avanzar hacia el propósito de nuestras existencias, es decir hacia nuestra propia verdad.

De manera que este libro contó con la asesoría permanente de los ángeles, quienes se valieron de sus mensajes y señales así como de situaciones muy variadas para transmitirme las enseñanzas que necesitaba aprender. Este libro ha sido el mejor testigo de mi transformación personal y guarda en cada una de sus páginas la evidencia de una nueva luz que empezó a emanar en mí de manera tímida, pero que con el paso de los años y de las situaciones que se me presentaron pasó a convertirse en una luz brillante, continua y hermosa.

Este libro es una especie de continuación de mi primer libro, *Llamados al amor divino a través de los ángeles*, ya que una vez pasada la emoción inicial de sabernos acompañados por nuestros ángeles nos vemos enfrentados de nuevo con nuestras vidas y con los mismos problemas de siempre. En esa medida, este libro nos da una mirada más realista de nuestra cotidianidad y nos ayuda a tener una relación más efectiva con los ángeles. Porque si bien es cierto que somos protegidos constantemente por estos seres de luz, la verdad es que los ángeles no pueden vivir nuestras vidas ni mucho menos enfrentar los cambios que necesitamos hacer para evolucionar. También es necesario saber que aunque contemos con la ayuda y la asesoría angelical aún tendremos que vivir situaciones incómodas y dolorosas. Pero si tenemos la convicción de saber que estas situaciones pueden ser vividas en compañía de nuestros ángeles, esas vivencias dejarán de ser traumáticas y se convertirán en experiencias formadoras.

Este libro está escrito a varias manos, las mías y las de muchos ángeles. Con esto quiero reconocer que las páginas que conforman esta obra han sido inspiradas por los ángeles y por ende a ellos les pertenece su autoría. La escritura de este libro se convirtió en un constante diálogo entre los ángeles y yo. Con el paso de los años mi relación con los ángeles ha crecido hasta el punto de haber aprendido a escucharlos con gran claridad y ha sido gracias a esto que he podido hacerlos partícipes de cada momento de mi vida. Contar con su presencia y con su asesoría constante me ha llevado a preguntarme más cosas de las que antes pensaba, ahora sé que todo lo que vivo envuelve una lección y una oportunidad de aprendizaje sin igual, y como estoy segura de que tengo un equipo celestial a mi lado no quiero desaprovechar la oportunidad de preguntarles más acerca del sentido de nuestras existencias y de las maneras en que podemos salir adelante. Sin embargo, escuchar sus sabias palabras no es suficiente para vivir una vida en la luz. Depende de nosotros y de nuestra capacidad de enfrentar nuestras verdades que lograremos alcanzar aquello que tanto anhelamos. En mi caso, los ángeles me han ayudado a reconocer los llamados de mi alma y sutilmente me han impulsado a seguir adelante, confiando en que mi camino es hermoso y puedo aprender a recorrerlo con gracia. Ellos siempre me repiten lo mismo: "con gracia niña, vive tu vida con gracia" y es así como me invitan a enfrentar y a superar mis mayores miedos, entre ellos, el de escribir este libro.

El primer cuestionamiento que les he hecho a los ángeles ha sido: ¿Por qué quieren que escriba un libro como éste si ya hay tantos libros similares?

Mi niña, que la originalidad no limite tu creatividad. No hay nada único ni original, todo es un proceso de la misma obra, es de-

cir, proviene de la misma fuente inspiradora, sin embargo, conserva su propio sello. Cuando accedemos a darle una forma a la fuente simplemente estamos acudiendo a un llamado de nuestra alma, a la razón de ser. Acudir a tu llamado es la razón de tu existencia, es el legado que has decidido propagar y para eso has sido diseñada. No dilates más tus procesos y comparte. Comparte con aquellos que resuenan bajo tus frecuencias y encuentran amparo en tus palabras. Son muchos, niña, los que se cobijan bajo el amparo de tus palabras de amor y de aliento. No lo dudes, que estás siendo guiada y amparada en este proceso, disfrútalo al máximo porque es en sí la razón de tu existencia. Haz que cada palabra vaya llena de aliento y de amor para quienes las reciben y de esta manera estarás propagando la luz. Tú eres la indicada porque tú misma has decidido hacerlo y nosotros respetamos tus procesos y te amparamos en ellos. El Señor camina de la mano contigo y te inspira en cada palabra. Siempre que dudes imagínate a tu padre que te extiende la mano y te invita a caminar a su lado, vas de la mano imagina-

ria de un padre que todo lo sabe y que sabe dejarte ser. Eres privilegiada, niña, como lo son todos; enséñales a traer a su padre a sus existencias, a encontrar su centro y a crear. Te amamos, niña, y bendecimos tu trabajo, queremos que sepas que estamos protegiéndote de todo, que estamos a tu lado y que estás amparada en tus procesos. Brilla niña y triunfarás.

¿Y cómo se continúa un escrito que se empezó años atrás?

Es como si en realidad no lo hubieras dejado porque siempre ha estado allí. El retomar algo que se ha dejado inconcluso es igual de normal que respirar; recordemos que cada ciclo de la respiración es energía contenida que proviene de la fuente. Cuando inhalan, se están apropiando de algo externo que ha sido puesto a su disposición para que puedan subsistir y marcar los ciclos de vida en sus ámbitos terrestres, sin embargo, para que el ciclo cumpla todas sus funciones y se renueve debe también expulsarse ese aire que se ha inhalado. Es como si usaras una fuer-

za que es prestada y luego la devolvieras dándole de esta manera parte del sello personal que ha dejado el aire a través de tu organismo, es así de simple, entonces retomar un trabajo que ha sido empezado en otro ciclo de tu vida consiste simplemente en realizar un proceso de exhalación de ese aire que se te ha prestado por un tiempo para devolverlo con un rasgo de tu personalidad, del matiz que has adquirido a través de los años. La obra sigue siendo la misma, eres tú, es tu creación, sin embargo ha estado suspendida un tiempo en tu espera. No lo dilates más, ha llegado el momento de brillar y de compartir, de enseñarle a los demás que el vivir es un talento que requiere paciencia y alegría, la alegría de compartir con los demás el poder de co-crear. Porque es así, todos estamos creando, generando, produciendo y cuando lo hacemos somos la fuente; cuando creamos nuestras realidades nos convertimos en el Señor. Creemos con amor, con color, con humildad y con felicidad, estos son los ingredientes para tener una vida plena, una vida sin limitaciones, una vida en la luz.

¿Qué quieren que escriba?

Siempre que decidas escribir algo pregúntate a ti misma si eso te funciona, si es algo que practicas y qué beneficios has alcanzado con eso. Es sacar la alquimia de tu mente y de la mentalidad de "pocos" para traducirla en fórmulas universales al alcance de todos los que quieran intentarlo. El hecho de entregar una fórmula es una responsabilidad grande porque implica que tú seas el mago principal de la receta, nos explicamos; cuando le enseñamos a los otros a brillar, a estar en la luz, nos convertimos de alguna manera en los generadores de esa luz de quienes nos siguen. No estamos diciendo que seas la creadora de la luz, pero sí eres parte del proceso de perpetuación de la creación original, porque el acceder a generalizar fórmulas que han estado al alcance de pocos te da una capacidad de fuerza universal, de fuerza de conversión en estos tiempos de guerra. Estamos en tiempos de cambios universales, de canalizaciones de fuerzas convergentes que difieren de las fuerzas regentes en tu planeta. Estamos iluminando el proceso de transición hacia una era de paz, una era en donde el amor reinará. Cree, niña nuestra, porque hacia allá te diriges, hacia allá se dirige la humanidad. Llegarán los tiempos de paz para todos, para todos por igual.

Siempre te has preguntado por la razón de la creación, la razón de tu existencia, y queremos decirte que ya la conoces porque ya conoces al Señor. Queremos mostrarte que lo importante no son las preguntas sino las maneras como respondemos ante nuestros interrogantes. Cuando pasamos de la pregunta hacia la acción le estamos dando paso a la evolución. Pasar de la mente al proceso es la misión de esta generación de almas. Ha llegado el momento de actuar acorde a los sentimientos producidos por sus esencias. Es un proceso largo y llamativo para quienes lo hayan buscado, sin embargo, es un proceso aterrador y desconocido para quienes no estén preparados. Estás preparada, niña, y lo sabes, no lo dilates más, estás en tiempo divino, acorde a tu plan original, es todo, amén.

Y a pesar de que luché contra mis miedos más grandes para darle vida a estas palabras, al final este libro ganó y me demostró su fortaleza. Hoy me siento muy orgullosa de entregarles estas páginas que me han enseñado una nueva manera de vivir. Espero que reciban estas palabras con amor y que abran sus corazones a la presencia angelical. Recuerden que no están solos y que sus ángeles están esperando sus llamados para ayudarlos a vivir sus vidas con amor. Yo aún no dejo de sorprenderme con la grandeza de los ángeles en todo el proceso de mi vida y me asombro al comprobar una y otra vez que los ángeles son unos seres de amor infinito y que siempre están a mi lado sin importar mis reacciones, mis errores y hasta mis descreencias. Porque yo necesito mucha fe para creer en sus mensajes y siempre les estoy pidiendo pruebas que confirmen la veracidad de sus palabras, sin embargo, los ángeles siempre me están dando mi tiempo y esperan con su infinita paciencia a que aprenda mis lecciones y esté dispuesta a continuar. Los ángeles con sus métodos amorosos y por qué no decirlo, hasta implacables, me han ayudado a transitar más cómodamente el camino que mi alma decidió recorrer. Por esto, ahora es mi responsabilidad darles estas páginas con la plena seguridad de saber que sus ángeles están a su lado esperando sus llamados para ayudarlos a recorrer el camino que decidieron emprender. Porque los ángeles recuerdan la ruta que su alma marcó al emprender su recorrido y ellos pueden guiarlos cuando la niebla de los temores empañe su visión, y serán ellos quienes los impulsen cuando sus cuerpos y sus mentes no quieran seguir. Así es que dejen a un lado su resistencia y ríndanse ante el poder de los ángeles. Permitan que ellos los guíen en sus recorridos y sorpréndanse con el misterio que lo desconocido les ofrece. Recuerden que con cada paso que dan se abre un camino nuevo y con éste se presentan nuevas posibilidades para vivir una vida en armonía. Sin embargo, no todo se dará fácilmente y cuando sientan que no saben qué hacer ni qué camino tomar, los invito a que respiren profundamente y disfruten sus procesos. Recuerden las palabras de mis ángeles cuando me impulsan a dar el primer paso y luego el segundo, mientras me susurran que continúe avanzando siempre con gracia.

MENSAJE DEL SEÑOR

Mis hijos son convocados en una misión universal de luz y de entendimiento personal. Acudan al destino que sus almas les imponen y entiendan que son llamados a la grandeza. De ustedes se espera lo grande, lo bello, lo magnánimo. No desatiendan el llamado de sus almas e iluminen su camino, dejen que ellas emigren de sus desolaciones y llévenlas por los senderos

de la luz divina y de la compasión universal. Cuando entiendan que es sólo bajo la
resonancia de la luz que podrán entender
sus procesos personales, se detendrán a
pensar en los demás y de esta manera afectarán sus recorridos y los de los demás. No
le teman al poder del amor y entréguenlo
siempre que les sea posible. Son amor y al
amor siempre retornarán. Los espero mis
pequeños. Engrandézcanse con sus misiones y cuando sientan que es el momento de
regresar a mí no lo duden, encuéntrenme
de nuevo que los estoy esperando. Los amo
hijos, no lo olviden.

Su padre, El Señor.

PRIMERA PARTE

Capítulo I

LA COMPLEJIDAD DE VIVIR

¿Y para qué venimos a este mundo si es tan difícil y sufrimos tanto?

Niña, este mundo es una escuela más que
está a la disposición de la totalidad, el gra-
do de complicación de las materias a cursar
depende exclusivamente de sus espíritus y
de las metas que su alma se ha propuesto

seguir. Verás, cuando emprenden el viaje de la encarnación, las almas son alojadas en unos espacios etéreos en donde se les prepara para emprender el viaje; no son enviadas a la deriva y no son enviadas a sufrir. Una vez elegida la misión se les prepara para partir con la convicción y la plena seguridad de que serán guiadas en sus caminos. Sólo cuando este acuerdo es pactado entre sus partes superiores y sus guías, sus ángeles asumen sus roles de centinelas. Niña, es como una cruzada en donde los caballeros eran nombrados miembros de la realeza antes de partir; solo cuando se tenía un caballero listo, el rey o el monarca de poder lo nombraba caballero y depositaba en él toda su confianza para emprender la labor encomendada. Cada uno de ustedes es un caballero y ha sido condecorado para su labor, del grado de dificultad de su misión y de la habilidad que tengan para llevarla a cabo dependerá su éxito, que en este caso es su regreso al hogar, a la totalidad. Entonces nos preguntas que por qué vienen y te respondemos que ustedes lo eligieron y como tal respetamos sus decisiones. Niña, ustedes no son forzados a vivir, al contrario,

*respirar es un privilegio que muchas almas
desean y pocas experimentan.*

Respirar: inhalar y exhalar. Inhalar: apropiarnos de la esencia, de la energía divina. Exhalar: entregarle nuestro sello personal. Inhalar y exhalar, es todo. No hay más, inhalar y exhalar constituye nuestra experiencia humana. Seguimos aquí mientras nuestras inhalaciones y exhalaciones continúen en orden y conserven su armonía, pero un día dejaremos de hacerlo. Un día tendremos un último inhalar o quizás sea un sólo exhalar. Y habrá concluido, nuestra experiencia humana se habrá desvanecido. Somos movimiento de aires, combinaciones perfectas que permiten que nuestros cuerpos funcionen. Pero, ¿somos sólo eso? Somos más que una danza de aire comprimido, inhalamos y exhalamos algo más. Inhalamos y exhalamos proceso; perfección; entendimiento; amor. Ahora inhale despacio y sienta su humanidad. Exhale despacio y sienta su ligereza. Inhale y exhale paciencia. Inhale y exhale sabiduría. Inhale y exhale amor. Inhale y exhale perdón. Inhale y exhale compasión. Comprenda que detrás de cada una de sus inhalaciones y exhalaciones se mueve un plan mayor. Inhale y pregúntese para dónde va. Exhale y pregúntese de dónde viene. Inhale y exhale confiando en que existe algo más que nuestra frágil humanidad.

Diles que fueron creados por el Ser máximo como una expresión infinita de su amor, diles que cuando respiran, Dios respira con ellos, diles que cuando sonríen el Señor también lo hace, diles que cuando viven le permiten al Creador expresarse en cada una de sus vidas. Son las pruebas vivientes de un Creador mayor, son el Creador dividido en enésimas moléculas que constituyen su componente original. Son el Creador actuando, son el Creador experimentando la cotidianidad. Sí niña, son el Señor y están llamados a encontrar el patrón que conforma sus esencias divinas, todos lo poseen, todos están experimentando una parte de la totalidad.

¿Todos, inclusive quienes clasificamos como malos?

Niña, comprende que el temor es lo que hace que las almas pierdan su camino a casa. El Señor siempre los guía pero cuando las tinieblas albergan sus corazones se desarrolla un camino paralelo y quienes deciden emprender sus vivencias guiados por los senderos del temor actúan de acuerdo con el poder del miedo. Todos,

niña, están en condiciones de recapacitar
y de emprender el camino de nuevo. Todos
pueden encontrar la luz si en realidad lo
desean. No importa las condiciones en las
que se encuentren, existe siempre la luz
en cada uno de sus corazones. Niña, todos
son Uno, todos son Dios, no le teman a sus
procesos y vivan con intensidad.

Tener al Señor en cada uno de nosotros significa poseer una herencia espiritual que nos corresponde a todos por igual. Así como recibimos de nuestros padres las herencias genéticas, así también recibimos del Señor las herencias espirituales. Todos estamos conectados a nuestros padres por unos lazos biológicos que determinan nuestros aspectos físicos y de esta misma manera estamos conectados a Dios, a su herencia espiritual. Es como si tuviéramos un ADN espiritual que nos hiciera partes infinitas de una misma cadena universal. Nuestros espíritus son los legados de nuestro Padre celestial en esta tierra porque cuando él nos creó nos dotó de un cuerpo, de una mente y conservó intacta parte de su misma esencia guardándola en nuestros sistemas a través de nuestros espíritus. El espíritu es una parte del Creador, es una extensión de su esencia en cada uno de sus hijos, por lo tanto, todos poseemos su divinidad y todos somos Él. Todos poseemos una parte de la esencia divina y esto hace que todos estemos conectados directamente con el Señor y con el resto de la humanidad. Todos estamos unidos a través de un mismo vínculo, lo cual nos unifica convirtiéndonos en una verdadera totalidad, en Uno.

MENSAJE DEL SEÑOR

Mis hijos, siempre sabrán que pertenecen a algo grande porque siempre me han sentido en sus corazones y como son hijos de un mismo padre todos son una misma totalidad. No quiero que duden de mi amor y de mi asistencia a cada uno de ustedes y quiero reafirmarles que son seguidos en sus pasos y amparados en sus misiones. No desesperen y conéctense conmigo que yo estoy esperando su intervención, recuerden que los habito y que les hablo a través de la calma, es todo.

El Señor.

Somos más de lo que vemos y podemos ser más de lo que somos. Después de vivir bajo el amparo y la tutela de los ángeles me he dado cuenta de cuán fuerte soy o puedo llegar a ser si simplemente me dejo guiar y confío en que mis ángeles me estarán mostrando los caminos que sean más favorables para mí. Porque no sólo estamos amparados en nuestros recorridos sino que fuimos creados fuertes. Los humanos tenemos la capacidad de superar los obstáculos que se nos presentan y podemos adaptarnos a los cambios. Y si esto no es suficiente, también poseemos la habilidad de analizar y de aprender de las situaciones que enfrentamos. La reflexión es un aspecto humano que nos lleva a un avance espiritual. El hombre tiene la capacidad de examinar cada una de las situaciones que enfrenta y puede aprender de ellas si en realidad lo desea. Porque nosotros tenemos la posibilidad de trascender las situaciones que vivimos gracias al poder de nuestras mentes y a la fortaleza de nuestros espíritus. Es una decisión personal el enfrentar una situación con una actitud específica y cada persona tiene la capacidad de engrandecerse ante sus problemas o quedarse atrapado en sus miedos. Debemos entender que el Señor está en nosotros y él es grande e ilimitado; todos tenemos la capacidad de conectarnos con su grandeza que es a la vez nuestra propia grandeza y, por consiguiente, todos podemos también ser grandes porque tenemos la herencia divina de nuestro Padre.

Nuestros espíritus están habitando nuestros cuerpos y mostrándonos los caminos para nuestra evolución, pero necesitan ser activados y escuchados. Cada persona puede acceder a su lado espiritual y darle cabida en su vida o, por el contrario, puede ignorarlo y silenciarlo. Sin embargo, todos hemos sido llamados a desarrollar nuestro espíritu y todos podemos aprender a hacerlo. Sólo debemos aprender a escucharnos, a ponerle atención a esa identidad que reside en nuestros interiores, en ese lugar al cual nadie más tiene acceso y que incluso hemos ignorado durante la mayor parte de nuestras vidas. Cada persona posee un tesoro invaluable que se halla en su interior. Porque es en su interior donde reside su espíritu, es decir, el Señor. Démosle paso a su expresión y gocemos sus beneficios. Eso fue parte del contrato espiritual que acordamos con el Señor. En ese pacto, nuestro Padre se comprometió a residir en nosotros como una prueba de su amor infinito y nosotros prometimos encontrarlo y escucharlo.

Alguna vez, en una de mis caminatas pude observar a un grupo de personas que se encontraban practicando Tai Chi. Esta disciplina oriental trabaja las energías del cuerpo por medio de unos movimientos que aumentan el Chi o energía, gracias al manejo especializado de la respiración y a la estimulación de los canales energéticos del cuerpo. Mientras observaba a estas personas hacer sus prácticas me di cuenta de que todos los movimientos que hacían los elevaban al cielo, como si se los entregaran al Creador. De alguna manera pude sentir esa conexión que todos tenemos con nuestro Padre y, aunque no es posible verla con nuestros ojos, todos estamos unidos con su presencia a través de unos cordones de energía que hacen que todo lo que se ha desplegado de la Fuente permanezca unido a ella y nunca pierda su conexión. Las personas que practican Tai Chi lo saben y gracias a sus movimientos fortalecen sus lazos con su fuente de energía y se contagian con su grandeza:

Respira y siente la presencia de la gracia, cuando te decimos que vivas tu vida con gracia nos referimos a que estés presente en cada una de tus respiraciones. Cada respiración tiene la propiedad de conectar con la fuente o recurso inicial de energía. Son energía, niños, y a la energía son llamados. Extenderse mas allá de sus confines corporales significa acceder a sus ámbitos espirituales que son los que en realidad los conforman. Queremos que trasciendan los límites que sus cuerpos les imponen y que se conecten con su realidad superior. Todos pueden hacerlo y es tan sencillo como elevar sus brazos al cielo e imaginarse un rayo luminoso que los alberga y los abra-

za en su infinita sabiduría. Respira, niña, siempre respira y no te agotes, comprende que con cada respiración recargas tus sistemas de energía. Los hombres respiran para compenetrarse con el todo y poder sobreponerse a las limitaciones humanas. Verás, ustedes han sido diseñados como sistemas de energía puros y como tales tienen la capacidad de ser la fuente en su totalidad o una partícula de ella. Nos explicamos; como sistemas de energía son completos en su existir y su funcionamiento depende de su propia capacidad para regenerarse, sin embargo, el Señor los dotó con un sistema alterno de energía que tiene la capacidad de recargarlos sin perder su misma energía en el proceso. Es como una batería alterna que tienen o un radiador que les está suministrando constantemente sus propios recursos. Cuando se sienten agotados quiere decir que su capacidad regeneradora se está agotando, entonces deben invocar nuestra presencia, nosotros inmediatamente los conectamos de nuevo con la esencia y esto hará que sus espíritus se aligeren y así renueven cada una de sus partículas. Niña, si ustedes supieran en realidad cuán sabios son sus sistemas de subsistencia y cuán bien elaborado ha sido el diseño de sus cuerpos, se sorprenderían de ver que son un microcosmos perfecto. Ustedes representan el rotar de las constelaciones a través de un eje imaginario que hace que todo lo que está se conserve en su lugar sin perderse y que todo lo que subsiste sea una pieza esencial para el plan original o maqueta primaria.

LA IMPORTANCIA DE COMPARTIR UNA EXPERIENCIA CORPORAL CON LOS DEMÁS

Son divinidades compartiendo caminos inciertos, caminos de preguntas que los llevarán a su Padre.

Hemos de recorrer el camino compartiendo experiencias inciertas, pero compartiendo. Nadie sabe en realidad para dónde va ni qué es lo que el futuro le tiene reservado. Nadie sabe cómo se desarrollará el día de mañana ni mucho menos cuándo será su turno de partir. Entonces, cuando nos sintamos solos y perdidos miremos bien alrededor y sintamos que todos estamos juntos en esto. Cada uno de nosotros comparte un destino sin definir. Cada uno de nosotros se mueve hacia alguna dirección y en algunos casos simplemente se mueve. Cada uno de nosotros se levanta cada día y desde el momento en que abre sus ojos empieza a pensar en todo lo que se le había olvidado cuando era libre, cuando la corporalidad no importaba, cuando estaba en un sueño profundo, cuando era simplemente espíritu. No sé por qué desde que abrimos nuestros ojos empezamos a arruinar la increíble experiencia de vivir. En lugar de agradecerle a la vida por una nueva oportunidad nos ponemos a pensar en los mismos problemas de siempre o a repetirnos una y otra vez lo mal que lo hemos hecho, pero no nos detenemos a agradecerle a nuestro cuerpo que haya decidido despertarse y con esto darnos una nueva oportunidad de experimentar la vida. Respiramos y no nos sentimos vivos, respiramos y nos atrancamos con cada una de nuestras respiraciones porque las hacemos de manera acelerada. Corremos de un lado a otro, nunca llegamos a tiempo, el día no nos alcanza para nada y en toda esta carrera no nos hemos detenido a disfrutar simplemente del hecho de existir. Estamos aquí y lo hacemos por aquello que los ángeles me han dicho una y otra vez, no es fácil obtener un cuerpo para poder experimentar este aprendizaje. Cuando pienso que estar viva es un privilegio y me veo corriendo de un lado para otro como un potro salvaje, decido detenerme y respirar con mayor profundidad, luego me invito a comer algo placentero porque pienso en todas esas almas que no pueden comer un delicioso helado de chocolate o una excelente pizza y en honor a ellas me degusto cada bocado mientras me repito que no quiero acelerarme, no quiero llegar antes de tiempo y más bien, quiero aprovechar cada minuto que este cuerpo y este mundo tienen para ofrecerme.

La vida es una escuela, es una universidad que le dará un título a nuestras almas, un título de amor y de comprensión. La vida nos ofrece oportunidades inmensas de crecer espiritualmente pero no nos obliga a esforzarnos en el aprendizaje. Y como en todas las escuelas se dan unos recreos entre clases, así también debemos vivir nuestras vidas, llenas de momentos de esparcimiento y de alegría. Sí lo podemos hacer, podemos dedicar unos minutos de nuestro día para hacer algo que nos guste, o simplemente para compartir un momento con alguien que amemos. Porque nuestras existencias son mayores de lo que creemos, ya que detrás de un día agotador siempre queda algo más que el cansancio de nuestro trabajo y de nuestras labores domésticas. De hecho, al finalizar el día también pueden quedar las sonrisas de nuestros hijos, la complicidad de nuestra pareja, el amor de nuestros padres, el agradecimiento de quienes hemos servido, el aprendizaje que la rutina de nuestro oficio nos dio y la satisfacción de habernos sentido útiles. Siempre hay algo más de lo que vemos; nuestras miradas desconocen el propósito de nuestras existencias. Fuimos creados para hacer algo más que las rutinas que conforman nuestros días. Y si bien nos levantamos y nos enfrentamos una y otra vez con el tedio de nuestras cotidianidades, siempre hay algo más que le da sentido a nuestras respiraciones. Porque siempre quedan los vínculos que creamos con las personas que nos encontramos y estas personas son quienes constituyen nuestras experiencias. Entonces, si estamos haciendo nuestra parte para obedecer a un plan mayor, les propongo que la hagamos a la perfección. No hay acción insignificante porque nuestros actos están determinando nuestras vidas y están afectando las vidas de quienes nos rodean.

Cada persona y cada situación que se desata alrededor de ella constituyen una oportunidad para crecer. Todo está ocurriendo con un propósito determinado y todos son aprendizajes que nuestra alma ha elegido y se ha comprometido a asumir para crecer. Esta frase la he dicho muchas veces, sin embargo, tiene su propio riesgo porque cuando la hemos memorizado empezamos a vivir todo en nuestras vidas bajo la mirada de la eterna sospecha y le asignamos a todo y a todos un significado que en muchos casos no tienen. No sé si me explico bien; lo que quiero decir es que si bien todo envuelve una lección y es nuestra misión encontrar ese aprendizaje y asimilarlo para poder avanzar, también es cierto que en algunos casos no hay nada oculto y nuestra misión es simplemente seguir con nuestras vidas sin preguntarnos por qué. No se imaginan la cantidad de personas que me hablan de momentos en sus vidas en donde todo fue una señal y todo se presentó de una manera mágica, cuando en realidad nada ocurrió y lo que eran señales fueron simples creaciones de sus mentes que los confundieron. Y si esto ocurre, y créanme que ocurre con mucha frecuencia, estamos llamados a reírnos, a aligerarnos, a olvidarnos y a seguir con nuestra búsqueda de más señales, de más razones camufladas bajo las razones aparentes, porque de tanto practicar y mirar más allá de lo que nos rodea descubriremos que en verdad todo tiene otro significado, que cada situación nos está enseñando algo, lo que pasa es que posiblemente sea algo muy diferente de lo que nosotros queríamos que fuera, y que debajo de cada razón sí existen otras razones. Tengamos siempre presente que a medida que vivimos nuestras vidas aprendemos lecciones que nos formarán para afrontar situaciones futuras. Quizá en el momento en que vivamos una situación en particular no podamos entender su grandeza ni sus lecciones, pero más tarde, si tenemos la capacidad de mirar la situación con cierto desprendimiento, podremos llegar a entender las razones por las que ocurrieron las cosas y los beneficios que esa experiencia trajo a nuestras vidas.

Es posible mirar nuestras vidas como si fueran obras de teatro que han sido creadas para enseñarnos algo. Cada persona representa un papel diferente y está actuando su parte de una manera efectiva y necesaria para su crecimiento. Nosotros somos los actores principales de nuestra propia obra, pero también podemos darnos el lujo de ser nuestros espectadores. No olvidemos que entre nuestro público se encuentran nuestros ángeles y, en cuanto guías nuestros, están esperando nuestros llamados para intervenir siempre y cuando el guión se los permita. Muchas veces ellos tienen la capacidad de dictarnos las líneas que hemos olvidado, otras veces encarnan unos personajes específicos, muchas veces son parte de la escenografía, también nos cambian la vestimenta, nos arreglan el vestuario y el maquillaje y siempre nos aplauden y nos entregan flores cuando la función termina y el telón baja por última vez. Siento que no he explicado quiénes son los guías, ¿me pueden ayudar por favor?

44

Los guías son las almas de espíritus que han concluido su recorrido por la Tierra; ellos, al igual que ustedes, emprendieron las lecciones corporales como una oportunidad de engrandecimiento, pero una vez asumidas las lecciones han decidido continuar con su labor de engrandecimiento asesorando a las almas que se encuentran en sus recorridos carnales. Los guías han experimentado el dolor, el placer, el perdón, la escasez, la abundancia, el llamado del alma como el eco de sus miedos. En términos más prácticos, ellos son de mayor ayuda para ustedes porque pueden entenderlos desde unos ámbitos que nosotros no. En otras palabras, nosotros carecemos de corporalidad y por lo tanto no hemos estado sujetos a los deseos de la carne ni a los temores de la mente. Esto hace que nuestras miradas sean descontaminadas y, de cierta manera, más puras, sin embargo, cuando los observamos estancados en procesos que no son naturales para nosotros entonces llamamos a sus guías, quienes pueden entenderlos mejor y guiarlos más efectivamente. Verás, niña, el Señor no tomó riesgos con ustedes, sus hijos amados, y por

eso los ha equipado con toda la clase de
ayuda que su experiencia corporal puede
necesitar. Pregunta, que aquí estamos...

Y si los guías ya han terminado con su experiencia
corporal, ¿pueden volver a esta Tierra?

*Verás, los guías aman el mundo y al ser
humano y consideran que todo es una expresión de la grandeza del Señor, recorren
sus vidas pero disfrutan sus procesos, se
descrestan con lo que ven y encuentran
que cada obstáculo es una oportunidad
para encontrar la luz. Los guías aman el
mundo y al Señor y por eso lo alaban con
su servicio a otras almas. Sin embargo,
llega el momento de fundirse con su Padre,
de ser la esencia, y el camino como ellos
lo han recorrido deja de ser y sus espíritus
vuelven a fundirse con la esencia divina.
Son momentos de contradicciones, de
dualidades, de nuevo, pero una vez fun-
didos en la esencia su camino continúa,
vuelven a ser para regenerarse de nuevo y
experimentar experiencias completamente
desconocidas para tu capacidad de entendimiento, es todo, amén.*

El establecer contacto con seres que pertenecen a otras dimensiones no físicas es uno de los pasos para despertar nuestra espiritualidad y asumir nuestro camino de formación, pero este contacto celestial es sólo uno de los peldaños que debemos subir para lograr nuestro objetivo espiritual. A partir del momento en que tomamos la decisión de crecer espiritualmente, nuestros espíritus activan las energías y las situaciones que los formarán y dan el consentimiento a sus guías para que empiecen a activar las situaciones y las personas que los ayudarán a alcanzar aquello que se propusieron antes de nacer. A partir del momento en que se acepta crecer espiritualmente, los guías y los ángeles que nos han sido asignados desde antes de nuestro nacimiento acuden a nuestro llamado y empiezan su camino formador. Y como en toda enseñanza, las lecciones que debemos aprender empiezan a aparecer en nuestras vidas al igual que los maestros que nos las impondrán. No hay enseñanza pequeña y no hay proceso de aprendizaje sencillo, sin embargo, si contamos con la asesoría angelical veremos cómo sus consejos harán que nos mantengamos en un estado de luz mientras estamos encarando una situación que consideramos complicada para nuestras capacidades humanas. Este libro pretende ayudar, aunque sea un poco, a que cada espíritu que habita un cuerpo encuentre las maneras de abrir sus canales a la luz y gracias a esto pueda mantenerse en un estado de depuración óptimo durante el tiempo que necesite para cumplir con su objetivo corporal.

LA DUALIDAD DE NUESTRAS EXISTENCIAS

Siempre nos movemos en medio de los contrastes, vivimos nuestros días en lo que dista entre el amanecer y el anochecer. Nos movemos siguiendo nuestros corazones o el mandato de nuestros temores. Sentimos placeres inmensos al igual que vivimos situaciones que nos desagradan con la misma intensidad. Pasamos de la euforia total a unos estados de tristeza profunda. Vamos de un extremo a otro. Nos sentimos completos para luego darnos cuenta de que algo nos falta. Pasamos de tener una meta específica a sentirnos completamente perdidos. Amamos con intensidad para luego odiar a quienes amamos. Somos femeninos o masculinos. Nacemos para morir. Somos duales y complejos por nuestra misma naturaleza, entonces, debemos entender nuestros opuestos porque sólo así descubriremos nuestra totalidad. Pero, si nos movemos constantemente en medio de los contrastes, ¿qué es lo que se espera de nosotros?

Encontrar un balance.

¿Cómo lo hacemos?

Siempre existen maneras de acceder al punto medio o estado de gracia, y volvemos con la palabra gracia, siempre pueden vivir sus vidas en medio de la calma que las situaciones conllevan. Si comprenden que son proceso y que todo proceso se compone de etapas, entonces pueden residir en la calma de saber que el resultado que tanto esperan está también en proceso. Es decir, en lugar de apresurarse en una serie de conjeturas que no tienen bases sólidas, deberían sumergirse en el llamado divino de la espera constante y disfrutar lo que involucra un estado de calma mayor. Siempre pueden reposar en medio de una gran labor sabiendo que todo sigue su curso y sigue un buen curso cuando ustedes depositan su confianza en el Señor y lo hacen partícipe del resultado final. Niños, ofrézcanle sus días al Señor y dejen en sus manos sus penurias, comprendan que existen los tiempos para todo y todos son proceso divino, es todo.

Y si nos movemos en medio de las dualidades y de los contrastes, ¿por qué se considera que Dios es sólo masculino?

Niña, nos agrada que nos hagas esta pregunta porque el Señor no tiene género, ya que es una totalidad. Verás, han sido asignados los poderes que los humanos le han conferido a sus existencias y a través de la historia se ha considerado que el poder reside en el género masculino, cuando en realidad este género depende por completo de su contraparte para existir. Ninguno es más que otro y ambos se complementan, entonces la totalidad es ambos: es padre y madre, es tanto presencia receptiva como acción, es una perfecta totalidad. Tú has decidido encarnar como mujer para darle poder a la mujer. Es una misión sagrada que al Señor le complace que la hagas, porque la esencia es tanto masculina como femenina, es la totalidad; por consiguiente, cada una de sus partes tiene el mismo poder, gracias niña por tus andares como mujer.

VISLUMBRAR LA LUZ, AUNQUE SEA A DISTANCIA

Una de las cosas que más me ha sorprendido de todo este proceso con miras a vivir mi vida bajo el amparo divino, es que he tenido que aprender a usar la fortaleza para continuar con mi camino, es como si el

acceder a estar en gracia o en comunicación directa
con el Señor me exigiera convertirme en un ser fuerte
capaz de defender mis ideales a pesar de todo lo que
me dicen y lo que se presenta en mi camino. No sé
por qué creí alguna vez que estar en armonía con el
Señor significaba tener una sonrisa sutil en los labios
y un gesto permanente de asentir por todo y frente a
todos. Sin embargo, desde que empecé mi camino con
los ángeles la experiencia me ha demostrado algo diferente y aunque sí resultó ser cierto que uno conserva
una sonrisa permanente, también se ha desarrollado
en mí una gran capacidad de expresar mis ideas y de
defenderlas sin dejar que las reacciones de los demás
afecten mis creencias. De manera sutil pero firme, los
ángeles me han llevado a levantar mi voz y cuando
digo esto quiero referirme más a una manera poética
de decir que me han hecho hablar con mi verdad, no
con la verdad de los demás y gracias a esto he podido
empezar a vivir mi vida, no la vida que otros habían
soñado para mí y esto ha sido toda una aventura, por
no decir que una constante sorpresa para mí y para
quienes me aman. La luz del Señor se ha convertido en
mi espada y cuando uso esta palabra no me refiero al
sentido literal de herir que ésta lleva implícita, sino más
bien al uso que se hace de ella cuando nos tenemos
que defender. Porque cuando las tinieblas emergen,
y créanme que lo hacen constantemente, debemos

empuñar la espada de la fe, llamar a nuestros ángeles y despejar el espacio para poder vislumbrar el sendero de la luz. Y cuando decidimos recorrer este camino, la oscuridad se nos presenta con mayor fuerza y nos reta a demostrar que en realidad estamos listos para ver más allá de la niebla de nuestras ilusiones. Es como si la ruta del amor, de la luz constante, exigiera que primero combatiéramos todo lo que se interpone en el destello del Señor. En la ruta del amor se presenta un sinnúmero de tinieblas que empañan la visión final y en muchos casos no nos dejan ver hacia qué destino vamos. Pero el camino de la luz siempre nos lleva a casa, nos lleva de regreso a Dios.

> *Siempre estamos haciendo un recorrido desde la oscuridad hacia la luz, de alguna manera se asemeja al recorrido que las almas emprenden en el momento de encarnar. Verás, antes de que los humanos nazcan, sus espíritus son aislados en unos espacios conocidos como las incubadoras etéreas, y las denominamos incubadoras porque están incubando el propósito de sus misiones que es en sí la razón de ser de sus existencias. Sus almas son aisladas y quedan al amparo de unos ángeles protectores que se encargan de que se conserven en*

paz. En todo este proceso reside un espacio de paz y, por qué no decirlo, de una cierta oscuridad, en el sentido de que poco a poco las almas van olvidando quiénes son y lo hacen para poder recordar. Una vez en el proceso del oscurantismo, sus cuerpos están esperando su arribo, el cual se efectúa por completo en el momento del nacimiento con el primer respiro. Como ves, pasan de la oscuridad a la luz, y una vez que abren sus ojos y permiten que sus cuerpos se adapten a sus nuevas existencias, empiezan a ver todo con nuevos ojos, con unos ojos de sorpresa frente a este mundo y a sus maravillas. Entonces tienen de nuevo luz y, como sus espíritus están en contacto permanente con sus guías y con sus ángeles, pueden de nuevo ver. Sin embargo, las tinieblas emergen cuando los humanos dejan de ver el mundo espiritual y se adentran por completo en su realidad física, entonces aquí viene de nuevo un oscurantismo, salvo que en este caso es sólo su alma quien los puede sacar de este estado y mostrarles de nuevo la luz. El creerse solos y desconectados de la esencia hace que sus mentes le den vida a lo que denominamos el miedo *perpetuo y así todo pierde su sentido y cobra un dinamismo que no hace parte de su esencia. Todo deja de ser claro para opacarse, con lo que ustedes empiezan a dejarse llevar por sus miedos.*

PARA EMPEZAR A VER, PRIMERO DEBEMOS DEJAR DE HACERLO

Querer mantenerse en la luz implica un reconocimiento de ella y de los fenómenos naturales que la producen y la conservan. Luego de que se ha identificado la fuente podemos pasar a ver los factores que la acrecientan como también aquellos que la disminuyen. Es una perspectiva más general porque de alguna manera tocará ambos lados de una misma cara, ambos espectros de las frecuencias de la energía. Tenemos que considerar la oscuridad para conservar la luz y extenderla hacia los demás.

Desde que empecé a trabajar con los ángeles he evitado hablar de la oscuridad, es más, siempre que me preguntan por ella en uno de mis seminarios respondo lo mismo: así como existe la luz también existe la oscuridad, pero yo trabajo sólo para la luz y no digo más.

No sé por que tengo esta reacción pero siempre he pensado que entre menos sepa de la oscuridad y de sus fuerzas, menos posibilidades tengo de convocarla. Sin embargo, con el paso de los años he podido entender que la oscuridad no es una presencia con vida propia o un demonio que está esperando la primera oportunidad de debilidad que tengamos para atacarnos. La oscuridad vive también en nosotros y es una fuerza que está presente en nuestras vidas, me atrevería a decir que es la fuerza que predomina en nuestras existencias cuando aún no hemos aprendido a vivir en la luz. Desde que cuento con la continua asesoría de los ángeles he dejado de juzgar a la oscuridad y de temerle; no me malinterpreten, esto no quiere decir que no le tema a nada ni a nadie, al contrario, he aprendido a ser más cuidadosa y como tengo un mayor entendimiento del poder de mis miedos y de la capacidad que tienen para crear situaciones poco favorables para mí, he aprendido a combatir la oscuridad y a desenmascararla hasta el punto que esta actitud se ha convertido de nuevo en luz. Entonces, ¿qué es en verdad la oscuridad?

> *La oscuridad es la ausencia de la luz, de la presencia del Creador. Cuando los hombres olvidan su conexión con el todo, se pierden en su camino y comienzan a vivir sus vidas amparadas bajo la tutela de sus*

temores. Esta ausencia de la luz empaña su visión e impide que sus acciones sean regidas siguiendo la luz que se imprime en sus corazones. Entonces la oscuridad es una pérdida momentánea de la luz, y decimos momentánea porque tan pronto se vislumbra un rayo de luz deja de ser un estado perpetuo y se convierte en un espectro más de la luz, recuerda que la luz es la presencia de todos los colores y la oscuridad es la ausencia, no es más. De modo que cuando entendemos que sólo en la luz se puede percibir una amalgama completa de colores podremos entender que la verdad en sí tiene diferentes mani-festaciones o distintos matices, y nuestro entendimiento se expande.

¿Entonces la luz y la oscuridad vienen a ser lo mismo? Y si es así, ¿cómo es posible que ocurran tantas cosas malas en este mundo? ¿Quién permite esto?

Con respecto a tu pregunta queremos decirte que tanto la luz como la oscuridad hacen parte de la misma esencia; te pre-guntarás cómo es posible el mal cuando tu padre es un ser de amor. Niña, para el

Padre todo constituye una posibilidad de acercamiento a la luz. Siempre podemos desarrollar una actitud de amor hacia el otro aún cuando todo se presenta en un estado de desolación. Nos explicamos, niña: todos los humanos están provistos con las mismas herramientas para amar y para encontrar la verdad, sin embargo, unos eligen no escuchar sus corazones y pierden el rumbo, es simplemente eso, una pérdida del rumbo, pero niña, ¿cuántas veces no lo hacemos? El Padre no cuenta las pérdidas sino los hallazgos y para eso estamos aquí, estamos para iluminarlos al andar. Sabemos que temes escribir estas palabras y te lo agradecemos, pero necesitamos que le expliques a los demás que detrás del peor acto que se pueda cometer residen los ojos de un alma arrepentida. Arrepentida porque no pudo escucharse; porque se perdió; porque no encontró su rumbo; porque perdió su contacto con su grandeza; porque olvidó en verdad quién era. Compasión, compasión es lo que se les pide, es hora de perdonar y de seguir. Lo han hecho bien, niños, y el mundo es más que esto que ustedes ven, el mundo es un lugar de amor y de comprensión, no lo duden. Queremos que les muestres a los demás que el perdón es el Señor. El Señor siempre los ha perdonado, entonces, ¿ustedes por qué no pueden hacerlo? ¿Por qué medir el trayecto de un alma por un mal momento? Es sólo eso, un mal momento.

¿Y qué se hace para perdonar a alguien que ha terminado con la vida de otra persona? ¿Qué se le dice a la familia de quien ha perdido a un ser amado por un mal momento de otra persona?

Respira niña, te canalizamos, agradecemos este esfuerzo porque sabemos que le temes a la verdad, pero escribe que nosotros haremos el resto. Niña, no somos quiénes para juzgar a nadie. Nadie tiene ese derecho pues ni su padre celestial lo hace. Son uno, son únicos y son amor. Un mal momento no representa el trayecto eterno de un alma, aquí podemos verlo de manera grande, magnánima y podemos entender este proceso, no lo estamos justificando pero sí podemos entenderlo. Niña, compasión por el otro es lo que se pide. Si vieran los ojos de quienes han errado entenderían

*que sus almas se encuentran aprisionadas
por el temor que sus mentes producen.
Son almas aprisionadas, almas que han
necesitado más amor para expresarse. Es
con amor que se llega a la perfección, es
con perdón que se llega al entendimiento
y es con humildad que se llega a Dios. No
lo dudes y escríbelo. Gracias niña, te amamos y te estamos canalizando. Recuerda
que tu padre te acompaña en esta misión
y mientras tú escribes estas palabras, es
él quien las inspira en tu alma, recuerda
lo que ya aprendiste y enséñaselo a los
demás, pregúntanos que aquí estamos.*

Si la luz y la oscuridad son lo mismo, ¿es Dios oscuro
también?

*No le temas a tus preguntas, el Señor alaba
tu curiosidad. No te detengas, lo sabes, Él
es uno, es amor, no es dual. El Señor ha
manejado sus polaridades porque él es el
centro de todo, en él convergen los opuestos porque él es la totalidad. El considerar la
oscuridad como el oponente de la luz sería
desmentirle su verdadera propiedad. En
realidad la oscuridad es el complemento de*

la luz y cuando esta propiedad se entienda sin ser juzgada se podrá ver el espectro en su totalidad.

Entonces, no hay bien ni mal y si no lo hay, ¿de dónde sacamos esas ideas?

Niña, nos complacen tus preguntas, has avanzado y estamos orgullosos con tu cambio. Verás, todo hace parte de la misma ecuación, es como si tuviéramos las variables y el resultado final fuera cero, lo cual nos lleva a la conclusión del silencio eterno. Porque es así, no hay nada que sea tanto. No hay bien que sea tan meritorio para promulgarlo al viento ni mal que sea tan estrepitoso que no sea enunciado. Es una ecuación combinada que da un resultado final de cero, de proceso, de punto de inicio al igual que de punto de partida. No sabemos si queda claro lo que no se puede decir, pero es que nosotros no tenemos la capacidad de juzgar, sólo seguimos los latidos de sus corazones y todos, niña, los tienen, todos tienen un alma que grita su nombre, todos tienen un alma que conoce la esencia y todos la extrañan, es todo, amén.

Después de haber recibido estos mensajes siento que el tema de la oscuridad no es tan importante como yo siempre creí, es más, he sido yo quien ha querido insistir en este tema y le ha dado una importancia que quizás no tenga. Los ángeles se han limitado a contestar muy cortésmente mis preguntas, pero siento que los cansé con el mismo tema y muy educadamente me dijeron adiós, así es que debe ser que no hay más que decir, por lo menos por ahora.

Sigue tus pasos y recuerda que tus huellas
guiarán a otros caminantes.

Capítulo II

Las tinieblas: la caverna personal

Los caminos a casa son iluminados,
los caminos a casa siempre se iluminan al andar.

Cuando empecé a escribir este libro no me imaginé que tendría que convertirme en una verdadera maestra de la luz, sinceramente me tomó desprevenida el proceso de formación tan grande que me estaban impartiendo mis ángeles y aunque tuve que ceder y hasta renunciar a mucho de lo que consideraba como mi verdad, poco a poco fui entendiendo lo que los ángeles estaban tratando de hacer: ellos querían enseñarme que para ver la luz primero tenía que renunciar a lo que consideraba como cierto y en algunos casos único y aprender a confiar en un plan mayor. Ellos me mostraron que mi vida, tal como la estaba viviendo, era limitada. De mí se esperaba más, ¿y quién lo esperaba? Yo misma, era mi espíritu quien estaba esperando empezar a disfrutar este proceso tan hermoso que constituye cada una de mis respiraciones. Hoy puedo decirles que todo ha valido la pena, pero tuve que pasar por muchos momentos de incertidumbre, de dudas y derramar muchas lágrimas antes de empezar a ver la luz.

He sobrevivido a una experiencia de oscuridad y ahora estoy segura de que toda esa oscuridad fue producida por mí. Muchas veces me pregunto el porqué tuve que experimentar todo lo que viví, pero cuando veo mi vida en estos momentos y compruebo cuán bien me siento conmigo misma o, como dicen, en mi propia piel, siento que todo ha valido la pena. Sobrevivir a nuestras propias oscuridades y decidir salir de nuestras propias prisiones nos da una sensación de bienestar y de libertad que jamás habíamos conocido. Y cuando nos sobreponemos al malestar y la tristeza que nuestros deseos e ilusiones han creado en nuestras mentes y por fin le damos paso al Señor para que actúe y sea creativo, podemos comprobar que en realidad nuestro Padre es ilimitado como ilimitados son sus recursos para sacarnos adelante. Porque es así, todos podemos salir adelante si estamos dispuestos a renunciar a "nuestra verdad", porque nada es completamente cierto salvo la incertidumbre, de manera que en vano perdemos tanto tiempo y tanta energía conjeturando e imaginándonos cosas que quizás nunca van a ocurrir. Alguna vez escuché una frase que decía que la vida siempre te daba lo que necesitabas para un día y he podido comprobar que si me concentro en mi presente y no pienso en todo lo que ya pasó ni en todo lo que pasará, entonces aquella frase resulta cierta. La vida siempre me da lo que necesito para sobrevivir cada uno de mis días y, lo que es más hermoso, me da mucho más. Si tenemos lo que necesitamos para vivir este día en particular accedamos a vivirlo con intensidad, con felicidad y, sobretodo, con agradecimiento.

Mi camino hacia la luz ha sido un camino muy largo porque empezó desde que tengo memoria. Siempre supe que había algo más para mí, que había sido diseñada para hacer algo con sentido, pero ¿y qué era eso? Era algo más que mi trabajo regular y mis títulos universitarios, tenía que ver con la gente... ¿qué era? Esa pregunta siempre estuvo en mi cabeza y me angustió, por decirlo de alguna manera. También tenía un sentimiento de insatisfacción constante, no era feliz con lo que hacía y por más que me esforzara en hacer bien las cosas, no sentía que era satisfactorio para mí. Este sentimiento también afectó mis relaciones personales, especialmente las románticas, porque yo esperaba encontrar en mi pareja todas las respuestas a mis inquietudes y cuando me daba cuenta que esa persona también tenía las mismas preguntas y estaba tan perdido como yo, me desesperaba y se lo hacía saber. De alguna manera, esperaba que un príncipe azul viniera a mi encuentro y me rescatara de las tinieblas de mis propias insatisfacciones pero, en lugar de que eso ocurriera, tan pronto tenía el príncipe azul las tinieblas aumentaban y todo se tornaba caótico. Siempre esperé demasiado de los hombres que me acompañaron en esos momentos y ahora quisiera disculparme con ellos por eso. Solía pedir que ellos tuvieran todas mis respuestas y me solucionaran la vida entera, lo que nunca ocurrió; mi proceso fue el opuesto y de alguna manera mi aprendizaje me exigió el camino de la soledad como medio para encontrar mis respuestas y aprender a crear mi propia felicidad. Me tomó muchos años pero finalmente aprendí a ser mi mejor amiga y a maravillarme con las sorpresas que mi propio ser me ofrece. No ha sido fácil, sobretodo porque se viven muchas presiones externas cuando se alcanza la edad de responderle a la sociedad por quién eres, qué haces y con quién decides establecerte; cuando estas respuestas no son convencionales y no son específicas, como suelen ser las respuestas del alma, las personas que te rodean tienden a estar confundidas y a transmitirte esta confusión cuando tienen alguna oportunidad. Entonces ya no sólo se trata de saber qué es lo que tu alma desea hacer, sino también de tener la valentía de hacerlo y seguir los llamados del corazón. Pero, ¿qué pasa cuando esos llamados no te llevan a ninguna parte? ¿Qué pasa cuando esos impulsos parecen llevarte por caminos equivocados? ¿Cómo es posible seguir en la luz cuando no ves nada? ¿Cómo es posible seguir en la luz cuando no tienes idea de para dónde vas? Las respuestas a estas inquietudes y a las que tengan en sus mentes no se las puedo dar yo y creo que nadie más puede hacerlo, porque los únicos que realmente lo saben son ustedes mismos. Sin embargo, yo les puedo mostrar una serie de caminos que los ayudarán a recordar que la luz siempre existe, de hecho, la luz siempre está ahí y no hay ninguna oscuridad que pueda ganarle porque la luz siempre predomina, en la medida en que contiene la capacidad creativa y regeneradora del Señor. No temamos andar el camino de las tinieblas siempre y cuando tengamos en cuenta que podemos salir de él, que podemos pedir ayuda y que el camino de la luz se nos mostrará. No estamos solos en este recorrido y aunque a veces parezca que sí, recordemos que nuestros ángeles andan silenciosos a nuestros lados esperando nuestros llamados.

SALIR DE LA CAVERNA

Salir de nuestras cuevas, de esas prisiones que hemos construido con tanto esmero, es quizá el primer paso para el encuentro de la luz. En primer lugar, debemos tener la fortaleza de querer salir, es decir, debemos comprender que las maneras en que hemos elegido vivir nuestras vidas a lo mejor no sean las formas más óptimas para obtener aquello que tanto hemos anhelado, de modo que decidir romper con ese modelo de vida que tanto conocemos significa estar dispuestos a cambiar para vivir algo desconocido. Cuando damos un primer paso afuera de la caverna podemos vislumbrar que existe un camino desconocido enfrente de nosotros y que caminarlo será algo completamente nuevo en nuestras existencias. Esa incertidumbre produce miedo pero a la vez un sentimiento de liberación, porque por fin estamos accediendo a romper con nuestras propias cadenas y esto, en sí mismo, es el primer paso para nuestra liberación. Entonces damos el primer paso, vislumbramos el camino y decidimos caminarlo. Lo que no nos imaginamos es que con esta acción le estamos diciendo adiós a situaciones, a lugares y a personas que habitaban con nosotros en la caverna. Nadie nos dijo que para enfrentar el camino nos teníamos que desprender de lo que conocemos o, lo más triste, de las personas que amamos. Nadie nos informó que tendríamos que viajar ligeros para poder avanzar más. Nadie nos contó que todo esto nos causaría miedo. Muchos de nosotros damos el primer paso y cuando miramos atrás y observamos que estamos dejando a un lado ese sentimiento de comodidad nos acobardamos y decidimos entrar de nuevo en la caverna, y cuando lo hacemos y miramos con detenimiento las paredes que nos encierran y que tanto esfuerzo nos ha costado construir, nos sentimos bien de no haberlas abandonado y sonreímos porque hemos decidido regresar. Otros, en cambio decidimos dar el segundo paso y con este el tercero y empezamos a confiar en que nuestros nuevos andares serán más firmes que los anteriores y que conocerán mejor el nuevo rumbo, sin embargo, a medida que avanzamos nos damos cuenta de que no tenemos idea hacia qué lugar nos dirigimos, entonces nos detenemos y miramos para atrás, pero ya no vemos la caverna, la hemos perdido de vista o quizá simplemente se ha desvanecido porque nunca fue real. No vemos nada hacia atrás y hacia adelante sólo sigue el mismo camino, estamos solos y no sabemos qué hacer. Entran las dudas, la confusión y el arrepentimiento por haber dejado lo único que conocíamos. Entonces nos detenemos y nos sentamos en la mitad del camino y decidimos no seguir andando, simplemente nos detenemos. Pero otros decidimos continuar caminando sin importar hacia dónde nos dirijamos ni las condiciones del viaje. Esos caminantes sentimos que no podemos dar vuelta atrás porque aquello que hemos dejado ha desaparecido para siempre y por eso queremos encontrar lo que tanto anhelamos. Somos caminantes que aunque no conocemos el camino nos sentimos liberados de haber dejado atrás los viejos senderos que nos mostraron rutas que ya no queremos andar. Somos caminantes que estamos a la espera de encontrar las sorpresas que esta nueva ruta tiene para ofrecernos y aunque no estamos seguros de saber en realidad qué es lo que andamos buscando, empezamos a mirar de manera diferente las señales que nos presenta este nuevo camino. Somos caminantes que empezamos a perdernos en el eco de nuestros pasos para encontrarnos con nuestra propia identidad. Y si al principio dudamos y hasta padecimos el comienzo del peregrinaje, con el tiempo hemos aprendido a descifrar el lenguaje de la verdad y hemos comprobado que poco a poco nuestros pasos se van haciendo más firmes y más seguros hasta el punto en que han llegado a convertirse en los ecos que guían a otros caminantes. Porque todos los caminantes somos guiados por los ecos de otros caminantes que a su vez han sido guiados por los huellas de quienes emprendieron el viaje antes. Y a medida que seguimos caminando nos vamos encontrando a otros caminantes que al igual que nosotros decidieron dejar sus cavernas para salir a explorar algo más. En algunos casos, esos caminantes pueden señalarnos la ruta y guiarnos en buena medida en la realización de nuestros trayectos, pero nosotros también podemos guiar a quienes necesiten de nuestra ayuda. Porque todos caminamos siguiendo diferentes propósitos y por lo tanto nuestras visiones son complementarias. Todos tenemos distintas metas y, aunque compartimos el mismo camino, lo andamos siguiendo diferentes ritmos. Sin embargo, todos estamos en capacidad de llegar a una meta determinada pero no única ni final y, cuando lo hacemos, observaremos que ahí nos están esperando algunas personas que abandonamos cuando salimos de la caverna. Esas personas también salieron a recorrer sus propios caminos para terminar en el punto de encuentro, en la unión de su camino con el nuestro. En la meta habrá también nuevos caminantes que estén esperando escuchar nuestras noticias del camino y cuando se contagien de nuestro entusiasmo quizás decidan dar el primer paso de su peregrinaje, porque siempre podemos darle un impulso a quien en verdad lo necesita.

Estamos en una resonancia de amor y seguimos todos tus pasos. Siempre que te sientas perdida recuerda que eres amada y seguida por nosotros. No estás sola y nunca lo estarás. Sigue la danza de tu vida y ten en mente que somos tus proyecciones celestiales. Ten en mente que tus alegrías son nuestras alegrías y que tus pesares son nuestros abatimientos. No te sientas sola porque no lo estás y extiende tus brazos a las experiencias de la vida. Sigue la resonancia de tu verdad y encuentra tu felicidad. Está en ti y te ha estado esperando siempre. Te amamos, niña, y bendecimos tu paso en la tierra.

Siempre me ha gustado ver la maratón de Boston, pero esta vez, mientras me encontraba entre el público, pude entender el porqué de esto. La maratón va más allá del hecho de correr, de hecho, yo diría que el correr pasa a ser secundario y de alguna manera es una excusa para vivir una experiencia que forma al ser humano. Ella lleva a cada uno de sus participantes a terminar la carrera en mejor estado que el que tenían cuando salieron a correr y con esto no me refiero a su estado físico, porque ellos llegan agotados, me refiero a que se trata de una competencia de fortalezas, de posibilidades de desarrollar una fuerza interna que todos tenemos. Cada persona que llega a la recta final es más fuerte que cuando salió a correr porque pudo superar sus propias debilidades y vencer los obstáculos que se le presentaron en el camino. Cada uno de los participantes que llega a la recta final debería levantar sus brazos como si fuera el único vencedor, porque se ha demostrado a sí mismo que era más fuerte de lo que pensaba. Sin embargo, pude observar que son pocos los que celebran en grande el cruzar la línea final porque muchos de ellos van demasiado preocupados midiendo sus tiempos o están tan agotados que no tienen cabeza para reconocer que recorrieron un largo camino y que aún siguen en pie. Sin embargo, también pude ver algunos que reconocían este momento de júbilo de una manera tan especial que hacía que todos nos contagiáramos de su alegría y nos olvidáramos de que hacía más de una hora ya había llegado el ganador. Porque es júbilo lo que debemos sentir cuando cruzamos alguna de nuestras metas y podemos comprobar que en realidad somos seres fuertes dotados de las capacidades para salir adelante y para salir victoriosos en cada una de nuestras carreras. Y cuando estemos cruzando la meta tengamos presente que no hemos corrido solos porque a nuestro lado siempre han estado nuestros ángeles, quienes nos han mantenido en pie cuando ya no podemos avanzar.

Y al igual que a los corredores de las maratones los hidratan y los cobijan con mantas cuando han terminado su carrera, así nos cuidan nuestros ángeles cuando hemos concluido alguno de nuestros aprendizajes. Ellos nos abrazan con sus alas y nos repiten una y otra vez lo orgullosos que están de nosotros porque tuvimos la valentía de haber corrido la carrera, de haber vencido nuestros miedos más grandes, de haber sido fuertes y de haber llegado a nuestras metas como unos verdaderos triunfadores. Porque no hay victoria pequeña para nuestros ángeles ya que cada momento de alegría y de júbilo está en sintonía con las frecuencias celestiales y hace parte del propósito de nuestras almas. Así es que no olvidemos incluir a nuestros ángeles también en las celebraciones de nuestras vidas, porque de seguro ellos están celebrando nuestras alegrías mientras nos miran con un inmenso orgullo.

CUANDO SE ESTÁ EN LA OSCURIDAD LA FE ES LO PRIMERO QUE SE PIERDE

> *Dios no se adapta a nuestros deseos y necesidades, más bien nuestras necesidades nos llevan a confiar en Dios, a construir nuestra fe.*
>
> Carolyn Miss, El poder invisible en acción.

Nada más cierto que esta frase y quizás es una de las verdades más difíciles de entender y de aceptar.

Porque de alguna manera nos hemos hecho a la idea de que tener fe significa ponernos a esperar hasta que Dios cumpla cada uno de nuestros caprichos, mas cuando tenemos que enfrentar nuestras realidades y decidimos pedir ayuda, nos damos cuenta de que en muchas ocasiones el Señor y sus ángeles no contestan nuestros ruegos como nosotros se los habíamos exigido y, en lugar de obtener eso que tanto hemos anhelado, nos vemos enfrentados a vivir una serie de situaciones caóticas y difíciles y es ahí donde volvemos a quedar a oscuras, nos vemos perdidos y nos sentimos hasta estafados porque de verdad habíamos "creído" en ese Dios y en sus ayudantes y, ¿todo para qué? Para vernos igual de perdidos que cuando empezamos este proceso o, muchas veces, para encontrarnos incluso peor. Entonces asumimos una actitud de enojo frente a la vida, nos sentimos engañados y perdemos lo único que nos había mantenido en nuestra espera, nuestra fe. Nos declaramos en contra de todo lo que tenga que ver con este proceso de entendimiento espiritual y decidimos dejar de preguntarnos por las razones que son aparentes y por las que no lo son, para quedarnos ciegos. De alguna manera, ya no queremos ver más porque lo que hemos visto no nos ha gustado; ¿y no se supone que si tenemos un Dios tan grande y benévolo y un grupo de ángeles a nuestra disposición todo debería ser color de rosas?

¿No deberíamos estar casi levitando de la felicidad por el hecho de haber reconocido nuestra esencia divina y haber "confiado" en nuestro Señor? Pongo esto último entre comillas porque en realidad nunca confiamos en Dios, tampoco confiamos en nuestros ángeles ni, mucho menos, en nuestro poder. Sé que esta afirmación podría causar algún sentimiento de enfado en alguno de ustedes, pero si somos sinceros podremos ver que siempre estamos a la defensiva, que cargamos nuestros problemas 24 horas al día y cuando se nos pide que abramos nuestras manos y las extendamos al Señor entregándole nuestras penurias, la mayoría de nosotros cerramos nuestros puños y los apretamos con más fuerza.

Siempre medimos nuestra fe por el número de milagros que nos ocurren. Es como si tuviéramos un medidor especial que nos determinara cuánta fe tenemos, basándonos en las cosas maravillosas que nos ocurren o en la actitud de derrota que asumimos cuando los malos momentos nos acechan; eso es lo que llamamos fe. Sin embargo, confiar en el Señor y en los procesos de la vida nos obliga a aprender que no tenemos un control total sobre la realidad, como lo creemos, y que tenemos que adoptar una actitud de entrega total frente al poder del Creador, quien es en realidad el único que sabe hacia dónde vamos. No tenemos más fe porque digamos tenerla, tenemos más fe cuando empezamos a confiar en que si bien nosotros no podemos ver lo que acontece en realidad, ya que nuestra visión es limitada, existen seres en otras dimensiones que nos están ayudando y están abriendo nuestros ojos para que empecemos a ver más allá de nuestras limitaciones.

Mientras escribo estas palabras, recuerdo un diálogo que tuve con alguien muy cercano a mi corazón; mientras yo le estaba hablando de lo mal que estaban las cosas entre ambos él me miro a los ojos y me dijo que yo no podía ver el bosque porque los árboles me lo impedían y tenía razón. Siempre miramos los árboles, los obstáculos, aquello que nos estorba en el camino y eso hace que sea imposible que elevemos nuestra mirada y podamos vislumbrar algo más, un horizonte. Entonces, si tenemos una visión tan limitada y esto hace parte de nuestra experiencia humana, ¿por qué no dejamos que nuestros ángeles vean por nosotros? ¿Por qué no confiamos en ellos, con la certeza de que saben hacia dónde se dirigen nuestros pasos? Siempre me he maravillado al ver la confianza que depositan las personas ciegas en sus perros guardianes. Me impresiono de verlos pasando las calles llenas de carros con confianza porque saben que su perro los está guiando y creen por completo en que, cuando les da la señal de andar, es porque todas las condiciones son las adecuadas y no hay obstáculos en el camino. Siempre me maravillo de lo hermoso que es el mundo de los ciegos porque es un mundo regido por la fe y, aunque viven en la constante oscuridad, estoy segura de que ellos pueden ver más que nosotros y tienen algo de lo que los demás carecemos, confianza en su propia luz.

No nos perdamos en nuestras desolaciones y depositemos toda nuestra confianza en el Señor, recordemos que él está en nosotros y por consiguiente vive a nuestro lado cada una de nuestras penurias y también nuestras alegrías. Cuando sintamos que no podemos ver más allá de nuestro dolor, respiremos con más profundidad y empecemos a sentir la conexión con el Altísimo. Recordemos que él está allí, que él reside en nuestra calma. Pidámosle amparo pero no olvidemos pedirle más fe: fe para poder ver, fe para calmar nuestros miedos, pero sobretodo, fe para empezar a andar.

Alumbren su vida y con ella sus andares.
Están amparados en todos sus procesos
y los acompañamos al andar. Recuerden
que poseen las maneras de conectarse con
un estado de perfección mayor porque son

seres mayores, seres magnánimos, seres de luz. No lo dudes y transmíteselo a la humanidad. El brillar consiste en andar la vida con resonancias de amor. Ustedes son amor y al amor son llamados. No desperdicien las oportunidades que la vida les ofrece y engrandézcanse al andar. Recuerden que llevan un largo camino recorrido y que encontrarse en donde están ha requerido una confianza mayor. Los alabamos y los admiramos en sus procesos y les recordamos cuán grandes son. Son valientes por emprender una cruzada de aprendizaje y de humildad. Son la prueba de la evolución y son proceso perfecto. Son seres grandes, iluminen sus existencias y las vidas de los demás.

¿Me pueden hablar un poco más sobre lo que necesitamos para salir de la oscuridad, como en el caso alguien que es alcohólico o drogadicto, por ejemplo?

Niña, el salir de las cavernas, como tú lo llamas, es una decisión de voluntad divina: para salir, primero se debe tener una actitud de humildad y reconocer que en realidad se necesita de una ayuda mayor para superar la situación que se presenta y una vez que se ha reconocido que se necesita ayuda, nosotros empezamos a desplegar nuestra energía en ustedes y movemos a los agentes que los ayudarán en su proceso de sanación, esto es, a las personas, situaciones y vivencias que pueden hacer que sus experiencias sean positivas. Niña, todos tienen al alcance las maneras de regenerarse pero les falta fe y con esto nos referimos a que la fe es aquello que los moverá a salir de sus zonas de confort para enfrentarse con procesos que les mostrarán diferentes métodos para vivir sus experiencias humanas. Niña, ustedes no son limitados y poseen miles de formas para vivir sus vidas y las experiencias de aprendizaje. Siempre que te preguntes por una salida recuerda que tu alma sabe la respuesta. Recuerda que de alguna manera estás preparada para asumir esta situación y confía. Confía en que eres escuchada y asistida en todo; en verdad todos los humanos lo son. La confianza se limita a una actitud de entrega y, con ésta, a una actitud de espera y, con ésta, a una actitud de calma. Se necesita de todos los aspectos para que se de un proceso de confianza. Ustedes siempre esperan demasiado y siempre están ansiosos por el resultado final. ¿Y qué tal si lo olvidaran por un momento? ¿Qué tal si ya lo dejaran en nuestras manos y se conformaran con saber que los atendemos? Sabemos lo que estás pensando en estos momentos, que son ustedes quienes hacen los cambios, pero hay tiempos determinados para actuar. No todos los tiempos son propicios y muchas veces el resultado final se altera porque ustedes han corrido demasiado.

ENTREGAR

Entregar: abrir nuestras manos y darle al Señor todo lo que nos pesa, nos aminora, nos preocupa, nos concierne, nos debilita, nos oscurece. Abrirle nuestras manos a la vida y darle la bienvenida al Señor y a la abundancia de su amparo. Siempre nos estamos aferrando a quienes nos rodean y a los espacios que habitamos, pero ¿qué tal si en lugar de aferrarnos abrimos nuestras manos y nos dejamos llevar al compás de nuestros espíritus? Tal vez nos sorprendamos al descubrir que es más fácil de hacer de lo que creíamos y que quizás esto era lo que en realidad estábamos listos para hacer, entregarle al Señor todo lo que nos ata para descubrir nuestra verdadera libertad. Y con esto no los estoy invitando a dejar a sus familias y a renunciar a sus trabajos para dedicarse a mirar fijamente al horizonte a la espera de la próxima señal divina, porque esa no es la manera de entregar ni de confiar en el Señor y en su plan creador. Los estoy invitando a que abramos nuestros brazos y le ofrezcamos al Señor nuestras realidades y confiemos en que él más que nadie sabe lo que es mejor para nosotros. Los estoy invitando a que dejen de preocuparse por todo lo que les pasa y decidan emprender un nuevo camino: el camino de la confianza. Porque confiar significa aceptar aunque no comprendamos el proceso que estamos viviendo o el porqué de las cosas.

Yo he tenido que aprender a renunciar a "mi mundo" para poder seguir el llamado de mi alma y no se imaginan la cantidad de veces que he tenido que empacar mi maleta cuando apenas la acababa de desempacar, decirle adiós a los seres que amo para seguir mi camino, salir de un trabajo y bendecir a quienes confiaron en mí para verme de nuevo desempleada en busca de mi llamado. Siempre vivo lo que he denominado como mis estados cero, es decir, unos estados de comienzos perpetuos y de alguna manera vuelvo a vivir lo que ya experimenté con anterioridad y cuando reconozco estas situaciones sé que es otra oportunidad que me está brindando la vida para volverlo a hacer de manera diferente. Entonces cierro mis ojos y les pido asesoría a los ángeles y ellos siempre me imprimen una fortaleza que no es mía y me ayudan a vivir mis realidades bajo la mirada de la confianza divina. Y aunque aún me siento con la boca abierta a mirar el infinito mientras les exijo a mis ángeles que se materialicen de inmediato y me envíen una señal clara y contundente y le pongo atención a cuanto letrero, persona y hasta animal que se cruza en mi visión creyendo que es un ángel camuflado, los ángeles siempre acuden a mis llamados y me ayudan en esos momentos asistiéndome en todo lo que les está permitido y lo más hermoso de este proceso es que su ayuda es sorpresiva y creativa. Porque los ángeles siempre actúan siguiendo los mandatos divinos y respetan nuestros procesos personales; sus acciones son manifestaciones del amor infinito.

Desde que escucho a mis ángeles y he decidido seguir el camino de mi alma me he dado cuenta de que no debo aferrarme a nada porque en realidad estoy de paso, de hecho, todos lo estamos. No olvidemos que nuestras existencias corporales son finitas y por lo tanto se espera que terminemos nuestros recorridos cuando hayamos concluido nuestros aprendizajes.

Esta temporalidad es quizás lo que debería darnos la clave de la felicidad, porque cuando sabemos que algo va a terminar aprendemos a disfrutarlo al máximo. Entonces, si el mundo tal y como se nos presenta es transitorio ¿por qué no aprendemos a disfrutarlo un poco más? Lo invito a que disfrute este mundo que tanto se demoró en construir. Mire a sus hijos y sorpréndase con su belleza. Salga a caminar y respire con amor el aire que su ciudad le brinda. Vaya a su trabajo y compruebe cuán importante es su labor para la sociedad, porque no hay trabajo pequeño y todos necesitamos de las habilidades de los otros para poder subsistir. Y antes de acostarse, si tiene la fortuna de compartir su cama con el ser que ama, sorpréndase de haber logrado que su amor perdurara a pesar de todas las pruebas que han tenido que vivir. Porque el amor es quizás la prueba de fortaleza mayor y sólo los grandes pueden perdurar en él. Bendiga todas sus alegrías, pero sobretodo, bendiga sus momentos de oscuridad, ya que le están mostrando que le esperan mejores días, porque si no estuviera experimentando este dolor no se daría cuenta de que usted se merece la alegría. Siéntase grande y orgulloso de haber vivido todo lo que experimentó, porque siempre se puede aprender de una situación por más terrible que parezca. Respire profundamente y dígale a su ángel que su tiempo ha llegado. Dígale que ya experimentó demasiado esta sensación y que ahora quiere reclamar la paz divina. Recuerde que este es un derecho que le pertenece por naturaleza. Reclame su grandeza y empiece a soñar. Imagínese sonriendo y triunfando y déle las gracias a las tinieblas porque hicieron posible que se imaginara la luz. Sin embargo, prepárese, porque imaginarse la luz no es suficiente. Usted necesita de mucha fortaleza para ver la luz y un gran talento para aprender a mantenerla. Pero no se preocupe que usted tiene ambas cosas.

Perder para ganar

Siempre que se vive una situación se le hace una apuesta a la vida. Cada decisión conlleva un sinnúmero de probabilidades, entonces, si le están apostando a la vida, ¿por qué no le apuestan a un ganador? Siempre se gana niña, si se decide vivir con intensidad y con la responsabilidad de mirar las consecuencias que cada uno de sus actos, por simples que parezcan, pueden ocasionar en la vida de quienes frecuentan sus existencias.

Perder para ganar la verdad. Siempre que se hable en términos de pérdida, piensa

que nada se pierde porque todo hace parte
de un proceso de formación. No se pierde
porque en realidad la pérdida no existe.
Todo lo que rodea a los humanos, incluso
sus problemas, son parte de sus creaciones,
orientadas a suplir las necesidades del
alma. Entonces ¿por qué derramar tantas
lágrimas por lo que es inexistente? ¿Por qué
no saber utilizar las creaciones cuando el
momento sea oportuno y después dejarlas
ir cuando su ciclo haya concluido? ¿Por
qué no abrir sus manos por completo y
entregarle al Creador aquello que tanto
los ata? ¿Por qué no confiar que su padre
tiene la infinita capacidad de reponer todo
en sus vidas, incluso aquello que han
perdido? Y cuando nos referimos a esto
estamos haciendo alusión a la capacidad
de recomponerse a nivel energético, la
capacidad que tiene su alma de encontrar
un balance y desprenderse de todo lo que
es ajeno a su condición de ligereza con el
objetivo de poder avanzar. Niña, estamos
notando una confusión mientras te dicta-
mos estas palabras, déjate guiar. Nada es
indispensable y nadie lo es en su totalidad.
Esto es porque todo y todos están unidos

de la misma manera, de modo que nada
se pierde en realidad. Cuando comprendan
que están unidos por los lazos indisolubles
del amor abrirán sus manos y dejarán ir
a quienes realmente aman para después
darse cuenta de que ese amor nunca partió,
que esa persona siempre perduró y que su
amor en lugar de desvanecerse, creció.

Y aunque parezcan increíbles estas palabras, es cierto que perdemos para ganar. Sé que ello no resulta consolador para una madre que ha perdido a un hijo, una esposa que se ha quedado sola, un hijo que tendrá que crecer sin padres, un amigo que siempre recordará al que se ha ido o un amante que tendrá que reponerse de la soledad que su amado le dejó, pero si en lugar de maldecir una y otra vez la mala suerte que les tocó vivir se quedaran en silencio, aunque fuera por unos segundos y empezaran a respirar con mayor fuerza, respiraran como si fuera en verdad su primera respiración o quizás la única que tuvieran, se darían cuenta de que ese dolor como se ha presentado los ha hecho sentir vivos. Sentirían que ese dolor les ha dado la capacidad de salir de sus estados de inercia para verse como son: seres vulnerables pero también seres dotados de una gran fortaleza. Porque todos tenemos la capacidad de reponernos de nuestros estados anteriores para salir más fuertes de lo que empezamos. Y si esto suena muy bonito pero imposible de creer, miremos a nuestro alrededor y encontraremos verdaderos héroes. Porque el mundo está lleno de personas que se han hecho grandes por medio de la tragedia personal y no sólo han logrado reponerse de sus propias oscuridades, sino que también le han brindado luz a quienes al igual que ellos les ha tocado recorrer el camino de sus vidas siguiendo la oscuridad que una desgracia puede producir. Miremos los hospitales, las universidades, las fundaciones de ayuda, las asociaciones de servicio social y comprobemos que la mayoría de ellas fueron fundadas por alguien que tuvo que padecer una gran pérdida. Y entendamos que el dolor de algunos ha servido de consuelo de muchos y si fue posible para ellos salir adelante, ¿por qué nosotros no podremos hacerlo? ¿Por qué no le entregamos nuestras desgracias al Señor y le pedimos que nos asista en nuestros procesos de crecimiento? Seamos más de lo que podemos ser y expandamos nuestra fortaleza hasta que llegue a convertirse en el soporte de muchos y cuando esto ocurra sonriámosle al Señor y mostrémosle nuestra complicidad en su proceso de creación. Porque hemos sido más fuertes de lo que nos imaginamos y en el camino hemos desarrollado un grado de compasión mayor, un grado de amor incondicional.

Sigue tus pasos y recuerda que tus ecos los
seguirán quienes no pueden ver pero pueden
escuchar el sonido de tu voz.

Capítulo III

EL BAILE DE LA OSCURIDAD: LA DANZA DE LAS TINIEBLAS

Todo puede empezar con una simple mirada o quizás con una sonrisa. También hay quienes nos extienden una mano y nos muestran la pista que nos está esperando para que bailemos. Hay quienes no necesitan de palabras y sin darse cuenta se encuentran bailando como si siempre lo hubieran hecho. No importa de qué manera se presente la invitación a bailar, siempre debe existir un preámbulo para danzar al compás de cierta melodía y, lo que es más impresionante, siguiendo el liderazgo de alguien más. Yo siempre he tenido problemas con esto y como mujer me ha sido muy difícil encontrar una buena pareja que me supiera llevar, de modo que mis danzas más bien se convirtieron en una pelea de poderes en donde sólo los hombres que tenían mayor habilidad lograban someterme a sus movimientos y me hacían bailar. Sin embargo, no era así de exigente con el resto de relaciones que conformaban mi vida, de hecho, no me fijaba muy bien en cuál era habilidad que tenía una persona para bailar su vida y sin más ni más, me veía sorteando una serie de situaciones con unas personas que no sabían bailar sus vidas y lo que era peor, arruinaban mi baile por completo. Porque nuestras vidas son bailes que se desarrollan siguiendo distintos ritmos y por consiguiente, se requiere que tengamos habilidades específicas para aprender a bailar diferentes melodías. Sin embargo, muchas veces desconocemos los ritmos que tenemos que bailar y carecemos de la habilidad para seguirlos, entonces cuando nos sentimos perdidos nos dejamos llevar por quienes parecen estar más seguros de su propio baile, pero ¿es así en realidad? ¿Saben ellos bailar con gracia las danzas de sus vidas? Y lo más importante, ¿sabemos nosotros movernos al compás de sus movimientos? O... ¿Sabemos bailar siguiendo la danza de nuestros corazones?

Este capítulo lo he denominado *La danza de las tinieblas* porque durante la mayor parte de nuestras existencias nos la pasamos bailando al compás de nuestros temores y por consiguiente los bailes que producimos carecen de gracia y de belleza. Pero esta danza no la hacemos solos, al contrario, nos sobran parejas que quieren compartir la danza de la oscuridad. Y para bailar esta danza se necesitan dos o quizás más, porque a veces entre más personas compartan nuestras calamidades seremos más los que podamos participar en el baile de la oscuridad. Este baile es muy sencillo y no requiere de mucha habilidad, pero sí de mucha energía y de una cantidad exagerada de tiempo. Entonces nos unimos con aquellos que al igual que nosotros tienen una mirada fatalista de la vida y de todo lo que compone sus existencias. Los ubicamos y nos reconocemos de inmediato porque es como si lleváramos impreso un letrero enorme que dijera "se necesita miseria" y una vez identificados no importa el ritmo que sigamos. Éste puede estar marcado por los problemas financieros, los desastres naturales, las catástrofes del mundo, la corrupción de los políticos, los problemas del corazón, las injusticias sociales, ustedes elijan, entre más ruido mejor, y entre peor suene, más conveniente, porque así no tenemos que preocuparnos de bailar en lo absoluto, sino que nos podemos simplemente contorsionar siguiendo el compás del ruido estrepitoso que produce la confusión de nuestras mentes. Nos perdemos, así, en el ruido de nuestros miedos y lo hacemos más fuerte al unirlo con el ruido de los demás y aprovechamos para contarnos nuestras miserias y competimos por ver quién vive peor, quién sufre más, a quién le ha pegado más duro la vida y cuando estamos seguros de que estamos acompañados en nuestros pesares nos sentimos fuertes, amados y compenetrados con un grupo que vive tan mal como nosotros. Esto nos da cierta sensación de seguridad porque no hay nada mejor que estar acompañado en los malos momentos y si somos muchos, mejor, ya que podemos entorpecer más vidas, no sólo las nuestras.

TAMBIÉN HAY QUIENES BAILAN EN SOLITARIO

Y se les reconoce porque son las esculturas vivientes del pensador de Rodin. Tienen su mano en la cara, la mirada perdida (en la mayoría de los casos mirando hacia el suelo), arrugas en la frente y mientras respiran aprovechan para hacer una mueca, porque no se les permite sonreír. Siempre me sorprendo cuando los veo y tengo que disimular mi risa porque es como si estas personas vivieran sólo para esto y hacen tan bien su papel que pueden mantenerlo por el resto de sus existencias. De alguna manera se me parecen a esos actores callejeros que se mantienen quietos en una misma pose hasta que alguien les da una moneda, entonces lentamente cambian de posición para quedarse otra vez estáticos hasta que alguien más les dé otra donación. Estos danzantes solitarios sólo se mueven cuando alguien se acerca y les dice algo, cualquier comentario por insignificante que parezca, entonces ellos aprovechan para cambiar su pose de manera sutil y así poder expresar su dolor y su rabia a este nuevo espectador. Porque ellos están listos para esparcir su oscuridad y demostrarle al mundo que sí sufren, que tienen a cuestas una gran carga, que "sí les importa, porque ellos piensan más, sufren más y por consiguiente, viven esta vida a conciencia." Con estas palabras no pretendo criticar a nadie ni menospreciar la manera en que algunas personas viven sus vidas, pero quiero decirles que la vida no tiene por qué ser tan dura, que no tenemos que sentarnos y encorvarnos instantáneamente porque estamos cargando a cuestas los problemas de la humanidad, que no tenemos que salvar el mundo, ni mucho menos desarrollar una gran causa que cambie el curso de la historia. Quizás, no nos hemos detenido a pensar que nosotros somos esa gran causa y lo que debemos cambiar es nuestro propio mundo. Porque los actos heroicos los hacemos en el día a día y en la rutina de nuestras existencias. Y quizás la única persona que necesita ser salvada, ser alimentada, ser educada y sobretodo, ser amada, sea la de nuestro propio ser. Porque de nada sirve vivir las grandes revoluciones en nuestra mente cuando no somos capaces de manifestar nuestra grandeza en nuestras acciones, en nuestro propio vivir. De nada valdrán todos los debates mentales que tuvimos con nosotros mismos y con un sinnúmero de personajes imaginarios si nunca tuvimos la valentía de dar el primer paso para mejorar, para iniciar una campaña que cambiará nuestro pequeño mundo y con esto el mundo de los demás. Porque las grandes revoluciones y los grandes cambios de la humanidad se dieron cuando personas normales como ustedes y como yo decidieron emprender algo diferente y así encontraron una mejor manera de vivir sus vidas y este cambio afectó sus existencias y las de los demás. Porque los grandes inventos y los adelantos que han hecho que nuestra humanidad haya avanzado se crearon en la mente de alguien que tuvo la valentía de compartir su idea, de pelear por ella, de defenderla, de propagarla y de hacerla valer ante los demás. ¡Los avances de la humanidad se dieron cuando salieron a la luz!

¿Bailamos?

Todos somos invitados a ser parte de las danzas de las tinieblas de los demás y lo que es más irónico, todos extendemos la misma invitación a quienes nos rodean. Siempre me sorprendo al comprobar que suelo verme envuelta en una serie de situaciones que me hacen perder la tranquilidad y cuando las analizo con detenimiento me doy cuenta de que estas situaciones en sí mismas son ridículas y que la mayoría de las veces están protagonizadas por personas que son desconocidas para mí. Uno de los ejemplos más claros que vienen a mi mente lo vivo con muchas de las personas que trabajan en los establecimientos públicos a los que voy. Es increíble ver que en muchas partes, desde que entro y saludo no soy bien recibida y éste es el comienzo de una serie de torpezas por parte de quien me atiende y de reacciones mías. Esto genera un mal momento para mí y estoy segura que para esa persona también. Poco a poco voy sintiendo cómo se acelera mi corazón y me voy angustiando por algo que debería ser normal. Cuando me veo viviendo una situación como ésta reconozco que estoy bailando el baile de la oscuridad y como ya soy consciente de esto, he aprendido a salirme de esta danza porque la verdad es que no me interesa bailarla. Así es como he adoptado el método de la respiración profunda para reestablecer mi paz interior y mientras voy respirando una y otra vez empiezo a comprender que esos sentimientos nuevos que estoy sintiendo no son míos sino que son los sentimientos de la persona que está en contacto conmigo y cuando la miro con detenimiento me doy cuenta de que quizás ella tenga razones para sentirse así, pero yo no tengo por qué compartir su miseria. Entonces aprovecho esos instantes de sensatez y empiezo a respirar profundamente, al mismo tiempo que invoco al arcángel Miguel y le pido su asistencia y su protección. El arcángel Miguel inmediatamente acude a mi llamado y cuando estoy en su compañía le pido que corte los lazos que he creado con esa persona y que nos envíe libres tanto a ella como a mí. Es increíble sentir cómo la atmósfera del lugar cambia mientras que mi respiración se torna normal y gracias a esto puedo continuar mi día con el mismo sentimiento de paz y de bienestar con que lo había comenzado. Este proceso de restauración de mi paz y, por consiguiente, de la paz de la persona que me había enviado su angustia, es un proceso en el que tanto ella como yo nos hemos beneficiado. Y para que esto ocurriera yo no emití ninguna palabra ni dije ninguno de mis comentarios ofensivos, al contrario, apelé al silencio, a la paz infinita, a mis ángeles.

> *Los humanos no han nacido aprendidos y es precisamente el aprendizaje lo que se requiere de ustedes. Niña, se te pide compasión por el género humano y un poco más de paciencia, no todos pueden escuchar*

sus corazones porque éstos se encuentran atrapados en las tinieblas de sus temores. Cuando las situaciones no poseen su propia luz tú eres llamada a generar un poco de ésta. Son amor, son amor, en verdad lo son, pero lo han olvidado. El mundo está necesitado de una propuesta de amor verdadero. El amor siempre va a prevalecer y triunfará. Son amor y sus vidas deben ser vividas a través del amor. Niña, no desfallezcas y no dejes que tus experiencias sean medidas por los temores ajenos. Comprende que no todos tienen la fortuna de escuchar sus corazones en la forma en que tú lo haces. Siempre que te sientas miserable ante una situación que es ajena a los latidos de tu corazón, recuerda que estás viviendo las experiencias de alguien ajeno a ti y por lo tanto, éstos no son tus sentimientos. Perdona y parte, no es más. Perdona y deja que los demás lidien con sus pesares. Eres llamada a amar de verdad. Eres llamada a perdonar como el Señor lo hace. Eres llamada a convocar la luz y la presencia divina cuando es necesario. Niña, que nada opaque tu belleza ni el brillo de tus ojos. Sigue adelante y parte con la

convicción de haber encontrado tu verdad,
es todo. Con amor y con compasión. ¡Vive
tu vida con amor y con perdón!

EL BAILE DE LA OSCURIDAD NO TERMINA, AL CONTRARIO SE EXTIENDE

¿Te he herido lo suficiente? ¿No? Déjame te hiero más. Pero nunca lo es porque siempre encontramos motivos diferentes para extender la oscuridad y continuar perpetuando la danza de las tinieblas con quienes han aceptado nuestras invitaciones a vivir bajo la visión empañada de los temores. Y cuando encontramos a alguien que desea bailar con nosotros siguiendo el compás de los lamentos, nos empeñamos en continuar esa danza y en mantener a nuestras parejas por un tiempo indefinido. Pareciera que la danza de las tinieblas nunca terminara y que sus movimientos distorsionados se hicieran cada vez más latentes y más terribles, entonces, sin proponérnoslo, nos convertimos en bailarines incansables de unas piezas que no nos brindan nada bueno y que impiden que nuestras almas se expresen y manifiesten su propia melodía. El baile de la oscuridad es el que más bailamos y, sin darnos cuenta, se convierte en el único. Y estamos tan ocupados arruinando nuestra gracia que no podemos ver que existen otras maneras de llevar nuestras existencias y que existen nuevas parejas esperándonos para bailar la danza del amor.

Miremos nuestras vidas con un poco de objetividad y aprendamos a reconocer que todos bailamos la danza de las tinieblas y que siempre hemos tenido parejas que nos han apoyado en nuestros movimientos y nos han ayudado a extender los estados de miedo perpetuos. Y si aún no me cree lo que le estoy diciendo, amigo lector, lo invito a que le ponga atención a la próxima discusión que tenga con alguien. Fíjese bien en sus actitudes y entienda que una parte suya no quiere perder ese argumento por nada del mundo. Mire bien cómo reacciona su cuerpo y su corazón cuando empieza a decir una gran cantidad de palabras hirientes contra la persona con la que está discutiendo. Y aunque sabe muy bien que esta discusión no lo está llevando a encontrar una solución, usted no puede detenerse y siente un deseo aún mayor de seguir hablando, de seguir agrediendo, de continuar hiriendo.

Cuando estamos envueltos en la oscuridad es muy difícil que podamos ver la claridad que nos brinda cada situación, por más complicada que parezca, entonces en lugar de detenernos para respirar y poder considerar unas opciones más sanas para terminar el conflicto, nos aferramos más al poder de nuestros miedos y los hacemos más visibles. Pero ¿por qué en lugar de continuar viviendo de las maneras en que lo hemos hecho, no decidimos hacer algo diferente y en lugar de continuar bailando indefinidamente la danza de las tinieblas nos detenemos y concluimos este baile? ¿Por qué no nos retiramos cuando aún estamos a tiempo? ¿Por qué seguimos hiriendo al otro y, lo que es más triste, continuamos hiriéndonos a nosotros mismos? ¿Por qué no cerramos nuestra boca antes de hacer más daño y nos vamos en paz? Es de sabios retirarse cuando es apropiado. En lugar de continuar desgastándonos en peleas perdidas, podemos recuperar nuestras fuerzas y pedirles a nuestros ángeles que nos enseñen nuevas maneras de actuar. No se preocupe de dejar esta situación inconclusa porque la vida es muy sabia y siempre nos ofrece nuevas oportunidades para enfrentar todo lo que nos ha acosado; nos da la posibilidad de llegar más preparados para asumir nuestros retos y vencer aquello que tanto temimos.

El diálogo siempre es uno de los caminos que conduce a la comprensión y es gracias al poder renovador que tienen las palabras que podemos empezar a andar de nuevo en la luz del amor. Sin embargo, los diálogos no siempre van acompañados de las mejores intenciones y no están basados en los conceptos del amor. Por el contrario, hemos malinterpretado la noción del diálogo como si fuera una oportunidad de decirle al otro todo lo que pensamos de él, que por lo general es negativo, y a cambio, la otra persona nos dice todo lo malo que piensa de nosotros, de manera que en este intercambio de energías negativas no es posible producir una salida que nos muestre la luz. Cuando el diálogo ya no funciona, se siente en el corazón, es como si una energía oscura nos oprimiera y no nos dejara respirar con tranquilidad. Entonces empezamos a sentirnos oprimidos, la cabeza nos empieza a doler, las palabras empiezan a salir de manera hiriente, subimos el tono y nos desgastamos en una danza que no tiene sentido. Gritamos para obligar al otro a que piense como nosotros, no para que nos escuche; nos debilitamos, ¿y todo para qué? Para que cuando la situación termine nos sintamos agotados, sin energía y esto no concluye aquí porque una vez recuperada la calma nos vemos involucrados en el penoso proceso de recrear en nuestras mentes una y otra vez lo que dijimos, lo que nos dijeron, lo que debimos haber dicho, lo que nos debieron haber dicho, lo que hicimos, lo que nos hicieron, lo que no hicimos, lo que no nos hicieron y en esto se nos pueden ir minutos, horas, días, años, toda nuestra vida. Y todo este desgaste, ¿para qué? Ya pasó, queramos aceptarlo o no, ese momento así como se vivió, ya pasó.

Pongámosle atención al lenguaje corporal que tenemos cuando estamos enfrentados en una discusión, casi siempre uno de nosotros tiene los brazos cruzados y esto significa que el flujo de esa energía que constituye nuestra relación está estancado, entonces nos encontramos enviando una señal a alguien que no la está recibiendo y que nos la está devolviendo con toda la contaminación de su rabia. Tengamos en cuenta que nosotros también enviamos esta energía contaminada con nuestra rabia; el resultado final es más rabia. Es importante no perder de vista que existen los momentos indicados para expresar nuestras ideas, así como las maneras adecuadas para manifestar nuestra verdad. Entonces, cuando nos veamos viviendo situaciones que nos dejan tristes, que nos debilitan y que nos hacen perder nuestra alegría, pidámosle a nuestros ángeles que nos ayuden con un poco de su luz, que iluminen nuestro camino. Digámosles que nos amparen en nuestros recorridos y que nos den la fuerza necesaria para concluir esta serie de comportamientos que no nos han traído nada bueno. Nunca es tarde para actuar de manera diferente y siempre existen múltiples caminos que nos conducirán a vivir el propósito de nuestras existencias. Pidámosle a los ángeles que nos amparen constantemente y que cierren nuestras bocas cuando las palabras hirientes sean las únicas que aparezcan;

que aten nuestras manos cuando queramos agredir a alguien; que detengan nuestros actos cuando no representen en realidad lo que somos; que congelen ese momento para que tengamos la oportunidad de reflexionar y actuar de manera distinta. Porque, ¿cuántos de nosotros no hemos deseado con gran intensidad que un mal momento de nuestro pasado hubiera sido congelado para que hubiéramos actuado de manera diferente?

Nuestros niños son amparados en todos sus procesos y bajo este amparo se les proporciona una fortaleza especial en los momentos de mayor necesidad. No tienen por qué vivir en soledad ni enfrentar sus mayores retos en la desolación de sus mentalidades. Entiendan que tienen maneras más indicadas para salir triunfadores y así conservar intacta su identidad celestial. Niños, ustedes son fuertes y fueron creados bajo la sabiduría eterna y por consiguiente son sabios, son magnánimos. No vivan sus luchas en soledad y comprendan que sólo triunfan cuando en realidad hacen desaparecer esos temores que le dan vida a las experiencias negativas. Porque los grandes enemigos de su evolución son ustedes mismos, nadie más. Comprendan que tienen la capacidad de ser sus aliados primordiales o sus eternos enemigos. Nada existe si no es bajo su consentimiento, entonces como es un juego de polaridades se espera que encuentren un equilibrio interior y salgan airosos. Llámennos que los guiaremos en todo.

LOS CAZADORES DE ENERGÍA

Se encuentran en todas partes y bajo todas las formas. Vienen disfrazados como madres, padres, hermanos, amigos, esposos, amantes, confidentes, hijos, abuelos, maestros, políticos, científicos. Son todos y somos todos. Somos los ladrones de energía y nuestra misión es acaparar la felicidad ajena. No es cierto cuando se dice que el ser humano sólo busca riqueza; en realidad busca felicidad, esa sensación de estar siempre en armonía con todos y con todo. Como somos unos buscadores incansables de ese sentimiento de bienestar perpetuo, nos dedicamos a mirar con atención a quien pareciera haber encontrado este tesoro y cuando ya lo tenemos analizado y vemos que sus acciones dan buenos resultados, decidimos acercarnos para contagiarlo con nuestra miseria y, si es posible, apropiarnos de su preciado tesoro. Se dice que en la antigüedad los alquimistas buscaron con ansiedad la piedra filosofal que se suponía que podía convertir cualquier clase de metal en oro, sin embargo, lo que parece que estaban buscando era esa fórmula mágica que podía convertir todo en luz, o en oro, o en felicidad, da lo mismo la expresión que se utilice. Y como ocurre en muchas búsquedas, fue necesario perder muchas vidas y derramar mucha sangre antes de declarar esa búsqueda como imposible, y claro que lo fue, porque esos cazadores nunca buscaron en donde se encontraba en realidad ese tesoro: en sus corazones. El Señor supo esconder su bien más preciado, es decir, su luz propia y como sabía que la buscaríamos en todas partes y no quería que las personas que no estuvieran capacitadas para conservar su luz la encontraran e hicieran un mal uso de ella, entonces la puso en el lugar más evidente, en el interior de cada uno de nosotros. Sin embargo, se puso a sí mismo como guardián de su luz y empezó a guiar a quienes en realidad estaban capacitados para vivir bajo la luz de sus corazones. Una vez encontraron dicho tesoro, estas personas salieron de sus cavernas y empezaron a vislumbrar una energía contagiosa, algo que convocaba a las demás personas a estar a su lado y a impregnarse de un estado de gracia. Las personas en la luz empezaron a propagar su fórmula en términos que fueran comprensibles para aquellos que estuvieran capacitados para entender que la luz es de todos y por eso se debe esparcir con sabiduría, con entendimiento y con amor. Pero estos profetas de la luz empezaron a ser silenciados por quienes querían imponer su voluntad y con el mal uso de la luz pretendían decidir sobre la vida de los demás. Estos cazadores creyeron dominar cada uno de los secretos de los profetas de la luz y cuando los hicieron desaparecer se dieron cuenta de que este tesoro había desaparecido con el último suspiro de sus exponentes. Y fue así como se volvieron a encontrar en la eterna búsqueda de alguien que les pudiera definir con exactitud cómo se hacía para obtener la preciada luz.

Los cazadores de energía siempre han existido y todos lo hemos sido y lo somos. Sin embargo, los cazadores de energía podemos aprender a reconocer que ya tenemos eso que tanto buscamos y una vez entendida esa gran verdad habremos avanzado a un nivel que nos permitirá empezar a entender las leyes de la energía, es decir, a la misma fuente. Porque no es suficiente saber que hay energía, debemos comprender cómo podemos propagarla en nuestras vidas y luego en la vida de los demás. La energía, como todo en esta vida, también tiene sus opuestos y por eso depende de nosotros convertirla en amor o transformarla en temor.

El perfil de los cazadores de energía

A continuación haré una descripción general de los cazadores de energía. Si estoy escribiendo acerca de estos detalles y explicando la manera en que estas personas se roban la energía ajena, es porque yo también he sido una ladrona de energía en algún momento de mi vida, lo cual me da la propiedad para hablar del tema. Sin embargo, cuando lean estas palabras les pido que dejen a un lado la crítica y que entiendan que estos comportamientos son vividos en la mayoría de los casos de manera inconsciente, porque en verdad no queremos provocar reacciones negativas en los seres que amamos, ni mucho menos quitarles su propia felicidad. Sin embargo, lo hacemos y cuando esto ocurre no es mucho lo que podemos hacer por nuestras acciones anteriores, pero si empezamos a entender nuestros comportamientos y los motivos escondidos detrás de cada acto, podremos empezar a cambiar y, en lugar de tener a los demás a nuestro lado porque sentimos que nos deben algo y que deben actuar en concordancia con ello, podemos invitarlos a que compartan con nosotros las maravillas de nuestras existencias y que sean parte también de nuestros procesos de amor y de entendimiento, primero por nosotros mismos y luego por los demás. Tenemos las herramientas para cambiar nuestros comportamientos, pero lo primero que se necesita es el conocimiento de lo que no ha funcionado bien. De manera, pues, que los cazadores de energía:

- Vienen envueltos con un halo gris, de tragedia viviente. No tienen la necesidad de hablar para darnos a entender que han tenido un mal día, que su vida es un desastre, que el mundo es injusto con ellos y que sus vidas son caóticas.

- El mundo les debe algo porque ellos siempre han hecho todo bien y se merecen más. Siempre le están pidiendo a la vida lo que no tienen, siempre se están quejando porque no pueden tener algo o alguien que quieren. Siempre están insatisfechos con todo y con todos.

- Nunca tienen la culpa, no son responsables de nada, siempre existe otra persona u otra circunstancia ajena a ellos que los ha hecho actuar de una manera determinada. Son inocentes, son víctimas de circunstancias catastróficas que se desatan a su alrededor.

- Rara vez se disculpan o reconocen su responsabilidad en cierta situación. Y si llegan a aceptar que han hecho algo mal, entonces acceden a disculparse de una manera tan astuta, que la otra persona termina sintiéndose culpable. Sus disculpas no provienen del corazón sino de la mente y vienen llenas de palabrería que justifica todo lo que les ocurrió. Entonces, al final, no son ellos los responsables de sus actos sino el mismo universo, el país, el clima, el tráfico, otra persona que los obligó a actuar de esta manera. De este modo, lo que empieza como una disculpa y aparentemente está revestido de buenas intenciones, se convierte en toda una serie de argumentos lógicos que crean una cadena de hechos y de circunstancias que los llevaron a actuar de esta manera.

- Son víctimas de las circunstancias, no tienen capacidad de decisión. Todo les ocurre a ellos y todo les ocurre sin que ellos entiendan por qué.

- Tienen que expresar su posición de víctimas cuanto antes y apenas abren sus bocas dejan salir una serie lamentos y de situaciones catastróficas que pareciera no tener final.

- No pueden esperar un momento más oportuno para hablar, son inmediatos y se sienten orgullosos de ser francos con el resto del mundo.

- No pueden estar solos, de alguna manera requieren la compañía de alguien, de cualquier persona, porque necesitan compartir sus opiniones, expresar sus ideas, sacar a relucir las injusticias.

- No soportan el silencio.

- Tienden a estar enfermos, sus cuerpos se debilitan con facilidad y sus mentes siempre están buscando más enfermedades, más motivos para asustarse, para entrar en el pánico total.

- Actúan de manera inmediata, siempre imaginándose lo peor, se anticipan a los hechos, asumen que todo saldrá mal y por ello, de alguna manera, todo les sale mal.

- Entonan el himno del yo primero, yo segundo, yo tercero y cargan con sus pesares y sus problemas como si fueran trofeos, emblemas públicos que deben estar a disposición de todos aquellos que quieran verlos e incluso de los que no.

- Son perfectos y todo lo hacen bien.

- Hablan con un tono de voz muy alto o por el contrario susurran, entonces de cualquier manera exigen que gastemos más de la energía normal en el simple acto de escucharlos.

- Rara vez escuchan al otro y, si lo hacen, olvidan muy pronto lo que les están diciendo, porque ellos sólo esperan su turno para volver a hablar, a opinar, a expresar, a liberarse.

- Cuando hablan lo hacen sin descanso, sin tregua, sin mirar a los demás. No les importa si el otro escucha, si procesa su información, si está cansado, simplemente siguen hablando.

- Y al final, cuando han terminado de decir todo lo que tenían en sus mentes, sus ojos se les iluminan porque han descargado eso que les pesaba y se sienten renovados, limpios para volver a cargarse con nuevas penurias y pesares que los harán sentirse vivos una vez más.

- Si se siente un malestar físico en su presencia, lo más seguro es que esa persona tiene los niveles de energía muy bajos y necesita "apoderarse" de manera inconsciente de una fuente mayor de energía, de este modo pasan a alimentarse de nuestra fuente y cuando concluyen, ellos se sienten mejor, más renovados, llenos de vida, mientras que nosotros nos sentimos cansados, incómodos e irritables sin saber de dónde provienen esas sensaciones.

- Concluyen sus conversaciones llenos de energía y mientras se despiden de la otra persona le recuerdan que esto estuvo genial y que lo tienen que volver a hacer, y la otra persona no puede ni pensar del cansancio y como un autómata, asiente.

EL CAFÉ DE LAS MISERIAS

Si quiere encontrar a los cazadores de energía o tristemente verse como uno de ellos, le sugiero que le ponga atención a la mayoría de conversaciones que se originan con el pretexto de tomarse un café o tener un descanso en su trabajo. Casi todas las conversaciones que entablamos son sobre chismes, quejas y burlas de los demás. No tenemos mejor tema de conversación que hablar mal del otro, que criticarlo y hacerlo quedar mal ante los ojos de los demás. Siempre que me veo teniendo una de estas conversaciones o, por casualidad escucho estos temas en los labios de otros, me pongo a pensar en lo limitados y aburridores que somos los adultos, porque pareciera que no tenemos más de qué hablar y es así como gastamos el poco tiempo que nos queda hablando mal de la humanidad. Lo que no nos imaginamos es que las otras personas también están hablando mal de nosotros. En estas circunstancias, compartimos una vez más el baile de la oscuridad y aunque sea a distancia nos dedicamos a esparcir la oscuridad que rodea a la persona de la que estamos hablando y como existe justicia divina, esa persona también hace lo mismo con nosotros, entonces ambos quedamos impregnados por una oscuridad que ayuda a atraer un mayor grado de negatividad en nuestras vidas. Porque todo afecta: cada palabra, cada opinión, cada pensamiento afectan el transcurso de nuestras vidas. Por eso, desde que entendí el inmenso poder de las palabras, trato de controlarlas y usarlas con sabiduría y aunque a veces es imposible callarme y termino diciendo algo que no es tan positivo, siempre tengo un momento para reflexionar y pedirles a los ángeles que hagan desaparecer esa negatividad que propicié. Poco a poco he empezado a respetar a los demás tal como son y la verdad es que ya no me interesa saber qué piensa la gente de mí porque lo que en verdad me interesa saber es lo que yo pienso de mí misma, toda vez que sólo tengo que rendirle cuentas a mi mente y a mi corazón y entre más tranquilos estén, más feliz soy.

PROTECCIÓN CONTRA LOS CAZADORES DE ENERGÍA

Cuando entramos en contacto con otra persona, este contacto puede ser físico, mental, emocional o psíquico. En cualquiera de esos casos, se crean una serie de lazos, invisibles para nuestros ojos pero tangibles para nuestras energías, que se llaman los cordones energéticos. Como todo es energía y por consiguiente la energía que nos rodea nos afecta, tanto la que es producida por las personas, los animales y las cosas que nos rodean, como la de los lugares en que vivimos, debemos tener en cuenta que diariamente estamos creando una serie de cordones energéticos que son nuevos para nuestro sistema y a la vez estamos fortaleciendo los que ya teníamos. Resulta, pues, que si no somos conscientes de la manera adecuada de limpiar nuestra energía y conservarla en un estado óptimo, estaremos más propensos a terminar nuestros días cargando una serie de cordones que pueden llegar a contaminar nuestros propios sistemas, porque muchos de ellos contienen una serie de energías que están alimentadas por fuerzas negativas ajenas. Así, estos cordones pueden contaminar nuestra propia fuente de energía y producir una serie de comportamientos que no son apropiados para nuestra vida. Es muy común sentirse débil cuando se visita un lugar que está impregnado de negatividad, pensemos en las prisiones, los hospitales, lugares en donde haya ocurrido un asesinato, cementerios, etc. En efecto, quienes tienen una sensibilidad energética más desarrollada pueden sentir una sensación de malestar o de tristeza cuando están en presencia de una persona o de un lugar que está invadido de negatividad. Como también ocurre lo opuesto y es muy común llegar a un lugar y sentirse inmediatamente bien, renovado o estar con una persona que con sólo mirarnos nos devuelve la alegría y nos hace sentir felicidad. Eso significa que estas personas tienen sus niveles de energía en un buen estado y de alguna manera han aprendido a mantenerse limpios de las energías de los demás. Los recién nacidos son quizás los mayores expertos en este tema porque ellos se encuentran descontaminados del poder de los temores y como irradian unos estados de amor verdadero, ellos pueden captar con facilidad la calidad de la energía. Lleve a un bebé y póngalo en contacto con un nuevo lugar, si sus ojos brillan y empieza a mover sus piecitos y sus manos significa que ese es un buen ambiente. También existen las personas que con sólo acercarse a un niño hacen que éste empiece a llorar y a mirar para otro lado. Esto no quiere decir que la persona sea mala y que tenga mala energía, porque el bebé puede tener hambre o sueño, necesitar un cambio de pañal o simplemente estar teniendo un mal día. Pero si su reacción continúa siendo la misma pasado un tiempo, ésta puede ser una excelente señal que nos muestra que esa persona está en contacto con una energía que no la está favoreciendo. Esta energía puede ser producida por un lugar, por otra persona o puede ser que su mente esté atiborrada de preocupaciones y tristezas y esto haga que su espíritu se sienta aprisionado. Si es así, no se preocupe que todos tenemos el mismo problema, pero lo bueno de conocer algo acerca de las energías y de aprender a manejarlas es que podemos aprender a limpiar nuestros sistemas energéticos y así activar nuestras capacidades de sanar. Quiero decirles que para hacer una limpieza de energía no es necesario recurrir a otra persona ni pagar una cantidad exagerada de dinero por algo que nuestro espíritu sabe hacer. Sin embargo, hay situaciones que se salen de control y en estos casos recomiendo que consulten un experto en el tema, una persona que conozca de energías y que trabaje para la luz. Me explico, debemos ser muy cuidadosos cuando elegimos a alguien para que haga este trabajo, porque nuestras energías son muy sensibles y se verán afectadas de manera radical dependiendo de quién las trate. Dado que tenemos un tesoro en nuestro propio cuerpo, les recomiendo que elijan con sabiduría y miren bien al sanador al que depositen su confianza. Miren sus ojos, su cuerpo y su lugar de trabajo. Busquen señales que les demuestren que esa persona está amparada por la luz, pueden ser imágenes religiosas, velas, pero sobretodo, confíen en su instinto y pónganle atención a la primera impresión que emite su cuerpo cuando conocen a esa persona. Si algo les dice que salgan de ahí de inmediato, háganle caso a su espíritu y no busquen más razones, simplemente váyanse. Pero si al contrario, esa persona les inspira confianza y les da una sensación de alivio en su corazón, entonces cierren los ojos y díganle a su ángel que los proteja y que a través de esa persona les ayude a nivelar su energía. Amigo lector, recuerde que usted siempre está amparado; no se le olvide pedir ayuda en todo momento.

En mi caso, yo trabajo con el arcángel Miguel y él es quien se encarga de nivelar mis sistemas de energía y protegerme a cada momento. Les voy a explicar lo que yo hago y espero que este método les sea de mucha ayuda. Verán cómo poco a poco si toman el hábito de cortar lazos y de limpiar su energía, sentirán que sus cuerpos se van sintiendo más sanos, sus mentes más felices y poco a poco irán adquiriendo más vitalidad, lo que luego se convertirá en una fuente de energía constante.

1. Cierren los ojos y llamen al arcángel Miguel.

2. Imagínense un rayo de luz blanca que desciende del cielo y los está cubriendo por completo. Si no pueden visualizar la luz, simplemente digan "luz blanca" y el efecto será igual.

3. Si son personas que tienen la costumbre de rezar, entonces invoquen una plegaria, pero si no lo hacen, simplemente díganle al arcángel Miguel que los proteja y él lo hará de inmediato.

4. Ahora cierren sus ojos y pregúntele a su alma qué situación o qué persona los está debilitando.

5. Confíen en las imágenes que se le presentan en su mente. No juzguen nada ni se imaginen que la

otra persona es mala, porque al hacerlo le están robando energía. Recuerden que todos debilitamos a los otros, entonces no juzguemos.

6. Si no logran escuchar ninguna respuesta, no se preocupen y respiren con tranquilidad. Inhalen con calma y exhalen lentamente.

7. Luego díganle al arcángel Miguel que corte los lazos que los unen a esa persona o a esa situación.

8. Bendigan a la persona o a la situación que sin querer les han causado un malestar y déjenlos ir. Abran sus manos y respiren con tranquilidad.

9. Sigan en paz el resto de su día. Respiren con amor y con tranquilidad y tengan la certeza de que el arcángel Miguel los ha protegido.

Yo acostumbro hacer mis limpiezas energéticas con mucha frecuencia, les recomiendo que empiecen haciendo una por día y esperen a ver los resultados. Recuerden pedir siempre la protección divina y llamar al arcángel Miguel. Sin embargo, les aconsejo que no se sientan mal cuando cortan lazos, muchas veces creemos que cortar lazos con los seres que más amamos significa que los estamos juzgando o que los estamos alejando de nuestro lado. Al contrario, cortar lazos significa limpiar las energías negativas que nos atan para darle paso al amor verdadero. Sin embargo, quiero ser sincera con ustedes, muchas veces se produce una ruptura con la persona con quien estamos cortando lazos y cuando esto sucede, significa que nuestros espíritus han decidido seguir en paz y darle paso a un plan más afín al propósito de su existencia. Entonces, si nos vemos alejándonos de los amigos de siempre o terminando una relación sentimental, respiremos y pidámosle más ayuda a nuestros ángeles. Les recomiendo que tengan paciencia y que confíen en que todo tiene un propósito mayor. Las relaciones no son eternas en términos de tiempo, y así como cambiamos de moda y de estilo de peinar durante toda nuestra vida, lo más lógico es que nuestras vidas vayan evolucionando en direcciones diferentes a las de las personas que siempre nos han conocido; todo cambio se presenta como lo más normal. Tengan en mente que muchas relaciones cumplen con sus propósitos de manera acelerada y no es necesario prolongar el contacto por más tiempo del que se debe porque una vez aprendida la lección y compartido el conocimiento, los espíritus siempre apuntan hacia un avance y piden cambios. Sin embargo, en el ámbito espiritual, estas relaciones nunca mueren y cuando se ha amado de verdad, este amor siempre se conserva en otros planos, en otras esferas.

EL BAILE DE LOS DEMÁS ES UNA MELODÍA QUE QUIZÁS NO SE ME ANTOJA BAILAR

Algo que he considerado excesivamente difícil de superar es el hecho de reclamar mi propia vida y tomar las medidas necesarias para vivirla. Yo, al igual que la mayoría de ustedes, crecí escuchando un sistema de pensamientos y de creencias que llegué a considerar como algo único. Sin embargo, la vida y el pasar de los años me han demostrado que aquello que escuché desde mi infancia son las creencias de otros, de una generación que piensa diferente a mí y por lo tanto actúa de manera distinta. Esto ha sido toda una revelación porque de alguna manera yo esperaba perpetuar la cadena de comportamientos condicionados que me habían sido impuestos desde mi nacimiento. Pero, a medida que empecé a escuchar a mis ángeles y que aprendí a contactar a mi espíritu me fui dando cuenta de que aquello que fue efectivo para mis padres y para las generaciones anteriores a ellos, no es lo que en realidad necesito. He sentido que mis prioridades difieren de las de ellos y con esto he empezado a entender lo que los ángeles me han explicado, con tanto ahínco, que es el proceso de la evolución. En verdad somos la prueba de una evolución constante y si nos proponemos descubrir lo que reside en nuestro interior podremos comprender que en realidad nuestros destinos apuntan hacia direcciones diferentes a lo que se esperaba de nosotros en primer lugar. Y si el cambio es la constante de nuestras almas, ¿por qué seguimos perpetuando los comportamientos de antaño? ¿Por qué nos conformamos con repetir lo que los demás han hecho? Cuando esbozo estos interrogantes estoy siguiendo el impulso espiritual de perseverar en la escalera de la evolución humana; no intento provocar una actitud de rebeldía en ustedes, sino que más bien quisiera llamarlos a cuestionarse con relación al mundo que los rodea, el que le están entregando a sus hijos. Miren con atención su vida y pregúntense si en realidad era esto lo que habían soñado para ustedes. Observen con detenimiento las bases de su existencia y pregúntense cuántos de esos valores han sido descubiertos por su corazón y cuántos de ellos han sido impuestos por los demás. No se preocupen por lo que escuchan ni sientan miedo de enfrentarse a esta pregunta, al contrario, respiren profundamente y regocíjense porque es ahora cuando empiezan a escucharse. No pierdan este primer contacto con su interior y pídanle a su ángel que los guíe y que los apoye en estos momentos. Miren de nuevo a su alrededor y sientan esa paz que su compañero celestial les está brindando. Ahora cierren sus ojos y pregúntenle a su corazón por su verdad y esperen una respuesta. No se preocupen si no lo pueden entender en este primer intento; les recomiendo que vuelvan a hacer este ejercicio y le continúen preguntando a su corazón por la clase de vida que se merecen. Se sorprenderán de saber que su corazón es mucho más agradecido que ustedes y que por consiguiente él ve las situaciones con una perspectiva más optimista de la que su mente tiene. Cierren los ojos y sigan las imágenes que les produzca una leve sonrisa o, por lo menos, una sensación de bienestar. Bendigan a las personas y a las situaciones que han acudido a los llamados de su corazón y cuando, por el contrario, sientan que uno de esos hechos o una de esas personas les causa un malestar, recuerden que esta situación, así como ustedes la perciben, es una situación pasajera que ha sido exagerada por la mirada que su mente produce. Las cosas no son lo que parecen y las situaciones no son tan malas como lo creemos. Son nuestras interpretaciones de la realidad las que distorsionan nuestras miradas y nos hacen vivir nuestras vidas bajo la tutela de los temores. Respiren de nuevo y comprendan que ustedes tienen toda la ayuda del mundo. Cierren sus ojos y pídanle a su ángel que les permita ver su vida con una mirada diferente, con una mirada compasiva y mantengan clara su respiración. Recuerden que cuando inhalan reciben parte de la grandeza del Señor y cuando exhalan le están entregando sus penurias.

EL BAILE DEL SILENCIO, LA DANZA DEL AMOR

En los últimos años mi vida se ha asemejado a un tango en el que mis ángeles han guiado mis movimientos y aunque ellos conocen este baile a la perfección y tienen la grandeza de saber liderar, muchas veces yo no he accedido a bailar siguiendo sus indicaciones y me he empeñado en imponer mi voluntad. Por lo general, pierdo tiempo y mucha energía forzando mis movimientos y cuando me detengo para observar cómo lo estoy haciendo me doy cuenta de que no estoy bailando y, lo que es más triste, que he dejado de tener a mi compañero de baile. Porque los ángeles no pueden contactarnos cuando nos encontramos encerrados en nuestros miedos; ante éstos, ellos se hacen a un lado y esperan a que nuestro baile oscuro y solitario termine. Y cuando nosotros los llamamos y los invitamos de nuevo a bailar, ellos ponen cada una de sus alas a nuestro alrededor y nos imponen el paso una vez más.

MENSAJE DEL SEÑOR

Mis hijos son convocados a vivir sus vidas siguiendo la danza del amor. Esta danza es tenue y sólo perfila unas melodías para el alma. Cuando ellos aceptan bailar sus vidas en la compañía de alguien, esta danza puede ser completa si se baila al compás del amor. Cierren sus ojos e imagínense la más bella melodía, así resuenan sus corazones. Déjense llevar por las tonadas del amor y no le teman al compás que sus corazones emiten, porque ellos conocen los pasos y saben guiarlos con sabiduría. ¿Sabes qué hace que una persona sepa guiar a otro cuando baila? Precisión y exactitud en los tiempos. Sin embargo, para que esto sea posible se necesita plena confianza en la melodía, conocimiento total de la pista y capacidad de hacerle saber al otro cuál es el próximo movimiento sin imponérselo. Como verás, mi niña, los grandes bailes son sutiles y siguen una resonancia de paz. Siempre te verás bailando tu vida a diferentes compases, disfrútalos al máximo. Sin embargo, existirán tonadas que no te apetezcan tanto como otras, entonces eres llamada a buscar tu propia melodía y a encontrar parejas que como tú han encontrado el amor en esa melodía. Entonces así podrán bailar en paz, podrán moverse con gracia, podrán brillar alrededor hasta el punto en que otros bailarines se contagiarán con su belleza y los seguirán. Sus *vidas son bailes de amor, son momentos de esplendor en donde cada uno de ustedes puede ser la estrella central de esta obra pero a la vez un personaje secundario que ayuda al otro a brillar. Son creados como obras magnánimas en donde cada partícula puede brillar con su propia luz. Entonces liberen esa luz que tienen aprisionada y dejen que ella los guié. Se sorprenderán al ver que son hermosos, son sabios, son generosos, son un mar de melodías que resuenan siguiendo las frecuencias del amor. Gracias mi niña, sigue bailando, toma a tu ángel de la mano y acepta la pieza que él te invita a bailar, porque, ¿qué mejor pareja puedes tener? Recuérdalo, siempre eres invitada a bailar, entonces, ¿qué tal si das el primer paso? Escucha las campanas de amor que tu corazón emite, resuenan en las frecuencias de la gracia divina y del perdón celestial. Escucha la música que tu vida emite y baila al compás de tus creaciones. Eres grande mi niña y todos lo son por igual.*

El Señor.

Sigue tus pasos y recuerda que ellos abrirán el camino a quienes le temen a lo desconocido.

Capítulo IV

EL SENDERO DE LA LUZ

El sendero de la luz o la ruta a casa consiste en una serie de pruebas que deben ser superadas por las almas encarnadas con el fin de evolucionar. Como en todo sendero, se presentan varios caminos y muchas opciones por seguir. La flexibilidad del guerrero hará posible combatir gran parte de los atenuantes que se presentarán en la ruta, porque, ¿de qué sirve un camino recto, cuando en términos de aprendizaje se habla? Todos los caminos conducen a algún lugar, pero los caminos del alma conducen hacia la verdad. Y cuando hablamos de la verdad nos referimos a la verdad que emana desde el interior de cada individuo, porque la verdad, como sus expresiones, es ilimitada. Entonces, cuando un guerrero de la luz se ve enfrentado a un sinnúmero de elecciones, debe recordar que tiene dentro de sí el compás y la brújula que lo guiará. El Señor alistó a sus hijos en esta misión y les puso a su disposición la brújula de la memoria celestial. Ésta consiste en el almacenamiento del plan original, del plan del creador. Cada uno de ustedes contiene parte de esta información, es por esto que todos contienen el plan en sí mismos, pero para que este plan sea entendido y ejecutado según el plan mayor se necesita de su unión. Porque sólo cuando entiendan que en la unión está la verdadera fortaleza, podrán evolucionar a la otra parte del plan, al plan general. Esto significa que todos los humanos son poseedores de una parte del tesoro universal, sin embargo, son pocos *los que se atreven a abrir sus corazones y encontrar el tesoro que yace ahí. Como es un tesoro, conocer su contenido y luego pasar a protegerlo son acciones delicadas que requieren de un gran tesón. Tengan en cuenta que son protegidos en esto porque el momento de descubrir su grandeza ya está aquí. No lo dudes niña, es el momento de brillar y de descubrir parte de la grandeza del Señor, y decimos "parte" porque nadie en sí puede llegar a comprender la totalidad, el todo, el silencio perpetuo. Regocíjate niña y brilla para que alumbres la vida de los demás. Es el momento de perpetuar el legado celestial, de mostrarle a los demás sus tesoros y, cuando por fin lo hagan, cuando abran sus cofres y encuentren aquello que han perseguido con tanto ahínco, recordarán sus orígenes, recordarán a su Padre, recordarán sus esencias y se liberarán de sus ataduras. Son libres, niños, el Señor los creó libres y es por eso que acudimos a sus llamados de paz y de amor. Es momento de liberarse de las cadenas y de contemplar la presencia de la paz duradera. Es momento de brillar y de empezar a vivir con plenitud, es momento de ser. Bienaventurados sean*

131

todos los hijos del Señor por emprender
un viaje tan arduo, los bendecimos y los
admiramos. Estamos a su lado y guiamos
sus senderos. Los iluminamos con nuestras
presencias y les mostramos su camino a
casa; síganlo, no es más.

Todos somos peregrinos, somos pueblos andantes en busca de la tierra prometida. Todos somos el pueblo elegido y de alguna manera buscamos la misma tierra sagrada. Estamos caminando en la búsqueda de nuestras respuestas y siempre emprendemos caminos que apuntan hacia una verdad. Somos caminantes en pos de la verdad y así como en la Antigüedad se emprendieron peregrinajes eternos en búsqueda de la tierra prometida, en la actualidad continuamos con los mismos peregrinajes, salvo que ahora recorremos diferentes caminos y seguimos a distintos profetas. Seguimos a quien nos indica el camino, seguimos a quien parece más seguro que nosotros, seguimos a quien está perdido, pero siempre seguimos algo. Avanzamos, continuamos buscando, preguntamos por algo más, nos detenemos y miramos el horizonte en búsqueda de algo, quizás de una señal que nos confirme que vamos encaminados. Respiramos de nuevo y seguimos caminando. Todos nos movemos, emigramos de un lugar para encontrar aquello que tanto anhelamos. Nos movemos siguiendo algo, un llamado silencioso que nuestras almas emiten. Continuamos el camino, pero ¿dónde termina ese camino? Y ¿hacia dónde nos lleva?

Todos buscamos la misma luz que es la respuesta a nuestras inquietudes, porque en realidad todos buscamos al Señor. Yo siempre me sorprendo de ver que los peregrinajes son y serán eternos, porque siempre nos moveremos hacia alguna dirección, hacia la verdad. Cuando observo a la humanidad peleando porque la verdad de cada uno es la única, siempre me imagino qué sería de sus vidas si cada uno supiera que su verdad también es mi verdad; ¿cómo reaccionarían si entendieran que sus búsquedas son también mis búsquedas, y que sus respuestas pueden ser las mías? Miro al mundo y observo las guerras que se están desatando y aún me sorprendo de que con todos los avances que hemos logrado aún estemos en el oscurantismo cuando se trata de Dios. Porque aún estamos habitando las cavernas en lo relacionado al Creador. Todos somos hijos de una misma fuente y por lo tanto somos creados de la misma esencia. Somos hijos de un mismo Dios y somos partes suyas. Entonces ¿por qué estamos peleando? ¿De qué Dios estamos hablando? ¿No es acaso el mismo? No es verdad que exista un Dios de Oriente y uno de Occidente, en realidad es la misma fuente, es la misma esencia dividida, multiplicada al infinito. Cuando escucho a los dirigentes políticos referirse a Dios y hablar en su nombre justificando los actos de agresión que están efectuando, me imagino a ese Dios silenciado en esas palabras. Porque él jamás emitiría una de esas palabras, al contrario, callaría y dejaría que fuéramos nosotros quienes encontráramos nuestras respuestas. Porque él no impone su voluntad, él acepta nuestros procesos y nos respalda en nuestros andares. Pero el Padre nos respalda a todos por igual y nos ama con la misma intensidad. No justifiquemos los actos de violencia ni les pongamos una autoría que nos les pertenece. Entendamos que cuando no estamos en la luz, el miedo dictamina nuestros actos y por consiguiente estamos viviendo en la oscuridad. Estamos de nuevo en la caverna y todas nuestras acciones siguen los dictados del temor. Siempre me pregunto si en verdad algún día existirá lo que llamamos paz, a veces lo dudo y me imagino que si Dios nos creó fue porque estaba aburrido viviendo en tanta paz y con frecuencia le hago la misma pregunta una y otra vez: ¿por qué nos creaste?

MENSAJE DEL SEÑOR

Alabada seas mi niña por preguntar, te reconozco y admiro tu búsqueda. Siempre

*me has preguntado el motivo de la crea-
ción y la razón de tu existencia y te quiero
informar que ya conoces las respuestas
porque ya me conoces. Mi niña, suena
muy simple pero no lo es, no es cuestión
de aburrimiento, es cuestión de expansión,
de trascender los estados ínfimos y lograr
una perfección. Y te preguntas el porqué
de la creación y te contesto que es la razón
de tus sonrisas. Siempre que encuentres
algo y sientas el placer que la búsqueda
te proporciona recuerda que emprendiste
un camino determinado para experimentar la alegría del hallazgo. Y siempre que
emprendas una nueva búsqueda recuerda
que sigues la imagen de lo tan anhelado.
Lo sabes, sabes que vienes a este mundo
a experimentar el más preciado tesoro que
es el amor. Y me preguntas que por qué
te creé, y te respondo que lo hice porque
quería transmitirte mi amor. Te amo.*

EMIGRANTES DE LA VERDAD

Es primavera en Boston y he podido observar que
los patos y otras aves están retornando a sus hogares
después de haberse refugiado en otros países durante

los meses de invierno. Yo no sé mucho de las peregrinaciones de las aves, pero siempre me sorprendo de ver que estos animales regresan a su hogar cuando es el momento indicado. Porque ellos tienen una inmensa sabiduría y cuando han sentido que no podrán encontrar alimento ni sobrevivir en las condiciones del clima, deciden luchar por su supervivencia y emprenden un largo recorrido hacia otros lugares que podrán albergarlos y darles de comer hasta que las condiciones en su hogar sean de nuevo óptimas para su retorno. No sé muy bien en dónde empiezan sus recorridos pero he escuchado que hay manadas de aves que recorren todo el continente americano, desde Canadá hasta la Patagonia y siempre me pregunto lo mismo: ¿Cómo conocen el camino? ¿Quién los guía en realidad? ¿Y cómo hacen para regresar siempre a su hogar? Sé que estos recorridos son largos y están llenos de obstáculos, de hecho, muchos de ellos mueren en el trayecto; sin embargo, los más fuertes sobreviven y logran volver para aparearse de nuevo consiguiendo así la conservación de su especie. Estos animales conocen el camino a su hogar y luchan en su recorrido. Y de alguna manera todos lo hacemos porque el mundo está plagado de migraciones de toda clase de especies. Los humanos somos parte de ello y fuimos dotados de libertad y de las posibilidades de desplazarnos de acuerdo al llamado de nuestras almas. Siempre hemos sido peregrinos y aunque pretendamos cambiar este hecho, los humanos siempre seremos una especie andariega. Entonces, ¿por qué nos vemos luchando tanto en nuestros recorridos? ¿Por qué obstaculizamos lo que debería ser un derecho natural, el de desplazarnos a nuestro antojo? No puedo dar una respuesta específica ni sé cuál es la solución para llegar a un acuerdo con las leyes migratorias que rigen nuestros países, pero en mi caso, siempre que viajo de un lugar a otro me imagino que soy ciudadana universal y que el derecho a desplazarme es un derecho que Dios me dio cuando me creó. Todos somos habitantes del mismo mundo y todos tenemos el mismo derecho de disfrutar este planeta. Sin embargo, ninguno de nosotros es dueño de la tierra que pisa. No tenemos ninguna posesión porque incluso nuestras posesiones más sagradas son temporales, bien sea porque las vendemos, las perdemos o simplemente se quedan aquí cuando nos morimos. Recordemos que cuando llegue nuestra hora de partir nuestros espíritus se irán ligeros, sólo llevarán el equipaje de sus memorias, entonces, ¿por qué desgastarnos tanto por algo que no nos pertenece?

Todos somos peregrinos y caminamos siguiendo los senderos de nuestras verdades. Todos somos obra del mismo creador y somos llamados a seguir sus latidos de creación. Todos tenemos las mismas capacidades de sorprendernos con las maravillas que otras almas han creado y, por consiguiente, tenemos la obligación de compartir nuestras creaciones. Todos somos caminantes del mismo camino, entonces los invito a que aprendamos a compartirlo.

Muestra que la luz es el destello que siempre
los guía, es la meta final, es siempre el final,
el fin de una búsqueda en particular, es la
Verdad. El génesis lo explica, se hizo la luz,
se hizo la verdad, ¡se dio origen al Señor!

Siempre que empezamos algún recorrido queremos conocer hacia dónde nos estamos moviendo. De alguna manera necesitamos saber en dónde está el punto final, la meta que persigue cada uno de nuestros movimientos. Siempre nos movemos hacia algún lugar en particular o situación específica y estamos a la espera del resultado final de nuestras caminatas. Estamos constantemente tras algo o alguien, pero en realidad, estamos buscando al Señor. Porque él es la meta final y él es el objetivo de nuestras búsquedas. Caminamos para encontrarnos con el Todo y comprobar que en realidad somos partes de él. Caminamos para descubrir nuestra verdad y cuando la hallamos nos encontramos de cara al Creador.

Son peregrinos en pos de la verdad y cuando emprendieron sus viajes se prometieron hallar aquello que dejaban atrás. Se fueron en pos de sus verdades para encontrarla en el hallazgo mayor, en la fuente del amor. Cuando emprendieron sus andares prometieron encontrarlo y llegar hasta el estado de exaltación mayor, el estado de la luz perpetua y como sabían que se perderían, pactaron encontrar un lugar prometido que contenía toda la belleza que sus almas habían almacenado. Partieron llenos de memorias del Edén... Ese lugar es un estado que ya han experimentado. Entonces nos preguntas que para qué partir de la perfección y te respondemos que lo hacen para hallar el amor. Sabemos que no queda claro este concepto, pero ¿de qué otra manera pueden recrear los procesos de propagación de la luz sino es encontrándola, perseverándola y repartiéndola en los demás? Brillen, niños, y déjense guiar. Los seguimos en sus recorridos y los conducimos al hogar. Sí existe la tierra prometida porque es su hogar, es un estado mayor en donde todo concuerda y compagina y los opuestos

por fin se unirán conformando una misma
totalidad. El Edén está en ti niña querida
y también en nosotros.

Y mientras escribo este mensaje escucho con gran claridad que la tierra prometida no está en este mundo como geográficamente lo conocemos porque no es un espacio físico sino un estado de conciencia mayor. Nuestros andares siempre van encaminados hacia la luz y cuando por fin la encontramos, descubrimos que este hallazgo es sólo el comienzo en nuestro peregrinaje. Y yo pregunto, entonces, ¿qué es la luz?

La luz es el origen de la creación, es todo
contenido en una partícula que destella
inmensos brillos generando la amalgama
de colores. Respira niña que aquí estamos.
La luz es el motivo de la existencia de cada
una de sus almas porque fueron creados
en medio de una explosión divina. Cuando
la esencia decidió reproducirse creó una
explosión de sus propias energías manifes-
tándose un residual divino. Cada una de
sus partículas conservó sus propiedades
de manifestación divina y por ende, tiene
las propiedades de desarrollar las capaci-
dades del Señor. En la luz, cada partícula

tiene el destello en todo su esplendor, lo que significa que puede vislumbrar la amalgama completa. Sin embargo, cuando las partículas reciben sus corporalidades pierden la capacidad de ver el espectro en su totalidad. Cada partícula cumple las funciones de la totalidad y tiene la capacidad de expresarse de acuerdo con sus propios mandatos. Verás, esto es lo que se conoce como materialización de la energía, porque la materia no es más que eso, luz concentrada, energía condensada. Niña, no te desesperes, nos canalizas a tu ritmo, estamos aquí entonces no hay por qué correr. Diles que la luz contiene todo porque es la verdad y la verdad tiene diferentes matices porque se dice de acuerdo con las interpretaciones particulares de quienes la emiten. Entonces la luz, como la verdad, tiene diferentes colores y es aquí en donde se da paso a la pluralidad, a la diversidad, a lo opuesto. No hay absolutos niña, porque la esencia es grande, es magnánima, es infinita.

Muchas veces los ángeles se me manifiestan en forma de destellos de luz, es como si una cámara me empezara a tomar fotos de manera acelerada usando una especie de flash enorme que me baña con su iridiscencia. Son bombardeos lumínicos que pasan de inmediato y cada vez que los experimento me sorprendo con su intensidad, porque son brillantes, potentes y muy expansivos. Es una clase de luz que no he visto en mi vida diaria y cuando pasa el efecto de estos encuentros siempre me sorprendo al comprobar cuán oscuro es nuestro mundo, porque aunque lo iluminemos, no se asemeja a la luz que irradia el mundo espiritual. Siempre me pregunto qué hay más allá de esa luz, qué es eso que no podemos ver con nuestros ojos, pero también compruebo que quizás no estamos listos para ver tanta claridad, porque cuando miramos de frente el sol nuestros ojos no pueden mantenerse abiertos y tienen que buscar un refugio. Mientras estemos viviendo nuestras experiencias humanas, nuestra capacidad para ver la luz es realmente limitada, sin embargo, esto no quiere decir que la luz no exista.

Los ángeles nos están diciendo que la luz es el Señor y que todos fuimos creados de la misma luz y, por consiguiente, podemos alcanzar sus destellos. Ahora bien, si la luz contiene en sí todos los colores, éstos no existen por sí mismos, sino que son también otra creación de nuestras capacidades humanas; lo único verdaderamente existente es la Luz.

Esto simboliza la diversidad, la aceptación que Dios tiene de lo diferente porque él es ilimitado. Todos somos luz, mas nos manifestamos de diferentes maneras o colores. Y si la variedad es la condición de la misma luz, entonces nuestro objetivo es aprender a encontrar nuestro propio color y, a través suyo, expresar nuestra propia verdad, no la de los demás.

> *Encontrar la luz significa rendirse a los procesos de la vida y con esto determinar los aprendizajes personales. Son experiencias efímeras las que deben someter la fortaleza de sus espíritus, pero como en toda experiencia, el resultado final es realmente lo que cuenta y, una vez evaluada la lección que se enfrentó, los hombres son llamados a continuar con el camino. Hemos observado que el punto del avance en el sendero del alma es quizás el que más necesita afianzarse en este recorrido. Son llamados a continuar, a expandirse, a brillar. Y cuando son llamados a avanzar sus vidas con pasos afianzados y seguros, deben tener la plena convicción de que el Señor los guiará en sus andares.*

Cada persona está hecha de luz y a ella le debe su ser; cada uno la tiene en su interior y puede activarla siempre que lo desee.

Mantenerse en la luz es el don que nos ha dado nuestro padre para caminar y vivir nuestras vidas siguiendo los destellos divinos, ya que ella es la fuente que permite renovar nuestra energía cuando nos sentimos agotados. La luz es inagotable, infinita, así que no dudemos de convocarla en nuestras vidas con frecuencia porque ella es Dios mismo y nos está llamando a que nos contagiemos con sus rayos, a que nos empapemos en sus destellos y a que nos fortalezcamos. La luz tiene la capacidad de desvanecer la oscuridad porque cuando se manifiesta, es tan poderosa que inmediatamente se empieza a ver. Recordemos que la luz es el fin de las tinieblas, es el comienzo de nuestros días y por consiguiente, es el origen de nuestras existencias. Tengamos presente que desde que nos despertamos nos vemos enfrentados a un bombardeo de decisiones y elecciones que debemos tomar. Cada decisión nos mostrará un camino particular y tendrá unas consecuencias determinadas, entonces, ¿por qué no elegimos los caminos que nos lleven a la luz? Éstos son infinitos y se abrirán en el momento en que los elijamos. Estos senderos están llenos de seres formados de amor que están dispuestos a ayudarnos en nuestros recorridos, sólo tenemos que llamarlos y pedirles su asistencia. Los caminos del amor nos permiten mantenernos en la luz aún cuando no vislumbremos con claridad hacia dónde nos dirigimos, porque la luz es creativa y para manifestarse utiliza un sinnúmero de recursos, por lo cual se nos pide paciencia en sus manifestaciones.

Mantenerse en la luz significa darle paso al Señor en nuestras vidas, cada uno de nuestros días; es estar en paz con nosotros mismos y con el mundo que hemos creado; es proyectar esa luz interior que nos conforma para extenderla a todos los actos de nuestra vida y a todas las personas que acompañan nuestra existencia. Recordemos que cada decisión y cada situación que enfrentamos nos ofrecen la posibilidad de seguir la luz o de crear nuestras propias tinieblas. El objetivo de nuestro recorrido corporal, de la encarnación de nuestros espíritus en nuestros cuerpos, es encontrar un estado de paz en medio de las condiciones apremiantes que las capacidades humanas nos ofrecen. Sin embargo, el Señor nos está mostrando que existen maneras adecuadas para vivir nuestras vidas desde la luz. Es por esto que cada día más personas despiertan a su espiritualidad y recuerdan las formas de estar en contacto con Dios y con la parte de su esencia que reside en cada uno de los hombres. Todos estamos en capacidad de activar nuestra luz y de perpetuarla en los demás. Salgamos de nuestras cuevas, de esas cavernas formadas por nuestra mente y nuestros miedos; veamos que existen otros caminos que nos brindan paz. Éste es un llamado universal del Señor para cada uno de nosotros y no nos está diciendo que dejemos nuestras vidas a un lado y nos vayamos tras su búsqueda en lugares remotos; al contrario, nos pide que abramos nuestros ojos a nuestras realidades y decidamos vivir nuestras vidas con intensidad, con amor y, sobretodo, con responsabilidad. Porque todos tenemos el compromiso de vivir de manera responsable y hacer que cada una de nuestras vivencias sea una forma de expresar la grandeza del Señor.

TRABAJADORES DE LA LUZ

Así como existen campañas para conservar el medio ambiente, los derechos de los niños y de los animales, para respetar las diferentes ideologías y creencias religiosas, para protestar contra la guerra, etc., así también deberíamos tener una campaña masiva que defendiera los derechos de la luz. Porque todos tenemos derecho a vivir en la luz y estamos convocados a encontrar una libertad espiritual que nos permita vivir con alegría y con amor. Sin embargo, aunque estas campañas no existan de manera oficial y sus voceros no aparezcan en los noticieros ni en los periódicos del mundo, de alguna manera se está dando un movimiento masivo de la luz y cada día existen más seguidores:

cada vez más seres están siendo convocados a vivir en la luz. Estas personas siguen los latidos de sus corazones y han decidido vivir sus existencias bajo el amparo de sus almas y poco a poco han aprendido que el vivir en la luz les trae las satisfacciones que han estado buscando y, de alguna manera, los provee con las respuestas que siempre anhelaron. Estos seres se han convertido en una especie de trabajadores de la luz, porque no sólo han descubierto cómo se propicia la luz en sus vidas, sino que también han decidido mantenerla diariamente y compartir con los demás las maneras de brillar. De forma inconsciente, estos seres han accedido a ayudar al Señor a preservar y a convocar el amor en esta Tierra y aunque este arreglo no lo han hecho de manera racional, han sido sus almas las que los han impulsado a recordar la razón de sus existencias y con esto recordar su verdadera misión. Todos los humanos tenemos la capacidad de acudir a este llamado universal, porque todos y cada uno estamos siendo llamados por el Señor.

Ha llegado el momento de convocar a los trabajadores de la luz. El Señor ha acudido a nuestros llamados y a nuestras súplicas y nos está enviando su ayuda. Sin embargo, esa ayuda puede ser activada gracias a nuestro propio poder. No esperemos que los milagros nos caigan literalmente del cielo, recordemos que nosotros somos los agentes del cambio y los llamados a influir en nuestras propias realidades. Como cada día más almas están siendo despertadas para cumplir sus misiones universales, el Señor ha puesto a nuestra disposición mayor ayuda celestial, porque a medida que nuestras necesidades aumentan y las tinieblas emergen, la ayuda celestial se multiplica y nuestros recursos se engrandecen hasta el punto de hacernos fuertes para combatir la batalla del amor.

El fenómeno del despertar espiritual va de la mano con la propagación de las guerras, de alguna manera la lucha por recuperar el equilibrio original involucra el enfrentamiento de los opuestos. Sin embargo, no deberíamos considerar este despertar espiritual como una nueva era, porque este llamado espiritual ha existido desde siempre. La luz siempre ha sido seguida por las almas que han encontrado a Dios en su interior, sin embargo, estas personas han sido silenciadas por las fuentes de poder que han regido nuestras existencias a través de los tiempos y, si bien sus palabras han sido silenciadas, su legado aún continúa, porque es imposible olvidar lo que cada uno de nosotros recuerda en lo profundo de su alma. Todos sabemos que somos amor y aunque no logremos recordarlo conscientemente, nuestras almas reconocen los latidos de la paz eterna, del silencio perpetuo, entonces no existe un poder humano que pueda silenciar una verdad que prevalece en cada una de nuestras células. Y así como las persecuciones de los soldados de la luz se siguen dando, estos trabajadores de la luz también se han logrado imponer y han esparcido su mensaje con éxito. Se ha requerido de mucha valentía para hacer llegar los mensajes del universo, pero él mismo ha desplegado un batallón celestial para ayudarnos con esta misión. Hoy existen más recursos que antes para hacernos llegar el mensaje de amor universal de nuestro Padre y mientras las guerras aumentan y los conflictos se hacen imposibles de resolver, el Señor está convocando a más de sus soldados para que ayuden a nivelar esta situación. Las energías del amor sí existen y están esparcidas en todo el mundo. Es por esto que el Señor está llamando a sus soldados y les está diciendo que es el momento de acudir a la luz. Es un llamado universal, todos lo podemos seguir. Este llamado no nos pide que dejemos nuestras vidas a un lado para que salgamos a combatir una batalla campal. Al contrario, es un llamado que nos convoca a recogernos y a unirnos para vivir nuestras vidas amparados por el amor, pero sobretodo, es un llamado que nos obliga a ser responsables frente a nuestras acciones, teniendo en cuenta que éstas serán las bases de nuestro propio futuro.

LOS TRABAJADORES DE LA LUZ ESTÁN
CAMUFLADOS EN DIFERENTES DISFRACES

Siempre hay un renacer, un nuevo comienzo, un nuevo alba, un nuevo día. Todo empieza de nuevo y todo se regenera; tal es quizá el misterio más grande que envuelve nuestra frágil humanidad. Siempre me maravillo al ver que es verdad que después de cada tormenta aparece la calma y con esto no me estoy refiriendo sólo al estado del tiempo, porque si miramos con detenimiento, ésta es una metáfora aplicable a la vida diaria. Siempre sale el sol después de una gran oscuridad, siempre se puede volver a ver la luz, aún cuando hemos permanecido mucho tiempo en las tinieblas. Y si bien es cierto que nuestros ojos nos empiezan a doler cuando entran en contacto directo con la luz, también es cierto que después de unos segundos ellos se adaptan a este cambio y empiezan a ver de nuevo los matices de los colores. Escribo estas líneas y recuerdo mis propias tinieblas y ahora lo hago no para recrearlas, sino para comprobar que cada vez que estuve presa en una de estas situaciones, pude ver la luz a través de los ojos de alguien más, porque nunca me faltó alguien que acudiera a mi encuentro y me mostrara que con tiempo, paciencia y un poco más de fe, que yo también lograría ver. Estas personas acudieron a un llamado silencioso que les hizo mi alma y me señalaron el camino; le hicieron una apuesta al destino a mi favor. Ellas quizás no estaban seguras de lo que sus palabras emitían, pero sí sentían la veracidad de sus mensajes. ¡Estas personas no sabían que sí tenían razón!

Los trabajadores de la luz son pasajeros, vienen cargados de mensajes de amor y sus ojos despliegan un brillo especial, emiten rayos de ternura universal. Son los portadores de la luz y se les reconoce gracias a la sonrisa. Estos emisarios de Dios hacen parte de todas las culturas, de todas las etnias, de todas las religiones, de todas las ideologías y tienen distintas maneras de vivir. Un trabajador de la luz siempre está entrenado para escuchar lo que las palabras no dicen, para ver lo que ante los meros ojos engaña y para decir lo que nadie más se atreve a pronunciar. Son valientes, fuertes y poseen un gran sentido del humor. Son personas que conectan con una frecuencia mayor y se alimentan de ella. Los trabajadores de la luz hablan desde el amor universal y por lo tanto sus mensajes sólo hacen referencia al amor, no son mensajes de miedo ni de desolación, sino de aliento y fortaleza. Un trabajador de la luz puede estar camuflado en una apariencia humilde y hasta menospreciable para nuestra sociedad, sin embargo, sus palabras contienen el poder del Creador y sus mensajes están cargados de amor. No se imaginan la cantidad de veces que he recibido mensajes de mis ángeles a través de mendigos y de personas que la sociedad considera como inferiores. Debo decirles que muchas veces dudo que estas personas sean humanas porque una que otra vez he volteado a mirar si siguen allí y cuando lo hago ya no están. Así es que no menospreciemos a nadie y escuchemos con atención cuando un extraño nos dice justo lo que necesitamos escuchar y después nos brinda una hermosa sonrisa; no lo dudemos, estamos en presencia de un trabajador de la luz o quizás de algo más.

Es probable que mientras lea estas palabras usted se reconozca como un trabajador de la luz; si es así, bienvenido y gracias por haber acudido a su llamado, pero si, por el contrario, usted siente que le falta mucho para alcanzar este estado pero hay algo en usted que lo incita a ser esa clase de persona, quiero que sepa que usted también es un trabajador de la luz, sólo que aún no lo ha descubierto y quizás no se ha fortalecido lo suficiente para manejar la luz. Porque lo primero que se necesita de usted es que sea fuerte para que luego ayude a los que no lo son. Todos somos trabajadores de la luz, pero acudir a nuestro llamado universal es una decisión personal que requiere de mucha valentía y de mucha paciencia. No crean que porque alguien está en contacto directo con el mundo espiritual y con sus fuerzas de amor se convierte en una persona especial o santa, al contrario, esto simplemente confirma que esta persona es un ser que está desarrollando un poco más del potencial que tiene el promedio de los hombres, es decir, está desarrollando su capacidad espiritual, no es más. No espere milagros de los trabajadores de la luz porque ellos no tienen la capacidad de efectuarlos, ya que todos los milagros o cambios repentinos que se presenten son producidos por su espíritu y por la intervención directa del Señor, no por alguien en particular. No le entregue su poder a nadie más porque nadie tiene la capacidad de efectuar los cambios en su vida, salvo usted, no lo olvide. Tenga presente que usted es quien hace realidad el más hermoso de sus sueños o, por el contrario, el que crea las condiciones para que la más terrible de sus pesadillas se haga tangible. Esto lo hace de manera inconsciente y es a través de su espíritu y de las fuerzas que éste convoca que todos estos sucesos salen a la luz. No es fácil de explicar o justificar los acontecimientos que se desarrollan a nuestro alrededor, pero lo que sí es sencillo decir es que en todos nuestros recorridos tenemos la opción de reclamar la luz y de hacernos partícipes de su infinito poder o, por el contrario, de permanecer en la oscuridad y continuar alimentando nuestros temores para que éstos salgan a la luz y cobren vida propia.

Los trabajadores de la luz son personas normales y corrientes que llevan vidas cotidianas como todos los demás. No esperemos de ellos un comportamiento especial, simplemente comprendamos que ellos tienen la capacidad de conectar con una frecuencia de energía más elevada que la energía humana y gracias a esto pueden extraer parte de la sabiduría universal. Hago énfasis en el acceso limitado a esta sabiduría, porque al final cada uno interpreta la realidad celestial como mejor puede hacerlo, pero lo cierto es que mientras estemos en nuestros cuerpos y nos encontremos sometidos a nuestras mentes, cada una de las impresiones que recibamos y cada uno de los mensajes celestiales que canalicemos estarán revestidos en gran parte de las interpretaciones de nuestras mentes y por el matiz de nuestras personalidades. Yo acostumbro a decir que los mensajes que recibo han pasado por el filtro de mi mente y aunque he tratado de depurarme lo mejor que he podido, no he dejado de ser yo en todo este proceso y por eso los mensajes pueden estar afectados por rasgos de mi personalidad. Yo siempre digo que el mensaje celestial es uno pero que las interpretaciones y las lecturas que hacemos de este mensaje son muchas y dependen de cada uno de los canales que se utilizan. En otras palabras, creo que los trabajadores de la luz hacemos nuestro trabajo de la mejor manera que podemos, pero tengamos en cuenta que no poseemos la verdad única y total porque nadie conoce la magia del misterio continuo, de la grandeza del Señor.

No esperemos cosas extraordinarias de los trabajadores de la luz, al contrario, esperemos un comportamiento ordinario y esto incluye también que ellos tengan sus momentos de desespero, de temor y de insatisfacción. Por mi parte, puedo decirles que he escuchado varias veces esta frase: "... ¡y usted que es tan angelical!" como si esto fuera algo malo o algo que me hiciera distinta al resto de la humanidad. Estas palabras me las dicen cuando me ven actuando de manera normal, es decir, cuando estoy un poco cansada, tengo miedo o estoy enojada. No sé cuándo se creó una imagen de perfección a mi alrededor por el simple hecho de que puedo escuchar a los ángeles, ni sé de dónde sacaron la idea de que yo tenía que estar al servicio de todas las personas las 24 horas del día, los 7 días de la semana. Yo, al igual que cualquier otro trabajador de la luz, llevo una vida normal en el aquí y en el ahora. Esto significa que tengo que enfrentarme con las mismas situaciones difíciles y los mismos inconvenientes que usted enfrenta en su vida diaria y yo no sólo me tengo que reponer ante eso, sino que tengo que convocar la luz en mi vida constantemente y, cuando me siento fuerte, puedo acudir a los llamados que mi alma considera posible asistir. No puedo acudir a todos los llamados y tampoco me corresponde. Poco a poco he aprendido a decir no a las constantes presiones que se presentan a mi alrededor y así he podido concentrarme primero en mi bienestar, para luego ayudar a quienes mi alma ha decidido asistir.

Como un trabajador de la luz es una especie de traductor simultáneo del mundo espiritual al mundo terrenal, su trabajo demanda mucha energía y esfuerzo personal y es por esto que es necesario que repose y reponga sus energías de manera inmediata. Un trabajador de la luz necesita mucho silencio, mucha calma y mucho descanso. De alguna manera necesita apartarse de la muchedumbre y del bullicio cotidianos para conectar de nuevo con la fuente de amor y así recargarse y volver a estar listo para entregarse a los demás. Así es que si vemos a un trabajador de la luz aprovechemos su compañía al máximo pero entendamos que él debe partir y aislarse porque necesita reponerse. Dejémoslo ir y respetemos sus momentos. Pero lo más importante de todo esto y quizás es lo que realmente quiero aclarar, es que un trabajador de la luz es simplemente otro ser humano, así como usted también lo es.

EL CUIDADO DEL TRABAJADOR DE LA LUZ

El trabajador de la luz tiene la capacidad de penetrar las tinieblas ajenas, puede entrar en las cavernas de los demás para mostrar un poco de luz. Él tiene la misión de transmitir un mensaje de amor, de paz y de armonía a quienes lo requieran, sin embargo, eso no quiere decir que deba estar siempre al lado de quienes lo necesitan porque él también tiene su propia vida. Es aquí donde él se equivoca con facilidad, porque se involucra en exceso en la vida de quien está ayudando y se olvida, en muchos casos, de vivir su propia vida y buscar su propio bienestar, lo cual no está bien. Por eso se le aconseja que cuando termine de entregar su mensaje tome cierta distancia, porque una vez terminado su trabajo, en la mayoría de los casos, su presencia física ya no es requerida pues sus palabras ya fueron dichas; el repetir una y otra vez el mismo mensaje puede hacer que el trabajador se debilite y que pierda el tiempo y la energía que necesita para vivir su propia vida o para ayudar a alguien más necesitado. Un trabajador de la luz debe vivir en libertad y dejar que los demás actúen bajo esa misma libertad. Créanme que me tomó muchos años entender esta idea porque yo creía que ayudar a alguien significaba hacer todo por esa persona y luego quedarme a su lado repitiéndole lo mismo una y otra vez mientras trataba de hacer todo lo que estuviera a mi alcance para que esa persona pudiera ser feliz. Sin embargo, en todo ese proceso yo me debilitaba en exceso y, lo que era peor, descuidaba mi vida hasta el punto de no hacer nada por cambiar lo que a mí tanto me acosaba. Tuve este comportamiento durante muchos años y cuando alguien me dijo que yo debería primero vivir mi vida y organizar mi propia felicidad, yo creí que esa persona estaba equivocada porque se suponía que yo tenía que ayudar a todo el mundo y luego, si quedaba tiempo, podía pensar en mí. Sin embargo, la persona que me dijo ese mensaje era un trabajador de la luz y sabía muy bien lo que decía y tenía razón. No pude hacer mucho por los demás mientras estaba débil y perdida en mis búsquedas, porque fue sólo cuando empecé a fortalecerme que empecé a ver mi vida con claridad; y cuando pude hacer valer mis ideas que mi espíritu se afianzó hasta el punto de poder ayudar a más personas a mi alrededor. Una vez terminada esa ayuda, me quedaba esperando a que las personas cambiaran, a que sus vidas florecieran, a que siguieran a la perfección los mensajes que sus ángeles les estaban enviando a través de mí y lo único que lograba era perder mi tiempo en todo este proceso porque ésta no era mi responsabilidad. Si las personas actuaban de acuerdo con el llamado de sus almas no era mi responsabilidad, si ellos hacían los cambios que necesitaban para que sus vidas afloraran tampoco era mi responsabilidad, en otras palabras, mi trabajo ya había terminado y de mí se esperaba que partiera.

Tomar distancia consiste en dejar que el otro actúe libremente y se haga responsable de su vida, de sus actos y de sus consecuencias. Y aunque en muchas ocasiones esta acción de distanciamiento es considerada como un acto de desamor por parte de quien lo recibe, la verdad es que no hay acto de amor más grande que dejar al otro ser en completa libertad. Así es que si sienten culpa porque no pueden hacer nada más por la otra persona, recuerden que somos llamados a vivir nuestras vidas con intensidad y a dejar a los demás vivir sus vidas siguiendo sus propios ritmos y bajo sus propios tiempos. Lo más importante para entender es que el trabajador de la luz no puede salvar a nadie, esa no es su misión ni es la misión de nadie. Un trabajador de la luz simplemente cumple con las funciones de orientar a quien no tiene la capacidad de ver hacia dónde pueden ir encaminados sus actos. Porque siempre tenemos direcciones más adecuadas que nos llevan a cumplir con nuestros propósitos. Siempre hay una dirección que es más afín con nuestra esencia y un trabajador de la luz la puede ver.

Un trabajador de la luz tiende a cargar con las culpas y las responsabilidades ajenas y su naturaleza generosa hace que tenga muchos compromisos sobre sus hombros, cuando en realidad no tiene por qué ser así. El Señor nos creó libres y es en libertad que quiere que recorramos nuestros andares.

Trabajadores de la luz: los invito a que pongan sus límites y a que reclamen sus vidas con la misma intensidad con que ayudan a los demás. Recuerden que se requiere de ustedes la fortaleza y para que ésta se presente deben ser felices con sus existencias. No se sientan mal por acudir al llamado de su alma y comprendan que luego podrán volver para ayudar a más personas que necesitan de sus consejos pero sobretodo, requieren de su ejemplo para seguirlos. No le teman a sus vidas y protejan sus energías. Recuerden cortar los cordones energéticos que han formado con quienes han trabajado y no se sientan mal por limpiar su campo de energía con frecuencia. Recuerden que se necesita que estén limpios, puros y por consiguiente, que estén radiantes. Sólo así podrán atraer más luz y estarán en mejores condiciones para esparcirla a los demás. Mis ángeles siempre me repiten lo mismo: "niña, parte en paz con la convicción de haberlo hecho todo bien" y es así como he empezado a vivir mi propia vida con felicidad, en lugar de padecer la vida de los demás.

Relevos de luz

Los relevos de la luz son un arte generado en la Grecia antigua. Antes se consideraba que ser el portador de la luz era el privilegio mayor que una deidad le podía conceder al hombre, fue así como nació la idea de los juegos olímpicos. Una de sus modalidades son los relevos, que consisten en relevar la luz sin que se pierda su chispa original. La antorcha es pasada de mano en mano, pero solo participan quienes se han ganado el honor de llevar la luz. Verás, como la luz es frágil y al menor descuido puede perderse, tener la capacidad de continuar la carrera y a la vez el tener la habilidad de cargar la luz es un arte de pocos. Sin embargo, ahora son convocados a que aprendan, niños, porque la luz está al servicio de todos, de modo que todos están al servicio del Creador. Pueden ser maestros en el arte de la conservación de la luz y a la vez ser capaces de seguir compitiendo en las carreras de sus vidas. No lo duden y en el momento en que reciban la luz miren hacia arriba y ofrézcansela al Señor. Todos pueden hacerlo si saben maniobrar

*la presencia del aire y los obstáculos que
la ruta que han decidido recorrer les presenta. No le teman a esta responsabilidad
y comprendan que ahora todos están a la
altura de esta misión. Amén.*

Siempre sanamos acompañados, en presencia de
quienes al igual que nosotros han sufrido heridas
similares. Es gracias a las heridas que el paso de la
vida nos ha dejado que podemos comprender el dolor ajeno y ser parte del proceso de recuperación del
otro. Siempre me sorprendo cuando escucho en los
labios de los demás problemas similares a los míos y
que de alguna manera egoísta y hasta ingenua había
considerado como únicos; compruebo, así, que lo que
más me ha dolido a mí también le ha dolido a otro.
Y es que cuando escuchamos en el otro aquello que
tanto nos atormentó, podemos enfrentar una verdadera oportunidad para sanar, no desde el dolor ni la
incomprensión de lo ocurrido sino desde la empatía
que el dolor compartido nos causa. Sin embargo,
si el proceso de sanación está más adelantado en
nosotros que en la otra persona, sentiremos que podremos mostrarle un poco la luz. Podremos entender
su dolor pero también estaremos en condiciones de
mostrarle que ese dolor como se está presentando en
estos momentos es pasajero y que aunque no se vea

un final inmediato llegará un día en el que pueda ver de nuevo la luz.

Niña, comprende que el entendimiento de los procesos del alma es un despertar personal y por consiguiente es una responsabilidad que reside en cada uno de sus corazones. Sin embargo, existen maneras de propiciar los despertares en los demás y cuando un alma encuentra una expresión compatible con el alma de alguien más, son convocados a brillar en compañía, a brillar en cada uno de sus movimientos. Niña, queremos que comprendan que no están solos y que sus pasos son seguidos por los pasos de quienes repercuten bajo sus mismas frecuencias. Cada paso abre camino a un alma que al igual que ustedes ha decidido emprender un camino de reconocimiento personal. No lo duden y decidan caminar acompañados.

Cuando unos ojos brillan y se reconocen, se hace un recorrido que el alma entiende. Es como si de alguna manera se recordara el camino vivido y con esto las experiencias aprendidas. Nada de lo que existe se ha creado de la nada, al contrario, todo ha sido el resultado de un proceso en conjunto. No desperdicien las oportunidades de crecer, de compenetrarse con los demás, de aprender acompañados.

Siempre se avanza en compañía, se evoluciona en clanes y es por eso que cuando una persona descubre su luz y avanza en sus búsquedas, su energía se expande hacia las personas que la acompañan en sus andares. De manera indirecta su luz se irradia hacia aquellas personas que están en contacto con su campo magnético y es así como se logra una evolución en conjunto. Los ángeles me han enseñado que por cada paso que doy en mi propia evolución, mi grupo inmediato también está evolucionando, porque al encontrar mis propias respuestas estoy iluminando parte del campo magnético que nos une y por consiguiente estoy trayendo luz a nuestro círculo energético. Entonces, cuando alguien irradia una capacidad mayor de energía, la luz que rodea a los seres que lo acompañan también se aumenta y de esta manera la energía se aumenta para que los demás también avancen en sus búsquedas. Sin embargo, este mismo efecto ocurre cuando se invoca la oscuridad y así como la energía puede expandirse y propagarse hacia los demás, la oscuridad tiene el efecto de contagiar y de contaminar el campo magnético de quien la genera y de las personas que frecuentan sus radios de energía. Por eso es que siempre debemos cuidar nuestra energía y continuar limpiando nuestros espacios energéticos para que nuestras energías negativas o las de los demás no impidan que avancemos hacia nuestra evolución. Cuando demos un paso hacia adelante y nuestras vidas empiecen a fluir de manera sorprendente, en lugar de sentirnos mal, disfrutémoslo al máximo y tengamos en cuenta que avanzamos acompañados, porque siempre lo hacemos. Avanzamos de la mano del clan familiar que nos trajo al mundo, del clan social que nos dio las bases de nuestra formación, del clan del país que nos ha albergado, del clan del continente al cual pertenecemos, del clan mundial del cual todos hacemos parte y por consiguiente, avanzamos paralelamente con el clan universal:

Niña, enséñale a los demás a arriesgarse a reclamar lo que les pertenece, la paz divina. Todos tienen los medios para convocar un estado de misericordia divina, de compasión personal, de entendimiento global. Todos pueden hacerlo y conocen las maneras de conectar con su padre celestial. Alienta a quienes han decidido emprender un camino de búsqueda y enséñales el camino, sin embargo, deja que ellos elijan sus propias rutas. Tienes en tus manos la capacidad de convocar la luz y de repartirla a los demás.

¿Qué se siente cuando se está en la luz?

Niña, se siente la paz del Señor, la esencia celestial, porque todos estamos sintonizados en una misma sinfonía de amor. Es como si cada corazón conformara una de las piezas musicales que ejecuta la orquesta universal, y ¿nos preguntas qué se siente o más bien cómo se siente el amor? Y te respondemos, simplemente se siente. Es un latido constante que resuena con las vibraciones naturales de tu alma. Se siente tú, se siente hogar, se siente calma y se siente bien. Siempre podemos referirnos a un sentimiento cuando estamos tratando de canalizar estas palabras a través de ti, sin embargo, te diremos que no podemos expresar la grandeza del amor universal, es decir, la grandeza del Señor porque la presencia no se siente, se manifiesta. Nos explicamos, no es posible traducir con sentimientos humanos algo que carece de

*humanidad y de simplicidad, sin embargo,
es posible asemejarlo con la imagen de un
mar calmo en un día sin nubes.*

¿Se puede alcanzar un estado de plenitud viviendo
nuestras vidas?

*Y de repente algo encaja en tu alma, es
como un clic mágico que tu corazón escucha y alcanza a distinguir. Es inmediato,
es realmente una curación del alma.
Cuando este sentimiento llega, ustedes se
preguntan por qué se perdió tanto tiempo
en el estado anterior. Por qué se derrama-
ron tantas lágrimas por algo o alguien si
al final se iba a llegar a este punto, a este
estado en el que todo encaja. Cuando ello
ocurre, se conecta con la fuente de nuestra esencia y se entiende el por qué de las
cosas y aunque este entendimiento no es
racional, es nuestra alma la que por fin
nos dice que ha concluido una etapa y
está lista para este nuevo aprendizaje. Sin
embargo, quiere hacernos saber que nada
fue en vano, que todo tuvo un propósito y
que el aprendizaje se ha dado.*

**Sigue tus pasos y recuerda
que les mostrarán la ruta a los viajeros.**

Capítulo V

CAMINAR DE LA MANO DE LOS ÁNGELES

*Estamos esperando a que eleven sus frecuencias
para que accedan a los ámbitos divinos.*

Sinceramente, no puedo imaginarme cómo hice para sobrevivir casi toda mi vida sin pedirle ayuda a los ángeles. Con razón tenía tan mal genio y por todo me ofuscaba, sin embargo, ahora tengo una mirada diferente de mi existencia. Sé que tengo un grupo angelical que está esperando mis órdenes para ayudarme a vivir más cómodamente. Esto no quiere decir que desde que les pido su protección y su asistencia divina todo me salga a las mil maravillas y mi vida sea perfecta hasta el punto de ser aburridora. Al contrario, mi vida está llena de desafíos que la hacen muy interesante. De hecho, como sé que cuento con el apoyo divino, estoy más dispuesta a arriesgarme a vivir con plenitud, pero también tengo una mayor responsabilidad sobre mi existencia y sobre las repercusiones que cada uno de mis actos provocan. Los ángeles me han devuelto la confianza en mi ser y me han mostrado que en realidad soy más fuerte de lo que siempre pensé. Y con su ayuda ha resultado cierto el dicho que dice que cuando una puerta se cierra hay otras más que se abren. Bien, en mi caso se me han cerrado muchísimas puertas, pero los ángeles me han abierto otras tantas para que yo entre y triunfe en cada uno de mis propósitos. Porque cuando he seguido a mi alma y lo he arriesgado todo por darle curso a sus llamados, los ángeles no han escatimado en su ayuda y han hecho verdaderos milagros para que mis propósitos se hagan realidad. De verdad que las cosas que me han pasado desde que cuento con la protección de mis ángeles son como para escribirlas en otro libro y, lo que es más hermoso, yo no soy la única que cuenta esto, porque todas las personas que conozco que han pedido ayuda a sus ángeles han sido testigos de milagros que han ocurrido en sus existencias que a los ojos de otros pueden parecer como cosas sencillas e incluso sin sentido, pero para quienes viven los cambios son cosas maravillosas. Entonces siento la responsabilidad de decirles una y otra vez lo mismo: pidan la ayuda de los ángeles que ellos están listos para asistirlos. Suena como una falta de respeto el decir que los ángeles están esperando sus órdenes para asistirlos en todo lo que les sea posible, pero es la verdad.

Alabada seas niña, respira que aquí estamos. Dios bendice este trabajo y te agradece tu labor. Nos preguntas por qué fuimos creados así y de qué materia estamos hechos y te respondemos que cuando la esencia se dividió conservó unas partículas a su lado. A cada partícula le confirió la capacidad de proteger cada una de sus creaciones, entre ellas sus almas. Los ángeles son guardianes que protegen todo lo que se conoce como la expansión divina. El hecho de proteger es reconocer que en nosotros reside una presencia mayor, una energía superior a todo que hace parte de nuestros sistemas de expansión, es decir que cada uno de nosotros hace parte de un sistema mayor. Niña, te guiamos; cuando el Creador nos asignó la misión de salvaguardar sus almas nosotros nos regocijamos de encanto al saber que lo que él tanto ama ha sido encomendado bajo nuestro cuidado. Sin embargo, protegerlos y guiarlos es una misión delicada porque todo se mueve bajo los principios de la libertad absoluta, de acuerdo con los cuales cada uno de ustedes ejerce las propiedades del Padre cuando es creador de su propia existencia. Y con esto les decimos que la autonomía que ustedes poseen no la tenemos nosotros. De alguna manera nosotros cumplimos con una parte del plan pero ustedes pueden ejecutar cambios de acuerdo con su capacidad de elección. Entonces nos vemos enfrentados con el reto de saberlos guiar sin interferir en sus capacidades creadoras y nos preguntas que cómo lo hacemos y te respondemos que aprendemos de la mano con ustedes. Son ustedes quienes nos guían y nos imponen los límites para nosotros actuar. Sin embargo, una vez que se ha dado un diálogo entre ustedes y nosotros, y la confianza se ha establecido, procedemos a trabajar en conjunto. Es un reto, un verdadero reto, pero queremos decirles que nuestro trabajo nos encanta porque ustedes nos hacen sentir útiles al plan mayor. Niña, no lo dudes y *escríbelo. No le temas a estas palabras, son ustedes quienes le dan sentido a nuestras existencias y nos enseñan el camino de la evolución al andar.*

No temamos pedirle ayuda a los ángeles y acudamos a ellos siempre que lo necesitemos. No hay petición pequeña porque todo lo que nos acosa y de alguna manera nos preocupa, hace que nos limitemos en nuestro andar y recordemos que nuestro propósito es el de continuar, el de seguir expandiéndonos al ritmo de la creación. Entonces, si el Señor nos asignó un grupo de ángeles que están a nuestra disposición esperando nuestros llamados, no los dejemos esperando y pongámonos a trabajar. Recordemos que ellos viven nuestras experiencias y se agobian con nuestros pesares. Porque cuando los impulsos de negación nos invaden y caminamos nuestras vidas amparados bajo los mandatos del temor, nuestros ángeles no pueden expresarse ni transmitir sus mensajes de amor hacia nosotros. Ellos sólo pueden actuar en el amor y en las resonancias que produce este sentimiento. Sintamos su presencia y ayudémoslos a expresarse, ¡ayudémoslos a ser!

Yo he interiorizado el concepto de pedir su ayuda de una manera efectiva y desde que sé que tengo a un grupo angelical esperando escuchar mis peticiones no hago sino llamarlos y pedirles ayuda con todo. Sin embargo, también tengo días en los que se me olvida que ellos están a mi lado y cuando me veo agobiada enfrentando una serie de situaciones que ni siquiera Súper Chica podría superar, me acuerdo de que tengo ángeles, que los escucho, que trabajo con ellos y, mientras me río porque lo más evidente se me había olvidado, vuelvo a ellos y les pido de nuevo su ayuda y ellos siempre me responden con entusiasmo y proceden a ayudarme en todo lo que les sea permitido. Ahora bien, algo que he encontrado muy curioso en todo este proceso de pedir ayuda es que los ángeles nunca me dicen qué es lo que debo hacer ni me responden mis preguntas con respuestas directas. Es como si ellos hubieran firmado un pacto de silencio total y, a no ser que nuestras almas ya hayan mencionado lo que tanto buscan, ellos sólo pueden confirmarlo transmitiéndonos sentimientos de calma que se generan en nuestros corazones. Sólo cuando hemos mencionado nuestros deseos o los hemos sacado a la luz, es cuando los ángeles están autorizados para ayudarnos y sutilmente nos dan una palmadita de apoyo que nos empuja a seguir. Pero, ¿qué pasa cuando no lo hemos dicho o no sabemos en realidad qué es lo que tanto anhelamos? Los ángeles nos ven en nuestra oscuridad y se las ingenian para enviarnos pistas, señales divinas y mensajes a través de otras personas. Porque si miramos con atención y estamos dispuestos a saber el motivo de nuestras búsquedas, encontraremos una especie de código secreto que contiene la clave de nuestras búsquedas. Es como un lenguaje secreto que contiene la respuesta que estamos buscando. En mi caso, los ángeles se valen de muchas imágenes que me transmiten a través de mis sueños. No es que me den las respuestas por completo en los sueños, ellos no pueden responder a mis preguntas, pero sí pueden ayudarme y darme señales que me lleven a hacerlo. Los ángeles nos observan y saben cuáles son nuestras preferencias, entonces aprovechan los momentos en los que nos encontramos relajados ya que son los momentos en los que accedemos a su energía y nos transmiten mensajes que nos orientan en nuestro camino. Los ángeles siempre responden nuestros llamados a través de la alegría, de la creatividad, de las ideas inesperadas, de los sueños, de las canciones, de los libros y, sobretodo, a través de los niños.

Desde que camino mi vida en compañía de mis ángeles siempre me sorprendo al ver que mis ángeles marchan felices al compás de mis triunfos, pero también marchan a mi lado al compás de mis fracasos. No sé por qué no se materializan y me detienen en mis movimientos cuando me estoy equivocando, quizás trataron de hacerlo pero yo no los escuché, o quizás tenía que errar y por más acompañada que estuviera no podía dejar de aprender. Sin embargo, nunca más me he vuelto a sentir sola y es bajo este sentimiento de protección absoluta que vivo mis días. Pero a la vez ha surgido una pregunta que siempre me atormenta y es esta: ¿Están los ángeles alrededor de las personas que sufren? ¿Están a su lado cuando ellos son asesinados, violados y violentados de alguna manera?

Niña, no dudes en el poder de tu pregunta y no te arrepientas de hacerla. Y la respuesta es sí, los acompañamos y asistimos sus almas en los procesos de aprendizaje. Sabemos que no lo comprendes y que tu capacidad humana nos juzga, pero, niña, el dolor como tú lo conoces no existe porque obedece a creaciones humanas. Niña, estamos a su lado y los asistimos en todo lo que nos es permitido. Y te preguntaras qué clase de asistencia les damos si los dejamos sufrir, pero en realidad no lo hacen, porque cobijamos su alma para que asimilen su aprendizaje de manera acelerada y puedan seguir. Verás, son ustedes quienes eligen las lecciones y las maneras en las que se les impartirán, no somos nosotros y una vez elegido el plan, lo llevan a cabo. Si existen variaciones en el plan original y su alma nos da su consentimiento, entonces nosotros tenemos la propiedad de mitigar el resultado de la acción primaria, pero si han decidido proseguir con su aprendizaje no hay nada más que podamos hacer, salvo apoyarlos y abrazarlos con intensidad. Porque siempre los asistimos y cada lágrima que derraman se las limpiamos de sus caras para que no empañen su visión. Niña, no nos juzgues y comprende que el Padre los creó libres y les dio la capacidad de elección, nosotros simplemente los llenamos con nuestro amor y esperamos sus aprendizajes. Lloran por muchos motivos pero también sonríen porque sus vidas son grandes, son bellas, son ricas, son eternas. Sí, lo son. Recuerden que siempre viven, perduran, triunfan, porque sus espíritus son indestructibles, entonces cuando se vean perdidos, agobiados y acorralados por el temor, recuerden que son fuertes, que son grandes, que son magnánimos y que siempre los acompañamos. Los amamos niños, no lo duden. Amén.

APRENDER A PEDIR LA ASISTENCIA ANGELICAL

La pregunta que más me han hecho desde que trabajo con los ángeles es sobre cómo pedirles ayuda y yo siempre me sorprendo ante esto porque pareciera que somos muy buenos quejándonos y viendo todo lo que nos rodea de manera negativa, pero cuando se nos da la opción de pedir ayuda, la mayoría de nosotros no sabemos qué hacer. Es como si nos quedáramos en blanco porque de hecho la acción de pedir ayuda implica ir más allá del acto de quejarnos y en lugar de perder más tiempo pensando y recreando las mismas situaciones malas, nos tenemos que detener para pensar en las maneras de salir adelante, por lo menos cuando se trata de pedir la ayuda angelical. Como les había explicado, los ángeles no pueden responder a nuestros interrogantes ni nos pueden decir qué hacer con nuestras vidas, sin embargo, ellos sí pueden ofrecernos una guía que nos permita llegar a nuestras propias ideas y de esta forma lograr nuestra evolución. Pero una vez que hemos encontrado claridad en cierto aspecto de nuestras existencias, somos llamados a pedir ayuda de una manera específica y sólo así los ángeles procederán a realizar sus trabajos. No basta, pues, sólo con pedir ayuda, también tenemos que saber qué clase de ayuda necesitamos. Y me imagino que ustedes se estarán preguntando cómo se logra eso, porque muchas veces no sabemos qué es lo que queremos ni mucho menos, qué es lo que necesitamos. Y es aquí, de nuevo, cuando nuestros ángeles pueden asistirnos. Vamos a dividir este tema para que nos quede claro y para que a partir de ahora nuestras peticiones sean más efectivas y de esta manera nuestros ángeles puedan proceder con mayor facilidad. Entonces estos son los pasos necesarios para hacer nuestras peticiones:

1. Es necesario que piense en la situación que lo agobia y, mientras lo hace, cierre sus ojos y empiece a respirar con mayor profundidad. Invoque la presencia de su ángel guardián y pídale su amparo y protección en todo este proceso.

2. Luego imagínese rodeado por la presencia de la luz y envuelva la situación que le agobia con la misma luz.

3. Ahora, imagínese saliendo adelante. Piense: ¿qué haría si pudiera cambiar esta situación? ¿Como saldría triunfante? ¿Qué acciones tomaría si estuviera en mi poder cambiar algo?

4. Escriba todo lo que su mente le está mostrando, pero sobretodo, póngale atención a esas ideas que lo hacen sentir bien. Recuerde que las respuestas del alma siempre están apuntando al amor, no sólo

al propio, sino también al amor por los demás. Si nada viene a su mente y por el contrario se siente más agobiado que cuando empezó, respire con profundidad y pídale claridad a su ángel. No se preocupe si en estos momentos no encuentra soluciones, sólo respire y espere un momento más oportuno porque con seguridad su ángel lo seguirá ayudando en esto. Un consejo que leí en un libro y que he practicado cuando no encuentro ninguna respuesta a mis inquietudes es el de dejar un vaso de agua en la mesa de noche y antes de dormirme les pido a mis ángeles que infundan la respuesta en el agua, entonces cuando me despierto me la tomo y de alguna manera ingiero parte de la sabiduría divina. Yo lo he practicado y no quiere decir que después de tomarme el primer sorbo vea todo con claridad, pero me gusta hacer este ritual porque me conecta más con mis ángeles y me ayuda a pensar que mi respuesta está en proceso.

5. Cuando crea que ya tiene clara una manera de actuar, hágale una petición de ayuda a su ángel y no se olvide de incluir todos los detalles que pueda. Los ángeles son literales, es decir, hacen las cosas al pie de la letra si está en su poder, entonces ponga mucha atención con lo que pide porque muchas veces así es como se lo darán.

6. Siempre termine sus peticiones dándoles las gracias. Los ángeles se mueven bajo las leyes divinas y la gratitud es una fuerza muy poderosa que ayuda en los procesos y acelera los resultados. Por lo general agradecemos después de haber recibido, pero aquí, como una señal de fe y de confianza con el proceso divino, agradecemos de antemano porque sabemos que somos protegidos y que sólo se nos dará lo mejor para nuestros procesos de aprendizaje.

7. Una vez hecha la petición, haga un símbolo que represente que se la ha entregado a sus ángeles. Si quiere, extienda sus manos e imagínese a su ángel recogiendo su petición. Este acto lo ayudará a confiar en que sus peticiones han sido recibidas y que sus ángeles procederán bajo los mandatos divinos para asistirlo.

8. Por último, olvídese de la petición y confíe en el proceso. Esto es quizás lo más difícil de todo esto porque siempre nos aferramos a nuestros procesos y queremos imponer nuestras voluntades en todos los actos que conforman nuestras existencias. Sin embargo, aquí se nos pide lo contrario, se nos pide que confiemos en que somos asistidos y, mientras el resultado ocurre, que dejemos las preocupaciones a un lado para que sigamos con nuestras vidas. Es como si los ángeles se hicieran cargo de lo que nos pesa y nos incomoda para que podamos continuar nuestros caminos con alegría y con levedad.

PEDIR POR ESCRITO

Yo acostumbro escribir mis peticiones en forma de cartas para mis ángeles y este método me ha resultado muy efectivo porque me permite tener una mayor claridad de lo que estoy pidiendo. Asimismo, las cartas me sirven como pruebas que guardo para confirmar la asistencia angelical y las maneras en que su intervención se ha dado. Y aunque he hecho mis cartas de manera elaborada y las he escrito creyendo que sigo el llamado de mi alma, muchas veces lo que he pedido por escrito no ha sido lo que la vida me ha ofrecido. Estas cartas siempre me recuerdan que debe haber algo más que aún no entiendo y que mis deseos son otros y aún los desconozco. Sin embargo, también existen momentos en los que las cartas ocurren al pie de la letra y me sorprendo con la grandeza de este método. Otras veces he olvidado mis antiguas peticiones y después de mucho tiempo las cosas resultan como las había pedido en una carta que ya no conservo y que en muchos casos había descartado por considerarla poco efectiva. Pero lo bueno de escribir estas cartas es que quienes las reciben son seres superiores y por consiguiente no se mueven bajo nuestras leyes de presión y de deseo constante; cuando ellos reciben nuestras peticiones siempre acuden a nuestros llamados y nos ayudan a manifestar aquello que tanto anhelamos siguiendo siempre los tiempos divinos y las posibilidades de nuestras almas. A continuación les voy a entregar un ejemplo de una carta para los ángeles. Observen con atención que la manera en que se pide ayuda es específica y se incluye el mayor número de detalles. Recuerden que los ángeles sólo nos asisten en nuestros andares porque al final somos nosotros los que tenemos que ejecutar los cambios.

Queridos ángeles:

Necesito su ayuda e intervención encontrando un nuevo trabajo lo más rápido posible. Primero que todo les pido que me den la fortaleza para actuar y borren de mi camino todos los miedos y los obstáculos que se me puedan presentar. Estoy buscando un trabajo de tiempo completo en el área de la administración. Ustedes saben que a mi me gusta dirigir personal y soy muy buena administrando dinero y encontrando las maneras de aumentar la producción de una empresa. Entonces quiero encontrar un trabajo como administradora en una gran empresa. Por favor, les pido que la empresa quede ubicada en mi ciudad y que las personas que me vayan a contratar sean afines a mi. Estoy buscando un salario que sea de _____ como mínimo y que tenga los beneficios incluidos. También les pido su ayuda encontrándome mi nuevo grupo de trabajo y les pido que hablen con los ángeles de las personas con las que voy a trabajar para que nos ayuden a tener un ambiente positivo en donde haya un gran respeto.

Gracias mis ángeles y les pido que manifiesten este trabajo así como se los estoy pidiendo o que me encuentren el trabajo que sea más compatible para mi y para las necesidades de mi alma.

Con amor,

Ana.

Esta carta puede servirle de ejemplo sobre cómo hacer sus peticiones por escrito, sin embargo, si después de leerla aún no sabe cómo pedirle ayuda a sus ángeles, entonces le recomiendo que responda estas preguntas con la mayor sinceridad:

1. ¿Cuál es su problema?

2. ¿Qué es lo que necesita para salir adelante?

3. ¿Para cuándo lo necesita?

4. ¿Qué condiciones necesita para que esa solución sea efectiva en términos de dinero, ubicación geográfica, recursos, etc.?

5. ¿Quiénes cree que pueden ayudarlo?

6. ¿Qué otras soluciones vienen a su mente? Escríbalas aunque no suenen realistas y así le dará paso a la creatividad del Universo. No limite a sus ángeles porque muchas veces lo que ellos tienen en mente es mucho mejor de lo que usted pidió. Siempre acepte la sabiduría del Universo y hágalo con humildad.

CON LOS ÁNGELES SIEMPRE SE GANA

Alguien me hizo un comentario que me causó mucha gracia porque en realidad es bastante sabio, esa persona me dijo algo así: "ese negocio de los ángeles es un negocio redondo porque si nos dan lo que pedimos se gana, pero si no nos lo dan también se gana, sólo que nosotros no sabemos. ¡Qué inteligente ese negocio tuyo!". ¡Y de hecho lo es! Suena increíble, pero con los ángeles siempre se gana y si bien no nos damos cuenta cuando las cosas están ocurriendo y a simple vista nuestra vida está hecha todo un desastre y pareciera que los ángeles no nos han asistido en nada, quiero que sepan que ellos tienen la capacidad de ver el plan mayor y por lo tanto, siempre nos asisten cuando se trata de conseguir nuestros deseos del alma. Yo siempre digo que cuando le pido algo a mis ángeles y lo hago con el corazón, no importa cuán pequeño sea mi deseo, si es sincero y es un deseo del alma, ellos me lo conceden. Sin embargo, también les he pedido muchas cosas que en su momento creía que eran deseos del alma y por más que les escribí cartas pidiéndoles cosas, situaciones y personas específicas, mis peticiones no fueron cumplidas. Y al principio cuando esto ocurría, mi reacción era de rabia porque creía que mis ángeles no me estaban escuchando y yo no entendía qué estaba haciendo mal. Sin embargo, ahora que han pasado los años y que he podido comprobar lo bien que ha resultado mi vida, me he dado cuenta de que muchas de las cosas que pedí no eran deseos de mi alma. También he comprobado que en muchos casos los ángeles respondieron a mis peticiones en su tiempo divino, no en la urgencia del mío. Otras veces los ángeles me han dado más de lo que les pedí y en mejores condiciones de las que me lo hubiera imaginado, sólo que lo han hecho cuando yo he estado lista para recibirlo, no antes. En mi caso, los ángeles han superado todas mis expectativas y estoy inmensamente agradecida con ellos. Entonces sí ha resultado ser cierto lo que me dijeron sobre la inteligencia de este negocio, porque en realidad yo siempre he salido ganando. Aunque tuve que perder antes y esta parte nadie me la explicó, tristemente la tuve que aprender con mi propia experiencia. Así es que los invito a que inviertan en este negocio de los ángeles porque no tienen nada que perder y en realidad tienen mucho por ganar. Porque si bien los ángeles facilitan nuestros procesos y nos ayudan a conseguir lo que necesitamos para transitar más cómodamente nuestras vidas, lo más sorprendente de todo esto es que los ángeles siempre apoyan nuestros aprendizajes, porque éstos constituyen la razón de nuestras existencias. No se nos olvide que estamos en este mundo con el pretexto de aprender, entonces decidamos hacerlo. Recordemos que la vida nos ofrece un sinnúmero de oportunidades para aprender, hacernos fuertes y superar nuestras propias limitaciones.

My way or no way

Esta expresión siempre me ha fascinado porque resume la manera en que todos los humanos queremos vivir nuestras vidas, "a mi manera o de ninguna manera". No es exacta la traducción pero esta es la idea; siguiéndola es como hacemos nuestras peticiones a nuestros ángeles, exigiéndoles que todo lo hagan de la manera que nosotros consideramos correcta y cuando no actúan de acuerdo con cada una de nuestras demandas, simplemente no queremos saber más de los ángeles ni de su ayuda y nos cerramos a su presencia y volvemos de nuevo a la caverna. Por mi parte, yo acostumbro a repetirle a mi ángel una y otra vez mis peticiones y lo hago como si él fuera sordo y cuando me cumple con lo que le he pedido entonces me doy cuenta de que él sí me escucha y compruebo una vez más que esto en realidad sí funciona. Al ver que esta formula maravillosa de hacerle peticiones a algo intangible sí funciona me siento protegida, iluminada y, por qué no, un poco más avanzada que el resto de la humanidad que aún no ha entendido que simplemente tienen que pedir para que se les conceda. Sin embargo, antes mi pensamiento era este: "si las cosas no se dan como yo quiero y cuando yo quiero, cambio completamente de actitud y no sólo compruebo que mi ángel es sordo, sino que hasta dudo de su existencia". No me avergüenza confesarlo porque después de muchos años de trabajar con los ángeles he superado estas crisis. Sin embargo, en un comienzo fueron pruebas difíciles para mi porque me enojaba con mi ángel, le dejaba de hablar, no volvía a escribir mis peticiones y continuaba sola por mi camino. Pero algo en mi sabía que me estaba comportando como una niña caprichosa y cuando terminaba de hacer mi pataleta y me calmaba, volvía a hablarle a mi ángel y le pedía su ayuda. Lo más hermoso de esto es que él nunca había estado bravo conmigo porque él no posee mis sentimientos de enfado. Entonces a mi primera señal él me daba la bienvenida, me bendecía y me volvía a asistir, siempre con su amor incondicional, siempre con su sabiduría infinita, pero sobretodo, siempre con su compasión por mi y por mi condición humana.

Parece imposible que existan seres que no juzgan, seres que simplemente nos aman como somos, sin importar lo que hayamos hecho o dejado de hacer. Los ángeles son amor y por ende, sólo responden a las leyes del amor verdadero. Entonces no le temamos a nuestros errores y a nuestras debilidades, entendamos que de nosotros no se espera la perfección, al contrario, se espera el aprendizaje que es el camino de la evolución. Así es que, amigo lector, acuda a su ángel siempre que lo desee, no espere a estar en problemas para pedir su asistencia. Incluya a su ángel en todos los momentos de su día y desde que abra los ojos en la mañana, llame a su ángel e invítelo a participar en sus rutinas. Pídale que lo proteja y que lo encamine a vivir una vida en la luz. Su ángel ha sido creado para estar a su servicio, entonces no se sienta mal por pedirle ayuda. Yo algunas veces siento que estoy abusando del séquito angelical porque los mantengo ocupados y cuando le digo a mi hermana que los pobres ángeles deben estar cansados conmigo, ella siempre me responde que ellos no se cansan, entonces me acuerdo de que ellos no son como nosotros y les pido más.

Últimamente he sentido mucha compasión por los ángeles y mucha gratitud con ellos porque en realidad nunca me había puesto a considerar la situación tan delicada en la que viven y el trabajo tan difícil que les ha encomendado el Señor. Los ángeles se encargan de cuidarnos y protegernos, de hacernos llegar mensajes de aliento y de amor cada vez que pueden y nosotros nos alegramos de escucharlos y de sentirlos a nuestro lado. Sin embargo, cuando las cosas se presentan de otra manera que no nos resulta satisfactoria y en algunos casos hasta dolorosa, culpamos a los ángeles. No sé por qué lo hacemos ni qué nos lleva a reaccionar así, porque los ángeles jamás nos han dicho algo como "pedid que todo os será concedido", al contrario, ellos siempre nos han dicho que pidamos ayuda en todo lo que consideremos necesario que ellos nos asistirán en todo lo que les sea permitido. Sin embargo, esa asistencia se presenta de maneras que no podemos comprender. De cualquier modo, la verdad es que siempre somos escuchados y asistidos en nuestros ruegos. Si está bajo el poder de los ángeles ayudarnos a conseguir aquello que pedimos, ellos nos imprimirán con la fortaleza necesaria para que seamos nosotros quienes demos los pasos conducentes al cambio y ellos nos abrirán las puertas que sean necesarias para que hagamos realidad nuestros deseos. Pero recordemos que los ángeles no pueden hacer nuestro trabajo, porque somos nosotros quienes tenemos que actuar y vivir nuestras vidas.

Como vocera de los ángeles y transmisora de sus mensajes he podido sentir en carne propia las reacciones de rabia de las personas cuando escuchan que sí pueden conseguir lo que desean, pero primero tienen que cambiar. Siempre que doy un mensaje angelical, este mensaje involucra un cambio que la persona tiene que hacer y la verdad es que nadie quiere cambiar. Entonces en lugar de escuchar con atención las palabras de los ángeles, las personas se dedican a hacerme una lista interminable de las razones por las cuales no pueden hacer lo que los ángeles les sugieren y luego, cuando han terminado, aprovechan cuanta oportunidad se les presenta para demostrarme que lo que les he dicho es toda una mentira y que ellos tienen razón al vivir de modos inadecuados. Sin embargo, hay quienes se arriesgan y deciden seguir los consejos angelicales y cuando las cosas les salen a las mil maravillas y como por arte de magia los milagros suceden, entonces dicen que los ángeles son increíbles y yo también lo soy. Pero si, por el contrario, las cosas no se dan o, lo que es peor, de alguna manera empeoran, entonces los ángeles no sirven para nada y yo no hago sino decir tonterías. Con frecuencia tengo que soportar actitudes de enojo hacia mi y lo que ha empezado como un acto de amor de mi alma hacia esa persona ha terminado en un conflicto que me deja agotada hasta el punto de haber perdido personas en mi vida simplemente por haberles transmitido un mensaje de sus ángeles. Siempre que vivo estas situaciones me veo tentada a renunciar a este trabajo y me digo que no volveré a dar ningún mensaje porque rara vez he recibido las gracias. Sin embargo, mi alma siempre me guía hacia situaciones en las que puedo ayudar mucho, simplemente transmitiendo un mensaje de los ángeles y, como por arte de magia, las cosas vuelven a funcionar y me lleno de fortaleza para continuar haciendo mi labor. Ahora, gracias a los consejos de mis ángeles y al paso de los años, he aprendido a entender que la rabia de las personas no es hacia mi sino hacia el proceso que el cambio involucra. Entonces he aprendido a cuidarme mejor y cuando termino de dar un mensaje me desconecto tanto del mensaje como de la persona. Corto los lazos que este encuentro ha producido y decido decirle no a la danza de las tinieblas. De alguna manera mi labor ha terminado y lo que la gente haga o deje de hacer con los mensajes no es mi responsabilidad.

Aprovecho esta oportunidad para decirles a las personas que, al igual que yo, traducen los mensajes celestiales, que tengan fortaleza y sigan con esta misión sin importar las reacciones de los demás. Al final, nosotros trabajamos para el Señor ayudándolo a perfeccionar su obra divina. Además, quisiera pedirle a quienes reciben los mensajes que antes de reaccionar y de dirigir su rabia hacia los ángeles o hacia el emisario que ellos han elegido, respiren profundamente y sientan el amor de sus ángeles. Recuerden que ellos están ahí observándolos y amándolos, pero lo que es más importante, ellos siempre los están ayudando. Porque siempre que pedimos ayuda somos asistidos. Si bien unas veces son asistidos nuestros cuerpos, otras veces son asistidas nuestras mentes y siempre son asistidas nuestras almas. No lo dudemos ni midamos nuestra relación con los ángeles por su efectividad en ayudarnos. No le pongamos condiciones a un amor puro e incondicional como el que ellos nos brindan. Recordemos que los ángeles no nos piden nada a cambio por amarnos, es más, ellos no han elegido amarnos, Dios se los ha ordenado y eso ha bastado.

Sigue tus pasos y encuentra las resonancias
que tus andares imponen.

Capítulo VI

EL PODER DEL CAMBIO COMO GENERADOR DEL PROGRESO ESPIRITUAL

Niña, no te aferres a nada y fluye. Eres ligera
y creas notas de armonía al andar.

El cambio se huele, de cierta manera se siente, cada uno de nosotros sabe cuándo se aproxima y aunque cerramos nuestros puños y nos aferramos más a aquello que tanto queremos conservar, dentro de nuestro ser hay una voz que nos dice que abramos las manos, que entreguemos, que dejemos ir, que fluyamos. Sabemos que todo termina y aunque ésta es quizás la única verdad que siempre se impone, aún no queremos aceptarla. Y ¿para qué nos empeñamos en conservar lo que es tan conocido? ¿Por qué queremos seguir haciendo lo mismo, frecuentando los mismos lugares, diciendo lo mismo y experimentando las mismas vivencias, si en realidad somos llamados a descubrir y aprender algo nuevo? Somos convocados a una melodía de cambios que nos llevarán por caminos más satisfactorios o quizás simplemente nos mostrarán distintos caminos. Es tanto el miedo que le tenemos a cambiar que muchos de nosotros nos negamos a creer que tengamos que renunciar a aquello que nos costó tanto conseguir y que incluso los ángeles nos ayudaron a obtener y es así como ponemos a nuestros ángeles como el pretexto perfecto para evitar cambiar, porque en realidad no nos queremos mover hacia ningún lado y mucho menos queremos renunciar a la comodidad que lo conocido nos ofrece. Cuando veo a las personas enfrentadas a una posibilidad de cambio los escucho decir de manera orgullosa que no es posible hacer nada diferente porque así son las cosas y aquellos que han apelado a la ayuda angelical siempre aprovechan esta oportunidad para decirme que los ángeles les dieron esa situación, de modo que no van a renunciar a nada y cuando escucho estas palabras yo siempre les quiero preguntar: ¿y cuándo dijeron que era para siempre? Suelo hacer la misma broma cuando tengo que enfrentarme a mis cambios, diciéndome: Dios me lo dio y Dios me lo quitó, pero Dios me lo va a reponer y en mejor estado. ¡Y siempre lo ha hecho!

El cambio es el Señor, es la creación en continuo proceso. El cambio es la razón de ser de tu existencia y de la nuestra, por ello es necesario. Cambian para repercutir bajo las energías celestiales, porque todos están constituidos por moléculas que están en constante transición. Esto quiere decir nada en sus sistemas se encuentra estático, al contrario, todo muere y se regenera al mismo tiempo, entonces, ¿por qué ustedes, los humanos, desean hacer lo contrario a sus naturalezas? Son melodía universal de movimiento. Son movimientos silenciosos que siguen un patrón universal. Son energía fluyendo hacia sus polos de atracción. Son partículas en descomposición y en proceso de regeneración al mismo tiempo. Son danzas de actitudes que los llevan a unos estados de conciencia alternos. Son más de lo que son, y pueden potencializarse de unas maneras sorprendentes. Son potencia perpetua. Potencia de ser aquello que siempre han deseado. Son potencia esperando los cambios. Son potencia esperando sus voluntades para poder actuar. Son todo lo que es posible y lo que no ha sido explorado. Son posibilidades infinitas de posibilidades entre sí. Son una ecuación que tiene un resultado infinito. Son la esencia en todo su poder. ¿Y nos preguntas que por qué cambian? Y les respondemos que no pueden evitarlo porque cambio es lo que son.

El cambio como proceso

El cambio, como todo en esta vida, debe ser aprendido porque si nos toma por sorpresa, en muchas ocasiones no sabremos cómo enfrentarlo y así, lo que empezó como un proceso lleno de posibilidades a nuestro favor, puede convertirse en una serie de eventos que nos lleven a terminar más perdidos que cuando empezamos. Conozco una persona que es muy devota a los ángeles, quien durante años les pidió ayuda y cuando la recibió y se le dio todo aquello que tanto había pedido se sintió perdida porque era la primera vez que se encontraba libre de sus ataduras y tenía frente a sí un mar de posibilidades. A esta persona se le dio la oportunidad de volver a empezar su vida con unas nuevas bases y ella no supo qué hacer con tanta libertad. Como los humanos somos unos seres condicionados a una serie de comportamientos aprendidos, ella decidió volver a hacer las mismas cosas de antes, los mismos actos que la habían llevado a su tristeza y el resultado fue el retorno a su caverna, literalmente, volvió a estar atada y esta vez hizo que sus cadenas fueran más fuertes para asegurarse de no volverse a escapar. Es increíble todo lo que puede hacer nuestro miedo, recordemos que nuestras mentes son siempre temerosas y quieren aferrarse a lo que ya conocen, no en vano hay un refrán que dice que más vale malo conocido que bueno por conocer, pero para nuestros espíritus es todo lo contrario porque ellos siempre están apuntando hacia lo desconocido y siempre nos están impulsando a que lo intentemos una y otra vez. En el caso de esta persona, su espíritu le pidió una nueva oportunidad y ella acudió de nuevo a sus ángeles y ellos la están asistiendo de maneras sorprendentes. Y lo que es más hermoso es que siempre lo harán y no importa cuántas veces se apodere el miedo de ella y entorpezca sus acciones, sus ángeles siempre estarán dispuestos a volverla a ayudar porque ellos tienen infinita paciencia y entienden nuestros miedos, si bien, por supuesto, no los alientan. Así es que cuando nos veamos perdidos debemos entender que nuestros ángeles siempre están dispuestos a ayudarnos pero nos pedirán que cambiemos y muchos de nosotros no querríamos hacerlo. Entonces, como todos padecemos de la misma enfermedad del terror, enfrentémosla juntos y démonos apoyo y aliento en nuestros procesos. Cuando veamos a alguien intentando cambiar, animémosle a que siga adelante y démosle palabras de apoyo porque nosotros también las necesitamos. De alguna manera, cuando ayudamos a alguien a cambiar, una parte nuestra cambia y nos muestra que en realidad sí podemos hacerlo porque todos somos llamados a evolucionar. De acuerdo con lo dicho, como el cambio es nuestra única constante, los invito a que estemos preparados para enfrentarlo y aprendamos a beneficiarnos de su poder:

1. Reconozca que necesita cambiar. Siempre existe algo que podemos mejorar y aunque no lo crea, siempre existen maneras de vivir más acordes con el propósito de su espíritu.

2. Cierre los ojos y piense con detenimiento en esa situación que tanto lo atormenta. Respire con profundidad y pídale a su ángel que lo acompañe en este proceso.

3. Convoque la presencia del arcángel Miguel y pídale que lo revista de fortaleza. Imagínese un rayo celeste que lo envuelve por completo y sienta la grandeza del guerrero angelical.

4. Respire con tranquilidad cada vez que su mente le transmita imágenes de temor o cada vez que

su voz interior le diga que no hay nada que pueda hacer, que no hay solución. Acalle sus temores por medio de su respiración.

5. Dé el primer paso e invoque el cambio en su vida. Cambie algo en su rutina: vaya por otra ruta al trabajo, coma algo diferente, péinese de una manera distinta, compre algo nuevo. Recuerde que si continúa haciendo lo mismo entonces tendrá los mismos resultados y será como el hámster que se mueve y se mueve sobre la misma rueda y nunca avanza.

6. Continúe cambiando.

7. Pídale a su ángel que le envíe señales que le muestren el camino del cambio.

9. Tenga fe.

10. ¡Tenga mucha paciencia!

Cambiar no significa fortalecerse en los viejos hábitos. Los vemos reforzados, tomando impulso para volver a hacer lo que no les funciona. Cambiar es hacer algo por primera vez, es desafiar las leyes de la estática cambiando algo en sus días, cualquier cosa. Se cambia de ropa, de peinado, de comida, de actitud y con esto de

vida. Es todo, y cuando cambien, respiren
y prepárense de nuevo porque siempre
son llamados a cambiar; ¡es la ironía de
estar vivos!

Casi siempre aquello que nos causa más miedo es el cambio que debemos hacer. No nos acobardemos e intentemos hacer eso que nuestros corazones nos están repitiendo una y otra vez. No temamos tanto y comprendamos que somos apoyados en nuestros procesos y cuando por fin tengamos la valentía de cambiar, no esperemos que los milagros se den de una vez, comprendamos que todo es un proceso y por lo tanto se espera de nosotros que lo hagamos una y otra vez hasta que hayamos asimilado la lección que debíamos aprender. Porque, recordemos que todo envuelve una lección y que es nuestro espíritu quien nos guía en nuestros aprendizajes y nos determina cuándo podemos avanzar. Sin embargo, tengamos siempre presente que los cambios no los vivimos solos, al contrario, los cambios son procesos grupales porque siempre cambiamos acompañados por quienes comparten nuestras existencias o por quienes comparten nuestras vivencias, aunque no los tengamos a nuestro lado. El cambio es una energía que se expande a todos los que poseen un sistema de energía similar al nuestro, entonces no temamos que nuestros cambios nos obliguen a abandonar a los seres que más amados porque si sus almas también han pedido el cambio, lo más increíble de todo este proceso es que ellos también cambiarán, sólo que lo harán en sus propios tiempos, manteniendo sus ritmos, y sobretodo, siguiendo sus propios gustos.

LA NECESIDAD DE SANAR LAS VIEJAS HERIDAS

Sanar siempre involucra un cambio, bien sea un cambio de actitudes, bien sea uno de mentalidades, bien sea uno físico. En fin, un estado diferente del que se tenía y cuando se experimenta ese nuevo estado se siente el poder de la renovación. Como verás niña, sanar consiste en ver la misma situación que causó dolor con los ojos del perdón, es volver a ver con amor. Si nos preguntas cuál es la relación de ambos te diremos que para que el cambio se dé debemos primero sanar, es decir, dejar ir a las personas, las situaciones, los lugares y las mentalidades que causaron dolor. Y con dejarlas ir nos referimos a que deben quitarles su poder y cuando esto ocurra podrán cambiar, volverlo a intentar, pero esta vez con la seguridad de saber que siempre se puede avanzar con pasos afianzados, por caminos iluminados, con búsquedas certeras. Sanan para cambiar en realidad.

¿Cuándo terminamos de sanar? Si cada día curamos y abrimos nuevas heridas, ¿entonces cuándo dejamos de sanar?

Niña, acércate a la luz y cobíjate con nuestro amparo, no estás sola en esto, estás amparada, deja que el temor pase y abre el corazón al amor. Y nos preguntas que cuándo se acaba este ciclo de sanación y te contestamos que nunca lo hace, porque siempre existen nuevas maneras de amar y de mostrarle nuestro cariño a los demás. Los malos momentos así como las malas acciones no representan lo que son en realidad, son momentos y como tales tienen la condición de pasar. No desperdicien los momentos porque son únicos; descubran la grandeza del existir. Se es grande porque cada vivencia representa la manifestación de lo desconocido, de lo efímero, de lo incompleto en cuanto a manifestación celestial. Esto quiere decir que lo que ven es sólo

*una parte del espectro, es sólo un detalle, lo
más maravilloso está oculto, está aún por
descubrir. Abran sus ojos a sus vivencias y
empiecen a maravillarse con la grandeza de
su vivir. Son grandes porque son representaciones del Señor. Son grandes porque son
sus hijos y están descubriéndolo a través
del amor. No desatiendan sus existencias
y disfrútenlas al máximo. Encontrarán que
en cada vivencia se esconde una lección
de amor, no la desperdicien y enfrenten sus
vidas con la certeza de que son manifestaciones sagradas. Nada es para siempre y
todo tiene un equilibrio total.*

Hablando de cambios, ¿a qué se debe esta temporada
de huracanes y de destrucciones naturales?

*Niña, todo tiene una manera de equilibrar-
se y la naturaleza es un órgano viviente.
Están atravesando un período de desajus-
tes naturales que hacen parte de un ciclo
natural. Es decir, todo tiene maneras de
compensarse y cuando la naturaleza se
encuentra cargada de fuerzas ajenas a su
equilibrio natural, entonces encuentra las
maneras de liberarlas para regenerarse*

y volver a su equilibrio inicial. Con esto no estamos diciéndoles que se avecina una destrucción total, pero sí se dará un período de adaptación natural en el cual el mapa tal y como está presentado ante sus ojos en estos momentos cambiará. Niña, todo se encuentra sujeto a cambios y éste es quizás el mayor problema que ustedes los humanos enfrentan, su temor a cambiar. Mas nada en las leyes naturales es estático, entonces, ¿por qué pretenden que sus existencias lo sean? Es hora de ir hacia el cambio porque esto los hace seres vivos. Encuentren un punto en donde puedan aprender a flexionarse y a dejarse llevar con el viento. Recuerden que los puntos de resistencia hacen aumentar su peso e imposibilitan por consiguiente su óptimo desplazamiento. Niña, se espera la ligereza en todo su ser: la ligereza mental, el cambio de actitud, la adaptación ante lo desconocido. Es un tiempo de cambios y de aceleración espiritual y es un tiempo que todos ustedes han pedido. Se está formando lo nuevo, lo grande, lo eterno y para esto, todo lo que no corresponde con un nuevo grado de frecuencia mayor tiende a desaparecer. No le teman a los cambios y dejen de mirar estos fenómenos con temor. Comprendan que desde que el mundo fue creado ha pasado por momentos de regeneración como estos y la humanidad ha tenido que aprender a adaptarse a estos cambios. No teman porque están acompañados en sus pesares y cuando sientan que todo lo que los rodea ha dejado de existir, respiren con la certeza de que se está dando paso a lo nuevo, a un proceso de evolución que es más afín con el vibrar de sus almas. No crean que el Señor los ha abandonado, al contrario, es en estos momentos en los que más se encarga de cada uno de ustedes. En estos momentos las ayudas celestiales han aumentado y nuestras alas cobijan los rostros de quienes se encuentran desamparados. Por un lado los proveemos de amor infinito, y por el otro buscamos consuelo a través de otros corazones que han respondido a este llamado de la humanidad. Es como te hemos dicho antes, niña, todo envuelve una lección de amor y el amor se aprende cuando se ven las lágrimas en los ojos de quienes sufren, no antes...

¿Por qué no lo aprendemos antes?

Niña, no se desarrolla una capacidad de compasión cuando todo se encuentra en un completo equilibrio, en un estado de bienestar personal. Desafortunadamente cuando estos estados prevalecen se cae en una ceguera parcial porque no se puede sentir el dolor. No queremos que te asustes con esto que estás escuchando ni que dudes en escribirlo, porque el dolor y el amor van de la mano, son opuestos que hacen que el otro tenga sentido y engrandecen el corazón. Los opuestos hacen parte del equilibrio total, al igual que la destrucción hace parte del mismo proceso de construcción. Siempre que se resistan a enfrentar una situación incómoda piensen en el vuelo de un pájaro y aprendan de éste. Recuerden que el vuelo sólo es posible porque existe una resistencia que el viento ejerce sobre las alas. Eleven su mirada al Señor y desplieguen sus alas. Recuerden que el viento los estará esperando para ejercer resistencia y presión, pero si encuentran las maneras de maniobrar esta acción que se ejerce contra ustedes, descubrirán que ésta

es la única manera de avanzar y levantar
el vuelo hacia sus destinos. No le teman al
vuelo y desplieguen sus alas cada vez más
alto. Los acompañamos en esto niños, no
lo duden, amén.

LA MUERTE: EL CAMBIO MAYOR

Todos vamos a morir y ésta es quizás la única certeza con la que contamos; sin embargo, ninguno de nosotros quiere aceptarlo y de alguna manera nos aferramos cada vez más a nuestros temores de dejar de vivir. Yo siempre he dicho que la vida consiste en un desafío a la muerte, no sé de dónde saqué esta idea pero la he repetido a lo largo de mi vida y cuando me veo confrontada con la certeza de la muerte, ya sea la mía o la de un ser querido, me doy cuenta de que todos vivimos bajo el temor de morir. Cada uno de nosotros tiene miedo de dejar de existir y de sufrir un gran dolor en su momento de partir, y si este es nuestro principal miedo, ¿por qué no nos preparamos para enfrentarlo? Nos han educado en el temor a la muerte y, lo que es peor, nadie nos ha preparado para asumirla, pero si todos vamos caminando hacia el mismo destino, deberíamos aprovechar que vamos acompañados en nuestros recorridos y buscar el apoyo de los demás. En mi país la muerte es vista como una catástrofe y siempre se habla de ella como si fuera lo peor que pudiera ocurrir. Sin embargo, la muerte es una constante en Colombia, pero en lugar de mantenernos alerta y servirnos para aprender que en verdad sí estamos de paso y por ello, deberíamos vivir nuestras existencias con amor, con honestidad, con nobleza y con alegría, ella no nos ha enseñado nada. Tristemente veo cómo se pierden las vidas en mi país sin haber dejado ninguna enseñanza o una mínima reflexión. Porque en vez de tomar el ejemplo de quienes ya han concluido sus existencias para tratar de vivir nuestras vidas con unos nuevos parámetros, en el momento en que la muerte ocurre nos silenciamos y no sólo entorpecemos lo que es en sí un gran proceso, sino que miramos mal a quien puede ver esa situación más allá de lo que un cuerpo inerte representa. Porque somos pocos los que hablamos de la muerte como un proceso formador en nuestro ciclo de vida. La muerte en nuestros países, en lugar de formarnos y servirnos de ejemplo de vida, se convierte en otra excusa perfecta para seguir viviendo en la miseria. Porque si antes se tenían razones para vivir mal, con la muerte simplemente se confirman nuestras miradas fatalistas de nuestras existencias, cuando en realidad, con la muerte podríamos aprender de nuevo a entender la maravilla de la existencia. Porque si ponemos atención a los ritmos de la naturaleza, cuando algo concluye significa que algo está por nacer, es bajo estos conceptos que la naturaleza sigue sus ritmos naturales y oscila por las estaciones con fluidez. Coincidencialmente esto mismo ocurre con el ciclo de nuestras experiencias y es así como en la mayoría de los casos cuando una vida se pierde otra viene en camino. Es por eso que es muy común encontrar que cuando alguien muere al poco tiempo nace alguien más en la misma familia. Esta fórmula no es siempre exacta, pero sí ocurre con mucha frecuencia. Porque el mundo espiritual conoce a la perfección las leyes de compensación y cuando alguien desaparece en su forma corporal, su espíritu aún continúa orientando a su clan y por lo general se le da paso a otro espíritu para que se manifieste en ese mismo grupo y lo contagie con una nueva sabiduría que les podrá mostrar nuevas formas de recorrer sus existencias.

La invitación, pues, es a que afiancemos nuestros recorridos y disfrutemos nuestras vidas al máximo, porque tanto el paisaje que nos cobija como la gente que nos rodea pasarán. Cuando el sol salga de nuevo, estiremos nuestros brazos hacia el cielo en señal de agradecimiento porque aún conservamos nuestra respiración. No desperdiciemos nuestras vidas porque no son absolutas, recordemos que estamos de paso y que cuando se es visitante en cualquier lugar se tiene la ventaja de disfrutar completamente de la experiencia porque sabemos que tendremos que partir. No perdamos de vista que cuando el momento de partir nos llegue ya no tendremos que sufrir más. Entreguémosle estos temores a los ángeles y pidámosles su amparo y protección en nuestro recorrido por esta Tierra, porque cuando dejemos de existir de manera corporal nuestros espíritus podrán regresar a su hogar y podrán descansar después de haber realizado una gran misión. Y lo más lindo de todo es que si partimos tranquilos y sin remordimientos porque siempre dimos lo mejor de nosotros mismos y nuestros corazones se hicieron grandes y viejos de tanto amar, entonces sentiremos la satisfacción de haber cumplido con nuestra parte del trato que consistía en experimentar el amor. Porque a eso hemos venido, hemos venido a amar y a aprender del amor:

Niña, todos los peregrinajes terminan y cuando sus puntos de referencia alcanzan sus delimitaciones son llamados a retornar a su hogar. Todos son impulsados en sus experiencias y convocados en sus aprendizajes, sin embargo, todos son esperados de regreso. Cuando el momento de dejar el cuerpo que los ha albergado les llegue, tengan la seguridad de que los acompañaremos en lo que consideramos

*su transición mayor y no la consideramos
última ni mucho menos definitiva, porque
sus aprendizajes siempre continúan. Sus
cuerpos dejarán de existir y sus seres así
como se les han presentado a los demás
también cesarán, pero cuando sus espíritus
retornen a su hogar volverán a recordar lo
que han aprendido y recobrarán sus voces.
Entonces, ¿por qué temerle al encuentro
con su verdadera identidad? Ustedes
aceptaron el proceso que el ser humano
involucra y pactaron experimentar para
regresar. No olviden que están de paso y
es por esto que los invitamos a que vivan
con plenitud. No le teman a sus retornos y
honren sus cuerpos en su totalidad.*

¿Qué se siente en el momento de la muerte y cómo
podemos afrontarla de una mejor manera?

*Niña, se siente alivio, se siente liberación,
se siente amor puro porque las ataduras
dejarán de pesarles, se siente hogar. En
el momento de la transición al mundo
espiritual sus cuerpos emitirán el último
de los respiros y cuando hayan terminado
ese proceso sus almas saldrán a su hogar.*

Es un proceso complicado para quienes se resistan al cambio, pero es un paso certero para quienes se acuerdan de su hogar. Sus almas conocen la ruta y cuando tienen que salir de sus cuerpos están preparadas para retornar a la luz. El grado de conocimiento de cada alma es diferente y muchas veces se pierden en sus recorridos, pero siempre los acompañamos y los escoltamos en su paso al hogar. La muerte no es dolorosa, al contrario, es liberadora, porque el cuerpo y sus pesares dejan de fluctuar de sus esencias y éstas adquieren la ligereza que les pertenece. Cuando sus cuerpos mueren, el mundo espiritual se regocija por su retorno al hogar y los asiste para que su viaje a casa sea certero y acogedor. Sin embargo, en el plano físico se vive el proceso contrario y otra vez se viven los opuestos, entonces el Señor envía refuerzos para que en los hogares de quienes han perdido a alguien haya más luz y por consiguiente, más amor. Niña, todos llegarán y a todos los estamos esperando. No le teman a este proceso y deléitense con sus existencias para que cuando el momento de partir les llegue sus almas puedan irse en paz. Siem-

pre recordarán lo vivido y conservarán lo aprendido, pero lo más importante, siempre estarán unidos a quienes han amado. No lo olviden.

El concepto de la muerte puedo entenderlo en los adultos, pero ¿cómo se le da consuelo a una madre que ha perdido a su hijo cuando aún es pequeño?

Niña, no existen reglas específicas para transmitir el consuelo porque éste es más bien un sentimiento que surge cuando el alma ha decidido asimilar su lección y continuar su camino con una actitud de entendimiento hacia el plan del Señor. Sé que estas palabras quizás no sean de mucha ayuda para quienes andan sufriendo la pérdida de un hijo, sin embargo, queremos reiterarles que por cada lágrima derramada existe un ángel consolándolos. Déjense abrazar por nuestras alas y sientan cómo son reconfortados en sus penas. El Padre dice: "Mis hijos no están solos ni tienen por qué sufrir en soledad." Todo sentimiento de pérdida y de dolor es pasajero y es manifestación de su personalidad frente a los designios del alma. Niños, su mundo y sus diferenciaciones no existen en nuestro mundo. Aquí todos estamos unidos por los lazos indisolubles del amor perpetuo, del amor verdadero y estos lazos hacen que quienes se han amado se conserven siempre juntos y no se pierdan en sus rutas. Crean en lo que les decimos y comprendan que en el camino del amor no hay pérdidas, simplemente distanciamientos que son aparentes para el cuerpo pero inexistentes para el alma. No teman el amor, al contrario, entréguense por completo. No teman a lo que sus corazones quieran expresar y comprendan que estas expresiones son eternas. Nada se pierde cuando de verdad se ha amado. Nada se pierde, niños, y es por eso que los invitamos a amar con plenitud, con convicción y sin condición.

Sigue tus pasos y recuerda que has sido
creada para guiar.

Capítulo VII

ILUSIÓN *VERSUS* GUÍA DIVINA

*Niña, la guía divina siempre se les impri-
me en sus corazones y es por eso que sus
llamados son sutiles pero constantes. Pero
ustedes, a su vez, ejercen una serie de ecos
que entorpecen este proceso de asistencia
divina. Cuando la voz de su alma se expresa lo hace a través del amor verdadero y
por consiguiente sus llamados son genero-*

sos, expansivos y siempre van encaminados hacia la luz. Esa es la clave, su alma trabaja siguiendo las repercusiones divinas y como tal emite sus comportamientos. Siempre saben qué es lo correcto y lo saben enseguida. Sin embargo, necesitan determinación y mucha valentía para escuchar sus corazones; cuando lo hagan, no tengan la menor duda de que los estamos apoyando en todo lo que podamos. Siempre estamos esperando sus órdenes para abrirles su paso al andar. Niña, todos tienen una capacidad ilimitada de sabiduría y reside en su interior. Si tan sólo supieran en realidad cuán sabios son, se sorprenderían con la grandeza de sus interiores. Niña, ustedes los humanos son Él, son el Señor y de ustedes se espera lo bello, lo grande, lo magnánimo. Sigan sus corazones y no le teman a sus existencias. Siempre se puede soñar y siempre se puede alcanzar aquello que realmente queremos.

Seguir el camino de la luz nos obliga a escuchar la voz de nuestro corazón y la mayoría de las veces esta voz es silenciada por los ecos de nuestra mente, repeticiones de miedos ajenos, de ansiedades que se nos han pegado, de temores que nos han contaminado hasta el punto de haber silenciado nuestra verdadera voz. La voz del temor hace parte de lo que denominamos como ego; es sólo una parte de nuestra totalidad, no es el único componente de nuestro ser, pese a lo cual es la voz de nuestra mente la que siempre seguimos y esto hace que nos perdamos en nuestros caminos. Recordemos que nuestras personalidades siempre quieren tener el control y esto genera un conflicto constante entre lo que hacemos y lo que queremos hacer. Pero tengamos en cuenta que lo que hacemos no siempre coincide con lo que necesitamos hacer para poder cambiar y así evolucionar. De alguna manera nuestras mentes silencian nuestros espíritus ocasionando una oscuridad en nuestros propósitos y esto nos lleva a errar en nuestros comportamientos. En realidad no entiendo por qué se da esta batalla constante entre el ego y el alma, porque en términos ideales ambos deberían trabajar para el bienestar de nuestra totalidad. Recordemos que necesitamos de nuestros cuerpos para poder funcionar en este mundo y dependemos de las herramientas corporales que poseemos para manifestar nuestra grandeza, entonces la única manera en que lograremos realizar nuestras misiones espirituales es aliándonos con el cuerpo y la mente que tenemos. Pero estas son sólo mis ideas y para que esto quede más claro es mejor preguntar para qué fue creado el ego:

MENSAJE DEL SEÑOR

Mi niña, respira y alabada seas en tus preguntas, siempre haces preguntas oportunas así es que no dudes de tu poder. Y es tu ego quien te da la capacidad de hacer estas preguntas y con ellas entender el proceso de tu existencia. Niña, no es que los haya creado con una deficiencia que tengan que superar, al contrario, el ego los fortalece porque les permite expresarse como sus personalidades fueron creadas. Me explico, cada personalidad tiene impresa unas características que harán que esta existencia corporal sea única, entonces el ego los revierte de estas características y les permite desempeñar sus papeles humanos. No olviden que están representando el papel de sus existencias, entonces necesitan entrar en sus personajes. Mi niña, me escuchas bien, todo, como se manifiesta, es una representación de una obra mayor y por consiguiente cada uno de ustedes representa su papel a la perfección y es admirado por mis ángeles y por mi. Mi niña, el ego les confiere a sus personalidades la fuerza que los convierte

*en quienes son. Sin embargo, la misión de
su alma es sobrepasar las características
de sus personalidades y encontrar su esencia divina. Todos pueden hacerlo y están
diseñados para trabajar en conjunto con
sus cuerpos. No separen un concepto de
otro o una noción de la otra porque todos
conforman la totalidad. Verás, el ego hace
posible que el espíritu se exprese y recree
sus experiencias. Entonces son llamados
a trabajar en conjunto, a expresarse como
totalidad y a ser uno.*

El Señor.

LAS VOCES DEL EGO

En sus marcas, listos, fuera y a correr. Empieza la
carrera de nuestras vidas, quiero decir, la carrera
de nuestros miedos y es el ego quien nos dirige en
nuestros andares. Los invito a imaginarse un derbi en
donde todos los caballos salen a competir sometidos
bajo los mandatos de sus jinetes. Esos jinetes son
nuestras mentes quienes nos exigen siempre más. Nos
obligan a ir en una dirección, nos azotan con el látigo,
nos obligan a voltear en una dirección y luego en otra.
Nos pegan de nuevo, cada vez más fuerte para que

entendamos por dónde debemos voltear. Otro latigazo y con más ahínco nos obligan a avanzar rápidamente sin mirar a nuestro alrededor. Nos conducen por nuestros andares y nos obligan a que sobrepasemos a los otros, a que los pisoteemos si es posible. Nuestros jinetes nos gritan que avancemos más rápido, más rápido para que no quede tiempo para nada. Nos obligan a seguir, a movernos y a no mirar a quiénes dejamos de lado. Y se escucha otro latigazo, más duro, más fuerte, más rápido. Sin embargo, nosotros no sabemos para dónde vamos porque estamos ciegos. Al comienzo de la carrera nos taparon los ojos para que no advirtiéramos que no iríamos a ningún lado, porque nos estaríamos moviendo en un gran círculo. Por fin llegamos a la meta y estamos extenuados, pero, ¿a dónde llegamos? Al mismo lugar del que partimos. Los llamados del ego no nos conducen a ningún lugar, casi siempre nos hacen mover en una serie de círculos que nos llevan de nuevo al punto cero, al origen. Y cuando llegamos y nos vemos cansados y hasta lastimados, muchas veces con heridas que nos durarán por el resto de nuestras vidas, observamos que no hemos avanzado nada y que todo ese movimiento simplemente nos ha deteriorado. Pero es en esa meta o punto de partida que nuestros ángeles nos están esperando para asistirnos y cuidarnos, al igual que se hace con los caballos cuando han concluido sus competencias. Nuestros ángeles nos ven llegar agotados de nuestras carreras y siempre despliegan su ternura y su protección sobre nosotros. Ellos nos abrazan y nos ayudan a curar las heridas y cuando sienten que estamos más fuertes nos alientan para que volvamos a intentarlo, sólo que esta vez nos hacen saber que no necesitamos de ningún jinete porque nuestros corazones saben a dónde ir y conocen el camino a la perfección. Y si aceptamos el reto de manejar nuestras propias existencias y decidimos avanzar al ritmo de nuestros corazones, veremos con maravilla que el camino del alma es recto y siempre nos permite avanzar. Entonces, cuando comprobamos que en verdad nos estamos moviendo, volvemos a respirar con tranquilidad y aprovechamos esta oportunidad para disfrutar de nuestro propio galopar.

LA VOZ DEL MIEDO

Si el ego es en gran medida un agente que permite que nuestro espíritu se exprese, debemos aprender a conocerlo para que podamos silenciarlo cuando necesitemos escuchar los llamados del alma. En primer lugar, quiero decir que la voz del ego obedece a las leyes humanas y por consiguiente emite mensajes que no nos permiten ver más allá de nuestras limitaciones. El ego siempre es limitado y sus mensajes obedecen a un concepto parcializado que tenemos sobre algo o sobre alguien; se basa en hechos que su capacidad analítica puede elaborar y para sacar sus conclusiones necesita procesar toda la información que tiene en su poder y luego, basado en este proceso, genera unas ideas que pueden ser alarmantes o, por el contrario, que nos pueden transmitir una sensación de falsa seguridad que nos obliga a detenernos y a estancarnos en nuestros andares. El ego siempre obedece a dos mandatos: el poder del miedo y el poder de la ilusión. Ambos son peligrosos porque no están basados en nuestras verdades esenciales, que son las del amor absoluto. Entonces, cuando nos sometemos sólo bajo el poder de nuestras mentes, nuestros actos se ven determinados por los caminos de las limitaciones, porque el miedo nos paraliza en el momento de actuar y la ilusión nos confunde en nuestros procedimientos y nos hace mover en direcciones equivocadas. Empecemos primero explicando la voz del temor. El miedo siempre nos dice lo peor sobre nosotros mismos, sobre cada situación y sobre cada persona. El miedo es rápido y fatalista, no entiende la grandeza del proceso, no tiene paciencia y siempre nos está mostrando un futuro lleno de problemas y de obstáculos. El miedo nos estanca, nos paraliza, de alguna manera nos congela y hace que nos detengamos impidiendo nuestros progresos.

Lo más interesante de todo esto es que cuando escuchamos la voz del miedo es tan grande el poder que tiene cada uno de nuestros pensamientos que inconscientemente le estamos dando una orden al Universo, al poder creador que cada uno posee, para que recree y haga realidad cada uno de nuestros miedos. Porque cuando activamos una y otra vez nuestras ideas, sobre todo si estas son negativas, le estamos dando una orden al poder creador para que haga posible estas manifestaciones. Porque todo lo que vemos se ha originado como una idea que se ha revestido con la energía necesaria para manifestarse, en la misma medida en la que todo lo que no se ve es una idea en proceso. Tengamos, pues, en cuenta, el poder de nuestros pensamientos y el papel del miedo en nuestras vidas y si sabemos que tenemos la capacidad de crear nuestros mundos entonces emitamos pensamientos revestidos de amor, de perdón, de compasión y de paciencia. Y si todo lo que no vemos es una idea en proceso, entonces los invito a que procesemos en grande. Se los digo por experiencia, porque cuando he dejado de escuchar a mis miedos y he decidido invertir el mismo tiempo y la misma energía imaginándome cosas hermosas y situaciones positivas para mí, los milagros ocurren y siempre me sorprendo cuando lo hacen, tanto como por la manera en que lo hacen. Y ha sido en esas ocasiones en que me he dado cuenta de que toda mi vida me la he pasado haciendo el proceso contrario y he gastado todo mi tiempo y mi preciada energía imaginándome lo peor y lo peor me ocurría.

LA VOZ DE LA ILUSIÓN

En el otro extremo, la voz de la ilusión nos pinta el mundo color rosa y, de alguna manera, nos hace parecer a uno de esos enamorados que están empezando su romance y sólo pueden ver las maravillas que el otro proyecta. Pero esta ceguera siempre es pasajera, porque cuando se empieza a ver al otro como es en realidad, el enamoramiento termina y los problemas empiezan. Cuando en realidad debería ser todo lo contrario, porque el verdadero amor se presenta cuando hemos destruido la imagen que la ilusión nos ha presentado y hemos visto los distintos matices que el otro tiene. Todas las vivencias son matices de la luz y por consiguiente, nuestras experiencias humanas están revestidas de distintos colores pero también de oscuridades. Por ello, seguir los falsos mandatos que las ilusiones emiten no nos deja caminar con naturalidad, porque el ignorar los obstáculos o las grietas del camino viene a ser igual de peligroso que andar a ciegas.

La ilusión entorpece nuestros andares porque los actos que se derivan cuando estamos bajo este efecto son creaciones que hemos adquirido a través de las vivencias ajenas y en muchas ocasiones no obedecen a los deseos de nuestra alma. Una ilusión es un espejismo de algo o de alguien que ha sido proyectado hacia nosotros y es por eso que respondemos a un instinto natural de querer poseer aquello que los demás tienen. Entonces emprendemos una búsqueda de lo que otros han perseguido y nunca nos encontramos satisfechos en ese camino porque no son nuestras búsquedas las que seguimos. Y aunque vamos motivados por una aparente felicidad, el camino de la ilusión es complicado porque la ilusión adopta una voz de complacencia que nos hace creer que aquello que tanto perseguimos es lo que realmente queremos. No sé si me puedo explicar con claridad, pero lo que intento decir es que la ilusión nos obliga a enfrentar nuestras vidas bajo la óptica del continuo deseo, de la carencia perpetua, de la persecución infinita y esto hace que nuestras experiencias estén basadas en el deseo de conseguir algo más o alguien más, y la sola idea de alcanzarlo nos proporciona una felicidad pasajera. Pero la verdadera alegría no es un sentimiento fugaz, al contrario, es un sentimiento continuo. La verdadera alegría es un sentimiento de bienestar absoluto que no es propiciado por nada ni por nadie, sino que sigue un llamado natural de nuestras almas. Somos seres alegres, somos seres ligeros y estamos llamados a vivir con alegría. Parece imposible, pero los llamados del alma son felices y por lo tanto, sus vivencias siempre van encaminadas al amor y al regocijo de nuestras existencias.

No se imaginan la cantidad de veces que he confundido la voz angelical con la voz de la ilusión y es tan hábil mi ego haciéndome caer en sus trampas que hasta cambia la voz y se reviste con una dulzura que no le pertenece, sólo para hacerme creer que no es necesario cambiar, que no tengo que intentarlo de nuevo, que debo conformarme con lo que tengo porque no puedo alcanzar lo que tanto anhelo y que todo como está me da la seguridad que tanto ando buscando. Siempre que escucho estas palabras sospecho porque aunque suenan muy bien y aparentemente me hacen sentir tranquila, tan pronto como las escucho sé que hay algo más. Siento que hay algo que aún no entiendo y de la nada vuelve a surgir una idea que parece inalcanzable, imposible y que paradójicamente ha sido la misma idea que me ha perseguido durante mucho tiempo. En esos momentos me detengo a escuchar esas nuevas palabras porque ya he aprendido que ésa es la voz de mi espíritu, quien me está pidiendo que lo escuche y que no me rinda en mis procesos.

EL PODER DE LA VERDAD

*Siempre se presentan diferentes rutas al
andar y, como en todo camino, el peregrino
deberá elegir entre dos bifurcaciones que
le presentan caminos paralelos. Ambos
caminos conducen a algo, sin embargo, sus
rutas son diferentes. Cuando se mira cada
uno de los caminos se sabe si su transitar
será fácil o si, por el contrario, se presentarán obstáculos que harán difícil su recorrido. Siempre se sabe con tan sólo mirar el
camino. Los caminos del alma no son los
más fáciles, pero son los más amables. Ambos caminos llevan a experiencias que los
ayudarán a crecer, sin embargo, sólo uno
de ellos los llevará a evolucionar. El camino
del alma obedece a las leyes sobrenaturales
de la ascensión personal. Todos son llamados a ascender y a hacerse grandes en sus
recorridos corporales. Entonces, cuando se
encuentren en la bifurcación, piensen cuál
de los dos caminos los está ayudando a ser
mejores; cuál de esas opciones les está entregando el poder de crear con el poder del
amor. Porque todos son llamados a crear y
hacerse grandes en sus creaciones, siempre*

231

y cuando sus creaciones sean producto del
amor y obedezcan al llamado del alma de
perpetuarse en el amor eterno y en el amor
por los demás.

Cuando tomamos una decisión y existe un gran "pero", una crítica constante, debemos detenernos y preguntarnos si esto es realmente lo que queremos. Da miedo escuchar a nuestros corazones porque ellos quieren algo más, algo distinto, desean encontrar alguien o algo más compatible con sus esencias y la simple idea de salir a buscar lo que tanto anhelamos nos da pereza y nos produce mucho temor. Al ego no le gusta el cambio, sin embargo, para nuestro espíritu el cambio lo es todo. Somos porque cambiamos y es gracias al cambio; que evolucionamos. Recordemos que estamos aquí porque le hemos dicho sí al cambio. Cuando nuestros actos están basados en el poder de nuestro espíritu, vienen acompañados por el poder de nuestra propia verdad. Y nuestra verdad siempre nos obliga a dejar a un lado nuestros estados estáticos y nos invita a aventurarnos en pro de aquello que tanto buscamos. Porque, ¿para qué nos tomamos la molestia de venir a este mundo y encarnarnos en nuestros cuerpos si no era para arriesgarnos a encontrar nuestras respuestas? No vale la pena vivir esta experiencia a medias, porque el estar vivos involucra un proceso de aprendizaje constante, de descubrimiento continuo, de sorpresas inmensas y, si no es ahora, ¿cuándo lo vamos a hacer? Y, si no lo hacemos nosotros, ¿entonces quién? No esperemos que los demás vivan nuestras vidas y descubran nuestras verdades, porque nadie más puede vivir nuestra verdad, ni siquiera los ángeles. Lo que más me impresiona desde que trabajo con los ángeles es que ellos no me dicen nada que yo no haya pronunciado antes. Ellos no pueden darme las respuestas a mis interrogantes porque esa es mi labor, sin embargo, ellos siempre me están enviando señales que yo puedo comprender si realmente estoy atenta a mis vivencias. También quiero recalcar que los ángeles y los guías son extremadamente inteligentes a la hora de ayudarnos, porque si bien tienen que respetar nuestro libre albedrío, nadie les está impidiendo que sean muy creativos con sus mensajes y que nos envíen una orientación que nos ayudará a descubrir nuestra verdad. Y es gracias a su ingenio que ellos son capaces de camuflar eso que tanto estamos buscando bajo símbolos e imágenes que contienen nuestras respuestas.

Siempre tenemos ayuda cuando decidimos escuchar nuestros corazones y aunque los mensajes angelicales suenen como misiones imposibles de realizar, recordemos que si nuestros corazones nos lo están diciendo debe ser que estamos amparados en nuestros recorridos y si están anhelando algo debe ser porque lo podemos alcanzar. Y lo más maravilloso de todo este proceso es que cuando escuchamos nuestros corazones y reconocemos los latidos del alma sus mensajes siempre son claros, certeros y seguros y, por consiguiente, nosotros respondemos a sus llamados sin dudar, sin entender, sin cuestionarnos y con humildad obedecemos. Porque una decisión del espíritu no se duda; se sabe, se siente y punto. Por más que nuestra mente nos ponga objeciones y no entendamos racionalmente los procesos, las decisiones del espíritu se mantienen. Las decisiones del alma no tienen la capacidad de ser racionalizadas, simplemente se reconocen como parte de nuestra verdad y esto hace que siempre que escuchemos sus mandatos nuestros corazones se sientan bien. La voz del alma nos proporciona una sensación de bienestar que conocemos, es como si nos pusieran la mano en el corazón e hicieran que éste se regocijara con esta caricia. Porque el poder de la verdad siempre nos envuelve con la gracia del entendimiento. La verdad viene bañada con el bálsamo del amor y produce un sentimiento de calma que reconocemos. Las palabras que explican nuestra verdad siempre vienen acompañadas por una sensación de bienestar que emana desde nuestros corazones como si fuera un néctar divino, es lo que denomino como el bálsamo de la verdad y siempre se siente cuando se ha hablado con la verdad. Este bálsamo es siempre una señal de que vamos por muy buen camino, por nuestro camino.

Los mandatos del alma son calmados y siempre son oportunos. No nos obligan a emprender una carrera contra el reloj porque tienen sus momentos exactos para manifestarse. Sin embargo, cuando esos tiempos llegan nos sorprenden con la rapidez en su actuar porque todas las situaciones y las personas implicadas en los llamados de nuestra alma se manifiestan sorpresivamente, como por arte de magia. Sin embargo, esta acción es el resultado de un proceso que ha sido revestido de paciencia, mucha fe y sobretodo amor. Los mandatos del alma siempre llegan a tiempo, en un tiempo divino.

La voz del ego	La voz del alma
Es urgente.	Es constante.
Dice que es la única oportunidad.	Dice que hay más oportunidades.
Invita a hacer siempre más de lo mismo.	Invita a cambiar, a entregar y a confiar.

La voz del ego	La voz del alma
Produce ansiedad.	Produce calma.
Nos da una falsa seguridad, nos dice que es para siempre.	Nos da la seguridad del amor. Nos dice que todo es pasajero, sólo el amor es eterno.
Busca triunfo personal.	Busca un triunfo general.
Busca recompensas inmediatas.	Se enfoca en el proceso.
Cambia de ideas.	Mantiene la misma idea.
Tiene remordimientos.	Aprende la grandeza de las lecciones.
Siempre está hablando.	Se escucha en el silencio, en la paz.

Siempre los guiarán las voces de la verdad,
tanto de la verdad de sus mentes como la
verdad espiritual, y se darán cuenta de que
la verdad como totalidad no existe porque la
verdad es una fragmentación de un misterio
en general. Niña, sí nos oyes bien y queremos

que escribas que siempre que se presente una verdad se debe pensar que lo desconocido nos conforma y que lo que consideran como verdadero es tan sólo una parte de la totalidad, una parte del prisma, entonces deben darle espacio al misterio, a la sorpresa, a lo desconocido, al Señor. Siempre que elijan lo harán creyendo que siguen la verdad, pero ésta es sólo su interpretación de lo que consideran como real. No se limiten porque no lo están y tengan en cuenta que siempre se les darán nuevas oportunidades para crecer, y si una vez han elegido con sabiduría y sus caminos se han mostrado claros y certeros, otras veces han elegido regidos por los temores y sus caminos se presentaron oscuros y bifurcados. Sin embargo, siempre se les dará una nueva oportunidad de elegir y de volver a encontrar su verdad. Verás, son como teoremas especiales en donde una de las variables tiene varios condicionantes que permiten encontrar el mismo resultado siguiendo diferentes procedimientos. Nos oyes y nos comprendes a la perfección, entonces cuando hay diferentes métodos para llegar al mismo resultado la ecuación se extiende y demanda un grado de ingenio mayor para quienes la están resolviendo. En tu caso,

237

tu grado de ingenio te ha traído a este punto en donde puedes escucharnos y transmitirle a los demás estos conceptos, sin embargo, la ecuación se te ha extendido y ahora eres llamada a agrandarla y a proyectarla en general. Tu radio y tu capacidad de extensión han crecido y con ello tus responsabilidades también lo han hecho.

Los falsos espejos

Cuando las materializaciones están por ocurrir, es decir, cuando los resultados de nuestras peticiones van a formar parte de nuestra existencia, la vida nos prueba una vez más y nos envía unas propuestas que se asemejan a nuestros deseos, pero en realidad son visiones distorsionadas de aquello que estamos buscando. Son opciones débiles que se acercan a los llamados del alma y es lo que denomino como los falsos espejos. Porque pareciera que antes de recibir aquello que tanto anhelamos nos tenemos que hacer meritorios de su presencia y demostrarle a la vida que en realidad sí queremos lo que pedimos y que sí estamos fuertes para aceptarlo. Entonces, como si fuera una verdadera cruzada, nos vemos enfrentados a una serie de opciones que aparentemente corresponden a aquello que tanto anhelamos, pero aunque cumplen un papel muy similar a lo que deseamos, no son nuestras respuestas. Porque vienen revestidas bajo la ilusión de nuestras ansiedades y aunque aparecen de manera sorpresiva y en algunos casos hasta calmada, sabemos que no son la respuesta a nuestras peticiones. Siempre existe un pero, una sensación de inconformismo y es ahí cuando somos llamados a levantar de nuevo la espada de la verdad y a revestirnos con una nueva fortaleza porque aquello que tanto anhelamos ya viene en camino, pero se nos está probando y para hacernos los receptores de aquel preciado regalo debemos demostrar que somos fuertes y que en realidad sabemos esperar. Entonces respiramos de nuevo y enfrentamos una última batalla que consiste en destruir los falsos espejos y dejar el camino limpio para vislumbrar lo tan anhelado. Es en estos momentos y bajo estas condiciones que se requiere que utilicemos todo lo que hemos aprendido en el camino de la luz. Porque ésta es quizás la ultima batalla y es la batalla más dura porque ya estamos cansados de perseguir nuestra verdad. Pero siempre contamos con más ayuda y somos revestidos con una fuerza especial que nos ayuda a lidiar con las adversidades y a vencerlas si en realidad lo queremos. Y mientras estamos derribando cada uno de los falsos espejos, el Universo nos pregunta de nuevo: ¿Qué tanto lo deseas? ¿Y qué tan fuertes son tus creencias? Y cuando el deseo es sincero, es amoroso y hace parte de nuestro plan divino, entonces ocurre y milagrosamente nuestras peticiones son respondidas y cuando recibimos los regalos de la vida sabemos que son nuestras respuestas, no lo dudamos y siempre nos impresionamos con la grandeza del Señor y con sus misteriosas formas de actuar. Sin embargo, todo este proceso obedece a las leyes divinas y se nos entrega sólo lo que nuestra alma necesita y siguiendo los tiempos divinos, no antes.

Recuerdo una vez que estaba desesperada de combatir los falsos espejos y estaba muy cansada de que me ocurriera lo mismo, una y otra vez, entonces me puse a alegar sola y mientras me limpiaba mis lágrimas y trataba de tranquilizarme escuché la voz de mis ángeles con un tono lo más de jocoso que me decía: "Oye Juliana, tranquilízate, las mismas pruebas dejarán de llegar cuando ya las superes" y sonaban tan animados que no pude contenerme y me puse a reír con ellos. Ciertamente, mis acciones se deben ver muy graciosas desde la distancia y cuando no se padecen sí que se pueden disfrutar. Y lo más sorprendente de todo esto es que mis ángeles tenían razón porque una vez que he entendido el juego de mi ego y he descubierto sus variables, he podido superar la prueba. Y cuando lo hago me siento feliz, ligera y completamente relajada por haber concluido y ganado una batalla más. Siempre celebro e invito a mis ángeles a mi celebración y cuando creo que tengo toda mi vida arreglada, la vida me demuestra lo contrario, lo inesperado ocurre y me enseña que la incertidumbre es mi eterna compañera; en lugar de aferrarme a las falsas seguridades que lo conocido me ofrece, me invita a abrir mis manos de nuevo y a entregarle mi existencia al Señor. Y una vez más me veo en un punto cero, en un nuevo comienzo, con todo un camino por delante y mientras observo el horizonte que se me presenta vuelvo a escuchar a mi eterna compañera, la voz de mi ego que me está diciendo que ese camino es imposible de transitar. Entonces cierro los ojos, respiro una vez más, trato de conservar la calma y, mientras lo hago, escucho a mis ángeles que me están diciendo que dé el primer paso y luego el segundo, porque ellos me acompañan al andar.

Niña, sigue tus búsquedas y encuentra tus propias respuestas. No es necesario un desgaste personal cuando se emprende un camino en particular. Comprende que es necesaria una flexibilidad para poder moverse en la dirección indicada. Siempre hay una dirección que está apuntando hacia nuestro crecimiento y siempre podemos encontrarla.

Y cuando sientas que no encuentras tu rumbo,
cierra tus ojos y pregúntale a tu alma por la ruta,
ella siempre conoce el camino a su hogar.

SEGUNDA PARTE

Inspirada por los arcángeles

Maneras de
mantenerse en la luz

*Somos enviados del Señor y los prote-
gemos. Nos llaman arcángeles porque
guiamos las huestes angelicales, nuestros
rayos impregnan sus frecuencias revistién-
dolos con una fortaleza mayor. Niños, ustedes son protegidos en sus pasos y están
escoltados por nuestros ejércitos de amor.*

Cuando piden ayuda sus plegarias son repartidas entre nosotros y los asistimos en todos sus andares. No lo duden, siempre estamos atentos de aquello que los hace sufrir. Tenemos a su disposición un número ilimitado de ángeles que están esperando sus llamados. Siempre que piden ayuda son escuchados y son asistidos, así es que no duden y confíen en sus procesos. Trabajamos con el Señor escoltándolos en su camino a casa, porque su padre los quiere a salvo y quiere que su retorno sea seguro. Niña, los hombres son amados como nunca podrán imaginarlo y para eso fuimos creados. Seguimos sus ritmos y bailamos de acuerdo con la melodía de sus andares, les proporcionamos la música que mejor se mueve con sus espíritus, los amamos.

Una vez hemos comprobado que la luz sí existe y que tiene unos efectos maravillosos en nosotros, ¿cómo podemos mantenerla en nuestras vidas? Porque libramos una verdadera batalla para poder vislumbrar un poco de esa paz eterna, del amor maravilloso que conforma nuestras esencias; sin embargo, sus efectos son cortos porque tuvimos que volver a sumirnos en nuestras realidades cotidianas. Es como si aterrizáramos y miráramos de nuevo nuestras vidas y de alguna manera nos asustáramos porque lo que vemos no se compara con aquello que vislumbramos. Entonces nos preguntamos si será posible mantener la luz viviendo nuestras vidas cotidianas o si es que para seguir viviendo en la luz tendremos que renunciar a nuestras vivencias y retirarnos a un lugar tranquilo en donde podamos dedicarnos a mirar hacia el cielo a esperar señales divinas que nos confirmen de nuevo que la luz sí existe. Quizás éste sea el camino para muchos, pero ¿qué hacemos los que queremos seguir teniendo una vida normal y funcionar en nuestras sociedades siguiendo el llamado de nuestra alma? En realidad no tengo las respuestas porque los llamados del alma son diferentes para cada persona, sin embargo, puedo decirles que en mi caso, la luz me ha convertido en un ser más práctico y me ha llevado a sumergirme por completo en este mundo y en mi existencia corporal. Para mantenerme en la luz no he tenido que renunciar a mi felicidad, ni a los seres que amo, ni a las comidas que me gustan, ni mucho menos, al amor. Al contrario, la luz ha intensificado mis vivencias y me ha hecho disfrutar cada experiencia con mayor entusiasmo, porque ahora tengo los ojos de los niños que ven con felicidad aquello que siempre han tenido y esto hace que disfrute mis días con mayor intensidad. En mi caso, la luz y la paz del amor se me han presentado en las ciudades, al sentirme acompañada de millones de almas que al igual que yo se levantan cada mañana a experimentar la el acontecimiento de la existencia misma. Yo busqué al Señor en todas partes y lo encontré en un café. Inmediatamente lo reconocí porque sonreía y escuché sus palabras con gran claridad que me invitaban a seguir disfrutando mis experiencias. Yo encontré a Dios cuando empecé a disfrutar mi vida y desde entonces vamos juntos descubriendo y haciendo de nuestros días un verdadero milagro. Y cuando miro a mi alrededor y veo el brillo en los ojos de alguien más, sé que esa persona también conoce a Dios y le sonrío con complicidad.

Las grandes respuestas residen en la magia de lo cotidiano. Verás cómo tus hallazgos siempre yacen en aquello que considerabas como obvio. A continuación, entonces, las maneras de mantenernos en la luz.

1. PASAR TIEMPO CON LOS HIJOS

INSPIRADO POR EL ARCÁNGEL METATRÓN

Mis hijos, miren la cara de esas pequeñas criaturas que tienen en sus brazos y re-

conozcan al Señor. Cada criatura es una
partícula de la creación, es una parte del
plan original, es una señal de la grandeza
del Padre. Entonces cuando abracen a
sus pequeños abrácenlos como si estuvieran albergando al Señor. Cuídenlos con
intensidad porque ellos son Él y ellos son
ustedes. Cuídenlos porque se los hemos
entregado para que les muestren el camino
y los guíen con amor. Mis hijos, cuando
miren los ojos de quienes los admiran no
se olviden de que ellos siguen sus pasos y
que sus ejemplos serán los cimientos de sus
vidas. Mis hijos, háganlo a la perfección,
es decir, críenlos bajo el amor.

Todos los niños son producto del amor, del amor del
Señor hacia nosotros, porque es tanta su generosidad
que él ha decidido compartir su grandeza creándonos
y dejándonos experimentar la capacidad del amor.
El Señor ha decidido expandirse para darnos vida y
con esto permitir que nos expresemos; cada uno de
nosotros es su manifestación y es su hijo amado. Por
eso cuando recibimos el regalo mayor que el universo
nos puede proporcionar, a uno de los hijos del Señor,
debemos darle las gracias a la vida porque ha confiado
en nosotros su tesoro mayor. Todos somos meritorios

de esta responsabilidad y aunque muchos no tenemos hijos biológicos o por circunstancias superiores a nuestra voluntad hemos tenido que renunciar a ellos, cada uno de nosotros ha sido partícipe de la crianza de algún niño y esto nos hace padres espirituales. Porque al final no es tan determinante de qué cuerpo provenimos sino de qué personas seguimos el ejemplo. Entonces todos somos padres de alguien y a todos nos ha apadrinado alguien más. Démosle gracias al Señor porque nos ha cobijado bajo el amor de alguien más y si sentimos que este amor no ha sido tan fuerte, entonces hagámoslo fuerte, seamos fuertes y amorosos con los niños que nos siguen. Empecemos a brillar y a desprender luz para que esta nueva generación pueda ver con claridad y pueda encontrar sus caminos más despejados de lo que se nos presentaron a nosotros. Porque ahora que somos adultos es cuando tenemos la capacidad de crear una mejor existencia para nuestros hijos y para las generaciones venideras. Sí podemos mejorar, porque si logramos que un niño sonría quiere decir que lo hemos contagiado con la luz del amor. Ahora es tiempo de sonreír y de dejar a un lado aquello que empañó nuestra felicidad. Ahora es tiempo de mirar el futuro con una mirada optimista porque viene revestida de la frescura que nuestros hijos nos traen. Esta es la hora de brillar y ya tenemos una verdadera razón para hacerlo.

Emprender una misión divina

Cada persona ha elegido a sus padres de antemano, no existen casualidades porque todo ha sido establecido por cada alma y por el Señor. Ésta ha existido siempre, incluso desde antes de nacer; ella ha pactado con el Señor el recorrer un sendero de aprendizaje mediante la vida carnal y por eso ha decidido encarnar en un cuerpo físico específico y bajo unas condiciones determinadas. Para que esto sea posible, cada alma ha seleccionado a unos padres para que le ayuden a cumplir con sus misiones terrenales. Todos los padres han sido elegidos por sus hijos antes de nacer y cada padre ha aceptado el compromiso de traer a esa alma a la Tierra. Todo esto puede parecer muy extraño desde una perspectiva racional, porque han sido nuestras almas las que han pactado estos acuerdos, no nuestras mentes. Es en el ámbito espiritual que cada espíritu establece un acuerdo con sus iguales y decide emprender misiones formadoras con otras almas trayéndolas a este mundo como sus hijos. Así es que ningún nacimiento ni las condiciones que lo rodean son casualidades o actos del azar. Todos los nacimientos han sido preconcebidos por los espíritus de las personas implicadas y cuando se comprende esta idea, se vislumbra la grandeza de nuestras existencias y la libertad de nuestros espíritus para elegir. Ninguna vida es producto del error porque todas las vidas obedecen a los impulsos infinitos de la creación de perpetuarse por medio de la experimentación corporal.

Cuando nos veamos presenciando el milagro de la vida, ya sea a través de nuestros hijos, ya sea a través de otros niños, comprendamos que estamos en frente del poder infinito del Creador. Porque cada vida es la pulsación existente de las posibilidades y así como todos respiramos siguiendo nuestros propios ritmos y los latidos de nuestros corazones, cada vida ha sido creada para seguir sus propios impulsos y bailar al compás de su propia melodía.

Por eso el ser padres es quizás la responsabilidad más grande que los humanos podemos enfrentar, porque ello involucra desarrollar un amor incondicional que sobrepasa todos nuestros temores y nos lleva a hacernos grandes porque nos perpetuamos en otros. Ser padres es una gran responsabilidad humana, pero en verdad es una misión espiritual. Porque cuando aceptamos darle vida a alguien estamos diciéndole sí al Señor en su proceso de creación eterna. El traer un alma a este mundo y asistirla en su recorrido es quizás la única oportunidad que tenemos de amar a alguien por encima de nuestro ser. Nuestros hijos son en realidad nuestros grandes tesoros, las huellas que dejaremos en este mundo cuando partamos y son el legado de la propia evolución. Cada niño lleva impresa una parte del Señor y viene contagiado por su amor. Cuando recibimos a un niño en este mundo estamos dándole la bienvenida a una nueva alma y le estamos ofreciendo una nueva oportunidad de expresarse. Es por eso que cada niño es una nueva oportunidad que nos da el Señor de continuar con su plan creador y evolucionar a través de las acciones de una nueva generación que estará más capacitada para lidiar con los cambios de la humanidad. Lo más maravilloso de esta cadena de evolución es que no todos tenemos que darle vida a alguien más, al contrario, todos podemos asistir las vidas que han sido traídas por otra persona. El amor es una cadena y para hacer parte de ella sólo tenemos que decir "presente" y aprender a demostrarlo.

A su vez, cada niño es una nueva oportunidad que nos da el Señor de vivir de nuevo nuestras vidas teniendo la experiencia que los años nos han brindado, pero también la posibilidad de aprender de nuevo a través del ejemplo de nuestros hijos. Porque cada niño es una oportunidad que nos da el Señor para crecer, para mejorar, para perpetuar su obra a través del engrandecimiento de alguien más. Es tan maravilloso este plan que nunca tiene pérdida, porque todo lo que le damos a nuestros niños será multiplicado a través de sus obras, entonces si les damos amor ese mismo amor será amplificado en cada una de sus creaciones, pero si les damos dolor, ese mismo dolor será el que guíe cada uno de sus pasos.

Nadie se ha formado de la nada y todos hemos necesitado de los demás. La vida es una cadena de solidaridad y todos hemos sobrevivido porque hemos trabajado en comunidad. Todos somos llamados a crecer bajo el amparo y el amor de alguien más y cuando llega el momento de perpetuar el legado divino en este mundo, siempre nos vemos acompañados por los ojos de un niño, de cualquier niño, y cuando esta oportunidad se nos presenta somos llamados a aceptarla y a aprender de su grandeza. Sin embargo, los tiempos para aceptar estas responsabilidades son distintos para cada persona y dependen del grado de fortalecimiento de cada mente para aceptar lo que se considera como el reto mayor. Porque el ser padres significa sobrepasar nuestros límites personales para ver a través de los ojos de una persona que depende por completo de nosotros para su supervivencia. Porque nadie nos necesita más y confía más en nosotros que nuestros hijos, entonces respondamos a esta confianza entregándoles siempre lo mejor de nosotros. Porque ellos saben cuándo son amados de verdad y por consiguiente siempre responden a ese amor. Recordemos que Dios ha depositado toda su confianza dándonos a sus hijos y nosotros hemos prometido cuidarlos y asistirlos en sus recorridos. Este es el pacto que han hecho nuestras almas, sin embargo, nuestros miedos hacen que lo olvidemos. Pero si hemos fallado y no lo hemos hecho bien, no nos juzguemos tan duro y atendamos ahora a los llamados de un niño, de cualquier niño, no tiene que ser nuestro y así emprenderemos de nuevo la ruta de la luz, el camino de la memoria divina, la ruta hacia Dios.

Los ángeles nos están pidiendo que pasemos más tiempo con nuestros hijos. Ellos nos están diciendo que nunca es tarde para intentar de nuevo aprender a través del amor. Los ángeles nos piden que miremos a nuestros hijos como si fuera la primera vez que los vemos y que aprovechemos su compañía. Ellos quieren que nos contagiemos con su grandeza y que aprendamos de su ejemplo. Porque nuestros hijos siempre tienen lecciones que enseñarnos y están dispuestos a ser los mejores maestros que se nos pueden presentar si nosotros les damos una verdadera oportunidad.

Pasar más tiempo con nuestros hijos no significa aumentar las horas que estamos con ellos con nuestro cuerpo presente pero con nuestra mente en otros lugares. Porque la mayoría de las veces nos encontramos atrapados en los temores de nuestras realidades y esto hace que estemos ausentes aún cuando estamos presentes. Pasar más tiempo con nuestros hijos significa dejar a un lado nuestros temores y concentrarnos en el presente.

Respiremos con mayor profundidad y acallemos nuestros miedos mientras miramos a nuestros hijos. Miremos sus ojos, sus caras, sus manos, sus cuerpos y sorprendámonos con lo hermosos que son. Amigo lector, siéntase orgulloso porque usted ha generado esa vida y comprenda que lo ha hecho todo bien. Pasar más tiempo con sus hijos significa estar dispuesto a acceder al mundo de ellos, sin importar sus edades ni las condiciones de sus existencias. Porque nuestros hijos siempre necesitan de nuestro amor y siempre estarán buscando nuestra aprobación.

Un camino valeroso

La opción de la maternidad y la paternidad es un camino valeroso que nos lleva a enfrentarnos con nuestros miedos más grandes, pero también nos permite sobreponernos a nuestra frágil humanidad para demostrarnos que es verdad que podemos trascender nuestras limitaciones y contagiarnos del poder creador, porque hemos sido capaces de engendrar una vida y hemos tenido la valentía de escoltar esa alma en su proceso de formación.

El ser padres es una prueba que exige de la presencia de la luz y, como guerreros de la luz, todos estamos en condiciones de darle claridad a las almas que vienen a través de nosotros, y con nuestras espadas derribar los temores que puedan empañar su visión. Porque nosotros contamos con la grandeza que nuestra vida nos ha brindado y gracias a esto podemos guiar a quienes vienen detrás de nosotros. Miremos a nuestros hijos y comprendamos que ellos siguen nuestras huellas. Tengamos en cuenta que nuestros actos marcarán el sendero de sus existencias, entonces marquemos sus vidas con amor y con compasión y tengamos en cuenta que aquello que hemos sembrado en sus corazones será multiplicado cuando llegue su turno de guiar a alguien más. Sembremos paz, sembremos amor y sobretodo, sembremos perdón. Accedamos a engrandecernos en el camino que nuestros hijos nos muestran y cuando sintamos que no podemos hacerlo y que hemos fracasado en esta misión, tengamos en cuenta que nuestros espíritus siempre pueden dar más, porque nuestras esencias son fuertes y tienen las condiciones para salir adelante. No dudemos de que estamos capacitados para transitar este camino y pidámosle ayuda a nuestros ángeles. Ellos están esperando nuestros llamados para asistir a nuestros hijos, entonces compartamos la responsabilidad de ser padres y dejemos que el Señor nos ayude en lo que es la misión por excelencia.

No desperdiciemos la oportunidad de reaprender a vivir a través de nuestros hijos. En mi caso, yo he acudido a la invitación que mi sobrino me ha hecho y gracias a él he podido ver de nuevo que el mundo es un lugar maravilloso y que estar vivos es una experiencia increíble. Cuando lo observo haciéndose más grande, me sorprendo de todo lo que hemos tenido que aprender para poder sobrevivir y me maravillo al ver la manera en que nuestros cuerpos y nuestras mentes han respondido a la experiencia de estar vivos. Cuando lo veo a él, comprendo que yo estoy aquí gracias a la buena voluntad de mis padres, porque ellos me cuidaron y me protegieron cuando yo era indefensa y dependía por completo de su amor. A ustedes dos, ¡gracias de nuevo!

Todos hemos sobrevivido porque alguien más nos alimentó y nos cambió los pañales. Todos hemos llegado hasta aquí porque alguien más nos ayudó a vivir. Pero nuestra supervivencia ha consistido en tener algo más que techo y comida, porque todos hemos aprendido a vivir a través del ejemplo de alguien. Por eso, si todos nuestros actos son repeticiones de otros actos, comprometámonos a que nuestros actos estén basados en el amor para que los niños que nos están viendo puedan reproducirlos y hacer cosas mejores que las que nosotros hemos hecho. Seamos un buen ejemplo, una imagen que perdure en la mente de ese niño que representa a su vez la imagen de varios niños, porque ese niño será un adulto que tendrá a su cargo a más niños que observarán cada uno de sus actos. Depende de nosotros el futuro de las nuevas generaciones, porque de la manera en que tratemos a nuestros hijos ellos tratarán a los suyos.

Pero, cuando perdamos la paciencia y nuestros miedos nos agobien y entorpezcan nuestros actos, respiremos con mayor profundidad y pidámosle a nuestros ángeles que nos ayuden de inmediato. Pidámosles calma y fuerza para contener nuestros impulsos, pero sobretodo, pidámosles más amor hacia nosotros y hacia nuestros hijos. Digámosle a nuestros ángeles que detengan nuestras manos cuando quieran agredir a nuestros hijos, que sellen nuestros labios cuando les queramos decir palabras hirientes y que borren los actos que no correspondan al amor. Porque no sólo estaremos hiriendo a ese niño, estaremos hiriendo a muchos niños y nos estaremos hiriendo a nosotros mismos, ya que cuando actuamos bajo las leyes del temor nuestros espíritus se ahogan y pierden su capacidad de brillar. Pidámosle siempre ayuda a nuestros ángeles y cuando nuestros miedos nos hayan ganado la batalla, pidámosles que nos den la valentía para pedirles perdón a nuestros hijos cuando no pudimos controlarnos. Respiremos con mayor profundidad y empecemos de nuevo. Miremos los ojos de nuestros hijos y recordemos que somos llamados a amar y a perdonar, y nuestros hijos siempre nos imparten estas lecciones.

Todo pasará

"Om, om, om" dijo la mamá al escuchar el llanto de su hija mientras ponía sus manos en posición de meditar y su madre, la abuela, le respondió, "Om, om, oh sí" mientras sonreía y elevaba sus manos imitándola y su mirada tenía la complicidad de entender lo que su hija estaba viviendo, pero su sonrisa tenía la ligereza de haberlo superado. Esta escena la presencié en un café de Buenos Aires y me pareció una verdadera revelación, porque algún día el cansancio, las noches sin dormir, las rabietas de nuestros hijos, su llanto, incluso sus mismas alegrías pasarán porque ellos habrán crecido y se encontrarán ocupados con sus vidas. Entonces seremos nosotros quienes los persigamos y les hagamos nuestras rabietas para obtener su atención y quizás sean ellos los que tengan que poner sus manos en posición de meditar para poder aguantarnos. Esto siempre ocurre, cuando queremos tener la atención de nuestros hijos ya no es nuestro turno, ya que ellos estarán concentrados en sus existencias y su atención estará enfocada en sus propias familias. Ésta es la ley de la vida.

Tengamos en cuenta, pues, que cada momento con nuestros hijos es un momento único, un momento precioso, un momento que jamás se volverá a repetir. Cada momento con nuestros hijos es una oportunidad de demostrarle a la vida que lo estamos haciendo bien porque estamos compartiendo y aprendiendo a amar. Cada momento con nuestros hijos es una oportunidad de ganarle una batalla al miedo y demostrarle a nuestro ego que sí podemos ser felices porque podemos concentrarnos en el amor; de mostrarle a nuestras vidas que conocemos nuestras prioridades y las estamos haciendo valer; de demostrar que hemos madurado porque ya podemos hacernos cargo de alguien más. Cada instante con nuestros hijos es una lección que nadie más nos puede dar, porque nadie, absolutamente nadie, confía más en nosotros que nuestros hijos.

El Señor quiere que miremos la experiencia de ser padres con ojos benévolos y que aprendamos a disfrutar el proceso de amar y de guiar a alguien más. Él sabe lo que esto significa y es por esto que nos está invitando a compartir la grandeza de su amor.

Mensaje del Señor

Bienaventurados sean mis hijos por generar vida, recuerden que son amados y guiados en todos sus procesos. Sus hijos son expresiones de la bondad de sus espíritus, cuídenlos y ámenlos mucho. Recuerden que son guiados en estos procesos y que mi amor es extendido a través de los ojos de sus hijos. Envuélvalos en sus brazos al igual que yo los abrazo y háganlos sentir seguros. Sientan sus corazones y escuchen las vibraciones del amor. Pero cuando llegue el momento de abrir sus brazos y entregarle sus hijos a la vida, háganlo con la convicción de que son guiados en sus procesos de aprendizaje. No lo duden y déjenlos volar, porque es en la libertad que encontrarán sus respuestas y es gracias al amor que regresarán al hogar. No lo duden porque cuando se ha amado, se ha trazado una ruta paralela que los conduce de nuevo al amor. Libérenlos de sus ataduras y demuéstrenles fortaleza. Enséñenles el camino pero déjenlos andar. Recuerden que ellos emprenderán misiones redentoras que mostrarán la grandeza para aquellas generaciones que vendrán. Son evolución y son cambio perpetuo y sus hijos son la prueba de esto. Mis hijos, nunca duden del amor de sus hijos y comprendan que ellos también deben partir. Abrácenlos, entréguenlos de nuevo a la vida y confíen. Confíen porque ellos siempre escuchan los latidos de su amor. Sus hijos siempre pueden encontrarlos cuando guían sus pasos con amor.

Los amo, su Padre.

Es verdad que todo tiene su momento, y el momento de estar con nuestros hijos y disfrutarlos no es eterno, al contrario, es muy corto. Entonces aceptemos su invitación y contagiémonos con su alegría. Comprendamos que ellos poseen una alegría que nosotros ya no tenemos porque ellos aún recuerdan el amor y están contagiados por la magia del descubrimiento continuo. Cada hijo, cada niño, cada ser que está impregnado con la grandeza de la infancia, nos está extendiendo una invitación que quizás jamás se vuelva a repetir.

Con los años y como es normal, ese ser que antes quería compartir todo su mundo con nosotros tendrá que partir para descubrir su propio mundo y formarse sus ideas. Es por esto que su invitación es corta, es momentánea y muchas veces no la aceptamos pensando que en el futuro habrá una mejor oportunidad, pensando que tendremos más tiempo, más dinero y, quizás sea así, pero lo que ocurrirá es que la invitación ya no volverá a presentarse de la misma manera porque nuestros hijos ya habrán crecido y estarán ocupados con la búsqueda de sus propias verdades.

Y así como existen los momentos para abrazar a nuestros hijos y cobijarlos bajo nuestro amparo, también existen los momentos para abrir nuestros brazos y dejarlos ir. Y cuando ese momento llegue y nos veamos enfrentados a la difícil prueba de confiar en la vida, abramos las manos y entreguémosle nuestros hijos al Señor. Recordemos que él es su verdadero padre y pidámosle a los ángeles que los envuelvan con sus alas y los ayuden a volar. Respetemos las vidas que nuestros hijos elijan y amémoslos en libertad. No temamos ver partir a nuestros hijos porque es sólo en libertad que el verdadero amor puede expresarse y tengamos en cuenta que un corazón nunca olvida a quien lo ha amado de verdad y siempre regresa a agradecerle por este amor.

Recordemos que somos llamados a mejorar las condiciones de vida para que nuestros hijos puedan avanzar con facilidad y alcancen un grado de perfección mayor, en esto consiste el proceso de evolución. Yo siempre le digo a mi sobrino que su infancia es mejor de lo que fue la mía, porque él es más sabio que yo, más hermoso que yo, más inteligente que yo, más amoroso que yo, más talentoso que yo, más fuerte que yo, él es más evolucionado que yo. Y cuando me mira con sus hermosos ojos, le digo que su vida será mejor que la mía y que no se sienta mal cuando eso ocurra porque mientras más feliz sea mejor será para nosotros. Porque cuando sus ojos brillen de felicidad, tanto su padre como su madre podrán dormir en paz porque sabrán que han hecho su parte del plan a la perfección.

Este capítulo es en honor a la Mona y a Nico por su gran ejemplo.

2. Hacer una manifestación artística. Estamos en cualquier expresión creativa que inspire sus espíritus

Apadrinado por el Arcángel Gabriel

Nuestros niños son convocados a crear y
a recrearse en sus creaciones. Cada uno

de ustedes posee belleza que puede com-
partir con los demás. Recuerden que sus
almas son creaciones atónitas, producto
del amor de su padre. Pueden desarro-
llar una capacidad creativa y compasiva
a través del arte y sus expresiones. Y
cuando hablamos de arte nos referimos
a todo aquello que los hace ser mejores,
que los lleva a emprender un proceso de
perfección. Resuenen en las frecuencias
que sus almas emiten y deléitense con sus
obras, porque son grandes como grandes
son sus legados. Ustedes son llamados a
maravillarse con todo lo que producen a
través del amor, disfrútenlo y, cuando em-
prendan una capacidad creativa, cierren
los ojos e imagínense al Padre porque él
los acompaña al andar, es todo.

Desde los orígenes de la humanidad, los hombres hemos rendido homenaje a las deidades a través de nuestro arte. Cada obra representaba una manifestación de la belleza y era ofrecida como un tributo para complacer a los dioses. Era por medio de la belleza que se conectaba con la presencia del infinito, de lo cual podemos inferir que los humanos las han recreado constantemente para continuar su conexión con lo magnánimo. El hombre ha aceptado la inmortalidad a través de su arte y ha honrado el recorrido de sus almas, bien sea rindiéndole tributo a una energía mayor o haciéndose inmortal a través de sus manifestaciones artísticas.

Todo ha sido creado de la nada porque todo ha partido de un suspiro cósmico. Cuando creamos, partimos de una idea que proviene de la parte de nuestro ser que ha sido creada para perpetuarse, es decir, de nuestros espíritus. Es por esto que las creaciones son representaciones de nuestra grandeza y demuestran nuestra capacidad de perpetuar el legado mayor y de perfeccionarlo siguiendo las huellas que nuestras existencias les imprimen. En esta medida, cuando decidimos darle cabida a nuestra capacidad creativa sentimos que somos impulsados a perfeccionarnos a través de la obra que estamos creando y de esta manera estamos conectando con la magia de la creación; hacer de la nada, seguir los llamados del silencio para expresar sus mensajes a través del arte. Porque todas nuestras creaciones pululan en el viento y nos acompañan esperando a que les demos vida a través de nuestros procesos. Todos somos llamados a crear y todos podemos hacerlo. No se necesita ser el mejor y, aunque no lo creamos, todos somos expertos en algo y nuestras almas poseen capacidades inigualables, entonces todos poseemos la capacidad de crear algo diferente, algo que tiene nuestro sello.

El arte es una liberación de nuestro ser, es la manifestación de nuestra alma. Cualquier manifestación artística es una forma de arte. Cualquier expresión de nuestra creatividad, es arte. Cuando se hace arte se está dejando que el espíritu se exprese y, cuando esto ocurre, estamos escuchando nuestras verdaderas esencias. El arte es una oportunidad inigualable que nos ofrecen nuestros espíritus para escapar de lo que llamamos nuestras realidades y nos acerquemos a lo que es en verdad nuestra realidad. Porque cuando decidimos emprender un proceso de creación artística es nuestro espíritu el convocado ante este llamado; se trata de una oportunidad única de tener un descanso de la densidad de nuestras existencias corporales y acceder a la ligereza de nuestras verdaderas esencias. El arte ha sido dado como una herramienta que hará que nuestros espíritus se manifiesten y tengan la oportunidad de aligerarse y de acceder de nuevo a la grandeza de sus naturalezas.

El arte permite que todo salga a la luz, con lo cual podemos sentir el alivio de haber expresado nuestra verdad a través de la creatividad. El arte representa un proceso de descarga y nos ofrece la oportunidad de quitar las capas que cobijan nuestros corazones y resaltar sus verdaderas esencias. Quitemos capas de olvido, de miedo, de castración, de mutilación, de temor, para que encontremos aquello que tanto hemos buscado, aquello que se ha desvanecido ante nuestros ojos y que siempre hemos anhelado hallar: la belleza de nuestra verdad. Porque nuestra verdad es el reflejo de la verdad mayor y como todos hemos sido creados gracias al suspiro eterno, entonces todos tenemos las capacidades de volver a crear, siempre y cuando accedamos de nuevo al suspiro perpetuo, a la magia de nuestras esencias.

Creemos para aligerarnos, para perpetuarnos, pero sobretodo, creemos para recordar el recorrido eterno de nuestras existencias. Dejémonos llevar por los impulsos creativos y permitamos que nuestras manos se muevan al compás de las melodías, dejemos que nuestras plumas se deslicen para darle paso a las palabras y que nuestros dedos prueben una vez más que son capaces de amoldar una materia hasta crear una obra hermosa. Movamos nuestros cuerpos hasta ser etéreos y fundirnos con el aire y revelemos nuestras voces hasta que creen melodías de amor. Permitamos que nuestras obras nos invadan y tomen vida, pero lo más importante, convirtamos nuestras vidas en nuestra obra de arte mayor.

El arte nos ancla en el eterno presente

El arte posee la capacidad de capturar en un instante nuestras percepciones de lo que consideramos real, puede ayudarnos a enfocar en un proceso determinado que tendrá como resultado la manifestación de nuestras percepciones frente a aquello que nos rodea. Capturar, determinar y plasmar una idea en una expresión artística simboliza una manera de estar en el presente, en el ahora, y es gracias a la magia que cada minuto conlleva que podemos acceder al tiempo divino en donde todo lo que ha existido, todo lo que es y todo lo que puede ser se cobija bajo un mismo instante. El arte es un pasaporte para las dimensiones espirituales que hace que nuestros cuerpos y nuestras mentes pierdan su protagonismo corriente y que nuestros espíritus puedan liderar nuestras acciones, aunque sea momentáneamente. Es por eso que todos los que practican cualquier tipo de arte se sienten como poseídos o más bien, atrapados por una sensación de exaltación que los lleva a olvidarse de ellos y a concentrarse en una extensión de sus propias vivencias, en sus obras. Cada obra es un legado nuestro a la humanidad, a nuestro tiempo. En muchos casos nuestras obras nos sobrevivirán y con ello habremos dejado una huella indeleble para otras almas que vibrarán bajo aquello que a nosotros nos conmocionó.

El arte tiene la capacidad de conectar con partes personales de cuya existencia no tenemos conciencia. Cuando establecemos una rutina artística en nuestras vidas, estamos creando una cita con nuestro espíritu y le estamos propiciando un tiempo específico para que se libere y se exprese. En este proceso, como en todo proceso, se necesita tener mucha paciencia, ya que se requiere de un período de liberación y de adaptación porque nuestro espíritu está acostumbrado a estar retraído, a estar sumido en un mundo que no puede ser expresado porque nuestras mentes lo silencian. Es por esto que el ejercicio de la liberación de nuestras esencias es complicado y a veces, hasta doloroso. Sin embargo, existen muchas maneras de expresar nuestras voces internas y el arte es una de ellas.

Cada vez que nuestro espíritu busca una manifestación, la mente lo atrapa de nuevo y lo lleva a un lugar aparte donde su manifestación se dificulta y muchas veces se hace imposible. La mente humana está constituida por una red de pensamientos y cada pensamiento genera una energía diferente. Pero cuando los pensamientos son de amor, la red es clara, despejada, limpia. Esto permite que el espíritu penetre por esa red en un proceso similar al de la ósmosis y puede darse una manifestación de nuestras esencias. Sin embargo, si los sentimientos que acompañan nuestros pensamientos son de temor, de ansiedad, de negatividad y de dolor, esa red energética se condensa y solidifica por efecto de la negatividad. Esto hace que la red se consolide haciendo que el paso o la liberación del espíritu sea más difícil y en algunos casos, imposible. Por esto las expresiones artísticas tienen el poder de disolver las paredes energéticas actuando a nuestro favor. Porque cuando nuestra mente está abstraída o concentrada en algo que genera un sentimiento de calma, los niveles de energía se empiezan a depurar y a aclarar dando paso al proceso de manifestación espiritual. Cada expresión espiritual es una expresión que nos beneficia porque nuestro espíritu es nuestra parte más sabia, es nuestra parte eterna que posee un conocimiento que nuestras mentes no tienen. En ese sentido, acceder a su sabiduría es una excelente manera para descubrir nuestra verdad.

Es por esto que el arte no debe estar limitado sólo a los artistas o a aquellas personas que son buenas en alguna manifestación creativa. Porque los artistas somos todos los que nos atrevemos a crear algo siguiendo el impulso de nuestros corazones. El arte que nos están proponiendo los ángeles es un tipo de arte personal, es una manifestación creativa que cada uno de nosotros puede hacer. Los ángeles nos están invitando a crear y a expresar nuestras emociones a través de maneras que estén a nuestro alcance. La música, la escritura, la actuación, la danza, la fotografía, la pintura, la culinaria, la jardinería, las manualidades, el tejido, la escultura, entre muchas otras actividades son llamados de nuestras almas para expresarse. Tengamos en cuenta que el arte significa manifestar creativamente alguna de nuestras ideas.

El arte tiene la capacidad de dar a conocer lo que verdaderamente sentimos porque manifiesta el eco de nuestras verdades y aunque es un proceso personal que beneficia a su creador, en realidad es un proceso que beneficia a todos los que acceden a él. El arte es un acto de generosidad, primero con nosotros mismos porque le estamos dando a nuestro espíritu la oportunidad de expresarse y decir su verdad, y es un acto de entrega hacia los demás, porque les estamos permitiendo que sean partícipes de nuestro mundo y de lo que consideramos como nuestra verdad. Un ejemplo hermoso de esto lo pude observar cuando fui a una presentación de la orquesta sinfónica de Boston y el conductor de esa noche era el compositor John Williams, quien ha compuesto la música de la Guerra de las Galaxias, Superman y Harry Potter, entre muchas otras películas y aunque me sorprendió lo abundante de su trabajo, lo que en realidad me cautivó fue su cara de felicidad cuando los músicos seguían sus notas y cuando terminaban alguna de sus piezas, él sonreía con una satisfacción única mientras señalaba a toda la orquesta y luego cerraba su mano atrapando su energía y se llevaba su puño a su corazón mostrando que él también había recibido algo de ellos. Siempre lo hacía y me maravillé al ver que no sólo los músicos y la audiencia nos habíamos beneficiado de sus hermosas creaciones, sino que también Williams se había engrandecido al compartir su arte con el resto del mundo.

El arte fortalece nuestros espíritus

El arte tiene la capacidad de renovar nuestras rutinas para hacerlas más creativas, porque nos permite buscar una novedad en la manera en que vivimos. Cada día, por más rutinario que parezca, es un día nuevo y diferente, uno que nunca hemos vivido y que viviremos de una manera única. Cada día es una representación de un estado particular de nuestras emociones y de nuestras percepciones y puede constituirse en una representación artística de nuestras vidas. Es en el aquí y en el ahora, en el día a día, en el minuto a minuto que debemos elegir entre el vivir de una manera simple o vivir de una manera creativa. Sin embargo, el proceso de crear es un acto difícil porque nos lleva a enfrentarnos con nuestras limitaciones. Es más sencillo seguir lo que ya se ha establecido que crear algo nuevo, porque el crear nos lleva a cuestionarnos lo que ya existe y a seguir los llamados de nuestras almas a contribuir con la creación.

Cada expresión artística reproduce en algún grado la belleza que ya existe en otros planos, en otras esferas, en otras dimensiones; es un reflejo de la belleza del Creador. Son destellos del reino divino, memorias comprimidas que habitan en nuestros seres. Y cuando estamos en presencia de una gran obra, nuestros espíritus se regocijan y nuestras existencias se engrandecen con la belleza que la obra produce. Porque venimos de la belleza y cuando la reproducimos en nuestras obras, estamos accediendo de nuevo a la luz de la verdad.

Y como variadas son las manifestaciones artísticas también son variados los sentimientos que nuestra humanidad nos produce; sin embargo, nuestras obras no sólo vienen impregnadas del recorrido de nuestras corporalidades, de hecho, nuestras obras vienen contagiadas con el poder creador del silencio eterno. El arte es la manifestación de un orden superior, de una belleza inigualable en donde cada expresión rima con un modelo de belleza superior. Porque el arte representa un medio para recordar aquello que tanto nos ha complacido; nos permite confirmar que de hecho sí existimos como seres eternos y aunque estamos aquí, también hemos estado en otras dimensiones en donde hemos tenido la posibilidad de conectar con un paradigma de belleza mayor, de perfección total, de infinito amor. ¿Qué ha inspirado a los grandes artistas en la creación de sus obras maestras? De hecho, muchos de ellos confiesan que han sido inspirados por una voz divina o por unas presencias espirituales en el momento de la creación de sus obras, convirtiéndolos en un simple instrumento en todo este proceso.

Nuestras creaciones siempre vienen acompañadas con un sentimiento de alivio y cuando las expulsamos y las hacemos parte de nuestros mundos y las vemos tomar forma, es como si nos quitáramos un gran peso de encima, en realidad nos sentimos más livianos porque hemos parido los deseos de nuestra alma. Sin embargo, este proceso de creación artística es un proceso difícil porque nos vemos enfrentados al poder de nuestros egos y a los obstáculos que nos impone para que detengamos la creación divina. Nuestro ego nos dirá constantemente que somos incapaces de crear algo bueno o algo nuevo. Nos repetirá una y otra vez que nuestras obras no son lo suficientemente buenas y que a nadie le gustarán. También nos dirá que no podemos vivir simplemente de la creación de nuestras obras y que estas obras no nos harán famosos ni nos darán dinero, que es mejor que no hagamos nada. Nuestras mentes afianzarán nuestros temores y nos invitarán a renunciar a los llamados de nuestras almas, nos dirán que luego podemos hacerlo, que si aprendemos algo más lo haremos mejor, nos repetirá que algún día tendremos tiempo sólo para dedicarnos a eso o simplemente nos empujará a olvidar nuestras creaciones. Recordemos que el ego hace tan bien su trabajo que siempre está silenciando la voz de nuestras almas, sin embargo, tengamos en cuenta que nuestros espíritus son más fuertes que nuestras mentes y que estamos capacitados para ganarle la batalla a nuestros temores.

Es por esto que hacer cualquier tipo de arte nos ofrece una gran oportunidad de hacernos más fuertes en nuestros recorridos corporales, porque el arte requiere de una constancia y de una actitud de responsabilidad frente a nuestras creaciones. Estoy segura de que la mayoría de los artistas sienten el deseo de renunciar a su obra y abandonarla antes de haberla concluido y de hecho muchos lo hacen. Sin embargo, existimos los que no podemos hacerlo y por más frustrados y agotados que nos encontremos con respecto a nuestras creaciones, tenemos una fuerza superior que nos impulsa a continuar con el proceso de creación y nos empuja a concluir aquello que hemos empezado. Esa fuerza es emitida por nuestros espíritus, quienes no sólo se están manifestando, sino que nos están enseñando a ser responsables frente a nuestros actos. Pero lo que es más impresionante de todo este proceso es que cuando concluimos nuestras creaciones nos invade una sensación de bienestar indescriptible, es como una especie de reposo perpetuo, de calma total, porque hemos acudido a un llamado de nuestra alma y lo hemos hecho tangible.

El arte es un llamado universal, es una invitación extendida por el Señor para que mantengamos contacto con su presencia y con el mundo que dejamos atrás cuando encarnamos. Porque nuestras almas recuerdan su hogar y lo extrañan y poseen la capacidad de recrear parte de su mundo en esta tierra y con esto deleitarse en sus recorridos y amenizar el recorrido de los demás.

3. RODEARSE DE PLANTAS

INSPIRADO POR EL ARCÁNGEL JOFIEL

Todos somos plantaciones de una obra mayor y como tal tenemos la propiedad de convertirnos en sembradores de nuestros propios destinos. Porque la grandeza de un jardinero está dada por la consistencia de sus acciones de acuerdo con los ritmos de la naturaleza. Y su sabiduría radica en el saber esperar. Sembremos los cambios y cosechemos los fundamentos de existencias plenas impregnadas de la sabiduría del altísimo y reguémoslas con la luz de la verdad; se trata de plantar para perpetuar la semilla eterna aceptando la grandeza que los ciclos naturales nos ofrecen. Semillas de amor, de perfección, de grandeza, de alineación con el plan mayor. Reguemos nuestras existencias y convirtámonos en aquel jardinero que espera silencioso el arribo de la primavera para volver a sembrar, para plantar como si fuera la primera vez. Ciclos de abundancia, ciclos de prosperidad, eternas primaveras que nos permiten volver a vivir. Porque cada acto de grandeza es una semilla que plantamos en la eternidad. Plantar, labrar, sembrar, cosechar, desterrar, abonar, todos conforman los ciclos de la abundancia de la semilla perpetua. Volver al Edén, al paraíso perdido, al estado de exaltación suprema.

Escucho las palabras de los ángeles y mientras las escribo, veo jardines hermosos, flores de colores y una naturaleza impregnada de una belleza que aún no he observado en mi realidad. Veo estas imágenes a través de mi intuición y me pregunto si será cierto que en realidad existe el Edén.

La utopía perdida, el estado de perfección natural. Encuentros con los estados perfectos de exaltación, proyecciones de aquello que se dejó al partir. Momentos que concuerdan con la belleza. Evocaciones de un momento de armonía eterno. Mi niña, son jardines de esperanza y son llamados a cosechar sus vidas con amor. Recojan los frutos de sus existencias y siembren los cambios. Son llamados a generar luz y a perpetuarse en la grandeza de sus existencias. Todos son asistidos en sus procesos de engrandecimiento y todos son guiados en sus aprendizajes. Mi niña, cuando están bajo el temor pierden la visión del Edén y como tú lo dices o más bien lo preguntas, Edén sí existe, es una visión del paraíso de la verdad. Todos provienen del Edén y todos son encaminados a su retorno. Cuando partieron a encaminarse en sus misiones humanas, sus almas perfilaron un último suspiro en Edén, se contagiaron de su belleza y prometieron perpetuarlo en sus andares. La Tierra es su casa temporal y muchos de ustedes han hecho obras hermosas que se asemejan a sus hogares espirituales. Cada obra es una evocación del hogar perdido que los está esperando. Mi niña, todos lo recuerdan y todos son llamados a regresar cuando sus almas hayan saciado el entendimiento que necesitan para evolucionar. Entonces, si están de paso y sus recorridos se hacen pesados, cierren sus ojos de nuevo y recreen el Edén. Porque está dentro de ustedes. Observen las flores más maravillosas y las plantas más exóticas y recuerden ese lugar que los está esperando.

Basta con ver una hermosa flor para sentirnos mejor. Siempre observo las expresiones de las personas cuando ven un arreglo floral o se detienen a observar las flores de la naturaleza y me quedo maravillada al ver que la mayoría de estas personas sonríen sólo con verlas y no importa si sus caras unos segundos antes tenían esbozada una imagen de miedo o de preocupación, porque algo mágico ocurre cuando están en presencia de la naturaleza. Es como si algo cambiara en su interior y les permitiera recrearse ante la belleza de la creación para disfrutar de sus beneficios. Porque si nos detenemos a entender la sabiduría de la naturaleza podremos ver que la mayoría de las plantas están buscando constantemente el sol y siempre están apuntando hacia su fuente de luz y de sustento. Las plantas son los mejores exponentes del proceso de mantenerse en la luz porque ellas hacen lo que sea necesario para encontrar la luz, incluyendo el cambiar la dirección de sus tallos y con ello afectar su misma apariencia. Sin embargo, si las plantas no consiguen estar en contacto con la luz a pesar de todos sus intentos mueren y concluyen su ciclo. Las plantas existen gracias a la luz y necesitan estar en contacto permanente con ella. Nosotros, al igual que las plantas, existimos gracias a la luz del Señor y necesitamos de la luz para poder continuar con nuestras existencias. Sin embargo, para nosotros el proceso de la búsqueda de la luz es un proceso contrario al de las plantas porque nosotros, en lugar de buscar en lo alto y torcer nuestro tallo siguiendo los rayos de luz, debemos hacer una búsqueda introspectiva y poner nuestras miradas en nuestro interior, porque es adentro de cada uno de nosotros que reside la luz.

Las plantas como sistemas de energía perfectos

Cada planta es una manifestación divina, es una expresión energética creada por el Señor y por lo tanto es una parte suya. Las plantas son energía condensada y a su vez tienen la propiedad de regenerar y nivelar sus propias energías y las del ambiente que las rodea. Es por esto que cada planta tiene la capacidad de nivelar nuestra energía y de propiciar un equilibrio en nuestros propios sistemas. No en vano desde que el mundo existe los humanos hemos sobrevivido gracias al amparo de mundo vegetal y no sólo nos hemos alimentado de él sino que hemos curado nuestras enfermedades gracias a sus poderes medicinales. Porque la naturaleza es un sistema energético perfecto y tiene un equilibrio natural que puede extenderse hacia los demás sistemas que la rodean. De manera que cuando nuestros sistemas están disminuidos, la naturaleza puede devolvernos la armonía limpiando nuestros canales energéticos. Como somos sistemas de energía subalternos, dependemos de una energía mayor, entonces cuando nuestras reservas energéticas están reducidas necesitamos buscar una conexión que contenga parte de la energía primordial y así podemos recargar de nuevo nuestros propios sistemas. Todas las plantas y todas las maravillas que conforman el mundo vegetal tienen la propiedad de volver a cargar nuestros propios sistemas.

El Señor ha creado un sistema en perfecto equilibrio y es por esto que todo sigue un orden que es perfecto por excelencia. El mundo vegetal ha sido creado para estar al servicio del hombre y una vez más el Señor ha puesto a nuestra disposición otra herramienta que puede ser utilizada a nuestro favor. Sin embargo, para que todo sistema funcione adecuadamente se necesita que exista una armonía entre todas sus partes y es por eso que nosotros debemos cumplir con nuestra parte cuidando a la naturaleza para que ella a su vez pueda cuidarnos.

Cada planta posee la misión de sanar los espacios que habita y es gracias a la presencia de las plantas que el mundo logra mantener un equilibrio biológico. El mundo vegetal constituye un mundo paralelo al mundo material y aunque coexisten en el mismo espacio se mueven bajo diferentes leyes. El mundo vegetal está a su vez amparado por unos seres que se dedican especialmente a su cuidado y se conocen con el nombre de los Elementales. Las hadas, los gnomos y los duendes hacen parte de este grupo. Los Elementales son los sanadores del planeta y tienen la misión divina de extender sus poderes curativos a la madre Tierra y también hacia nosotros. Sin embargo, nosotros tenemos que ayudarlos a mantener el estado de armonía que se necesita para que exista un verdadero equilibrio entre ambos mundos. Desafortunadamente, los humanos no hemos desempeñado nuestra parte del trato y ahora la Tierra se encuentra atravesando una crisis que ocasionará unos cambios geográficos importantes. Los ángeles ya me lo han dicho en varias ocasiones y aunque yo personalmente no entiendo nada sobre la naturaleza ni sus ciclos, y en realidad no hago mi parte por conservarla ni por mantenerla en buen estado, sí tengo la responsabilidad de transmitir estas palabras y de esparcir el mensaje para aquellos que tienen el poder de hacer algo diferente. No olvidemos que habitamos este planeta y que ésta es nuestra escuela de aprendizaje, entonces aprendamos a cuidarlo y a conservarlo en buen estado para las generaciones venideras.

Las plantas domésticas: sanadores personales

Las plantas domésticas juegan un papel muy importante en el bienestar familiar porque cada planta que decora su casa está cumpliendo una misión sanadora. Cada planta está amparada por una entidad espiritual que está limpiando el espacio energético que ella habita y de esta manera le está ayudando a usted y a los que habitan su hogar a que sus energías fluyan con mayor facilidad. A su vez, las plantas se contagian con la energía de las personas que las rodean y la adoptan como si fuera parte de sus propios sistemas. Es por eso que las plantas y las personas comparten un mismo campo electromagnético que hace que estén conectados y es cierto cuando se dice que la planta está sintiendo lo mismo que usted siente. Las plantas captan las energías de las personas que las rodean y las diversas situaciones las afectan a ambas por igual.

Las plantas domésticas ayudan a nivelar las energías de un hogar. Como es normal, todas las personas que habitan un lugar generan una serie de energías que son el producto de la combinación de fuerzas internas como son sus pensamientos y sentimientos y de fuerzas externas que pueden provenir de la energía de los espacios que habitan, de los objetos que las rodean como también de las personas con las que interactúan. El resultado normal de toda interacción es el intercambio constante de energía y muchas veces este intercambio se basa simplemente en el ir y venir de energías negativas formadas por los miedos, los temores, las dudas y las inseguridades que producimos. Todo esto hace parte de la condición humana y es aquí cuando las plantas pueden jugar un papel central en nuestro bienestar. Las plantas absorben gran parte de las energías que tenemos adheridas a nuestros sistemas y de esta manera nos limpian nuestros canales energéticos para que el flujo de nuestra energía continúe moviéndose de manera regular. Muchas veces las plantas mueren como consecuencia de nuestro desequilibrio, ya que sus niveles de tolerancia fueron copados por la densidad de nuestras energías negativas y esto hace que las plantas no puedan nivelar sus propias energías y es así como dejan de existir. Hubo una época en que todas las plantas que me rodeaban morían, es verdad, las pobres no resistían la carga de mis angustias. Sin embargo, ahora florecen y he podido comprobar que sí es cierto, las plantas sienten lo que nosotros sentimos. Y si de alguna manera las plantas son proyecciones de nuestras realidades, entonces accedamos a cuidarlas y cuando estemos cerca de ellas mirémoslas con atención y accedamos a escucharlas. Conectemos con las plantas a nivel energético y sintamos su presencia. Lo invito a que mire sus plantas con atención: ¿qué sensación le producen? ¿Qué imágenes le proyectan? Confíe en su instinto y si no logra entender nada de lo que sus plantas le dicen, no se preocupe porque el sólo hecho de estar cerca de ellas lo estará beneficiando. Continúe cuidándolas y agradézcales todo lo que hacen por usted.

Las plantas necesitan de sus cuidados al igual que usted necesita de sus propios cuidados. Usted es su mejor jardinero, porque usted es el único capaz de entender sus procesos y es el único que puede encontrar su propio bienestar. Si usted mirara su interior con el detenimiento que observa una planta se daría cuenta de que usted también tiene muchas cosas para expresar y para mostrar. Tómese un tiempo personal y cierre sus ojos. Trate de silenciar todos los pensamientos que lo bombardean. Respire profundamente y recuerde que usted no es sus problemas de dinero; no es sus problemas familiares; no es sus problemas con su pareja; no es sus problemas de salud. Usted es más, es mucho más y lo sabe. Entonces, ¿quién es usted? ¿Qué es lo que siente cuando está en silencio? Usted es amor. No lo dude, usted es una manifestación del Señor. Usted es su creación y es su propia expresión. Porque usted es esa semilla que el Señor ha sembrado y ha cuidado con tanto esmero; es el producto del cuidado del creador; es una inversión de mucho amor y se ha requerido de todo un equipo tanto celestial como terrenal para su supervivencia. Dios, al igual que usted hace con sus plantas, se detiene a contemplarlo y a ver sus procesos de crecimiento y lo más lindo de esto es que él siempre está esperando su florecimiento. Dios es su jardinero y siempre lo está protegiendo contra las adversidades. Y aunque su realidad se torne caótica y se vea miseria a su alrededor, su alma siempre está protegida en el ámbito espiritual y su espíritu se encuentra a salvo. Usted nunca está solo y siempre está siendo observado y acompañado en cada uno de sus movimientos. No se sienta abandonado y recuerde que tiene a su propio jardinero que siempre está velando por su bienestar.

4. Tener un altar

INSPIRADO POR EL ARCÁNGEL CHAMUEL

Niños, los invitamos a que recreen el mundo espiritual en sus hábitat, verán, siempre pueden conectar con sus hogares espirituales a través de sus vivencias cotidianas, entonces un altar siempre exalta sus energías y los ayuda a conectar con nuestro ámbito. Cuando recuerdan sus hogares espirituales sus recorridos se hacen más ligeros y pierden la trascendencia que ustedes les confieren. El mundo puede ser bello si lo embellecen con sus vidas. Los invitamos a pedirle más a sus existencias. Exijan belleza, esplendor, grandeza; exijan todo lo que les pertenece por derecho natural. Un altar siempre les recuerda que son seguidos en sus recorridos, guiados en sus pasos y protegidos en sus acciones. No lo olviden y conecten con sus esencias. Decoren sus hogares y con ellos sus vivencias.

Nuestras casas son algo más que construcciones físicas en las que habitamos. Cada hogar es la representación de nuestras vidas y contiene las energías que nos conforman. La parte física siempre está delimitada por una parte energética que es invisible al ojo humano pero palpable para nuestro espíritu. Con esto en mente, debemos entender que cada casa o lugar donde habitamos algún período de tiempo está constituido por una serie de energías específicas que lo conforman. El cuidar, mantener en orden y limpiar nuestra casa hace que le rindamos un tributo a nuestro mundo físico. Y el tener un altar o un espacio sagrado es una de las formas más efectivas para establecer un contacto con el mundo espiritual desde nuestras realidades y así acercarnos más al mundo no material que también nos constituye.

Un altar es un lugar sagrado en donde se le rinde homenaje a nuestra parte espiritual. No importa la creencia particular o las afinidades religiosas que tengamos, todas las personas pueden tener y crear su propio altar. Un altar es una manifestación divina en nuestros hogares. Es una forma de conectar con nuestra divinidad para hacerla presente en nuestras vidas. Cada vez que activamos las energías del altar, las energías divinas actúan a nuestro favor. Los altares nos ayudan a recordar nuestra divinidad en la Tierra. Porque es muy común perdernos en nuestras cotidianidades y en nuestras rutinas diarias y esto hace que nos olvidemos de nuestras verdaderas identidades. El mantenernos vivos y satisfacer nuestras necesidades básicas hace que sea muy difícil conectar con nuestro espíritu de manera regular. Sin embargo, nuestros espíritus necesitan manifestarse y hacerse presentes en nuestras vidas y tener un altar es una de las formas de recordar que somos más de lo que vemos y que de verdad no estamos solos en nuestros recorridos.

Cómo elaborar un altar

Un altar es una obra de arte personal que representa nuestras propias creencias. No existen especificaciones en la manera de crear un altar ni reglas a seguir porque cada creencia es personal y por consiguiente, es válida para quien la tiene. Sin embargo, los ángeles me han dado una serie de pautas para lograr que nuestros altares sean más efectivos:

1. Posición: los altares siempre deben estar mirando al sol o deben estar cerca de una fuente de luz. Si existe una ventana en la habitación ubique su altar mirando hacia a la ventana o, por lo menos, en una posición cercana. Si la habitación no tiene

ninguna ventana, posicione su altar cerca a una luz o a una fuente generadora de energía, como un electrodoméstico. El altar debe estar cerca de la luz para que pueda recargarse de energía. Esto es muy importante porque la energía es la fuente de todo y nuestro objetivo es conservar nuestra energía y aumentarla para mantenernos en la luz. La luz natural es el mejor generador de energía, entonces los altares deberían estar recargándose con su presencia.

2. **Ubicación:** todos los lugares de la casa son sagrados porque usted los habita, es por esto que los altares pueden estar en cualquier rincón de su hogar. Cada altar posee su propia personalidad y su ubicación es un asunto personal. Si usted siente que la mayoría del tiempo lo pasa en la cocina haciendo sus quehaceres domésticos, ubique su altar allí y ríndale homenaje a su cotidianidad confiriéndole la espiritualidad que se merece. Si, por el contrario, la sala es su lugar preferido porque allí se reúne la familia, cree un altar que represente esto y que simbolice el amor familiar. También lo puede poner al lado de su cama como símbolo de conexión con su hogar espiritual porque es cuando dormimos que nuestros espíritus pueden desalojar nuestros cuerpos y regresar

momentáneamente a sus hogares. Los altares, así como sus ubicaciones, dependen de las preferencias personales y de las actividades que se desarrollen en la casa.

3. La intensidad de la luz: el altar no sólo debe estar cerca a una fuente de luz sino que debe tener su luz propia. Las velas son la mejor manera de iluminar los altares, pero si siente que las velas no son seguras porque usted no recuerda apagarlas o tiene niños, puede poner unas lámparas y conseguir el mismo efecto. La luz es el vínculo de unión con nuestro creador. Tener luz en cada uno de nuestros altares nos ayuda a mantener una conexión con nuestro padre creador, ella se convierte en nuestra conexión divina con nuestro padre ayudándonos a recordar que nuestros caminos siempre pueden ser iluminados por la gracia divina. Es gracias a la luz que encontramos claridad y hacemos que las oscuridades se desvanezcan, entonces iluminemos nuestros altares como señal de fortaleza y de confianza en nuestros procesos. Recordemos que es por medio de la luz que los miedos se desvanecen y que nos libramos de ellos. La luz es natural en nosotros porque todos provenimos de ella; es la herencia que el Señor nos ha dado.

El significado de los colores

Cada color tiene una representación y es una manifestación divina. Es por esto que podemos favorecernos de sus propiedades cuando estamos decorando nuestros altares o cuando elegimos nuestras prendas de vestir. A continuación explicaré el significado de cada color de acuerdo con los dictados de los ángeles:

1. Azul: simboliza el perdón, el fortalecimiento espiritual, la consecución de unas metas espirituales, la depuración y el fortalecimiento de nuestros espíritus.

2. Verde: simboliza pureza corporal, depuración de los cuerpos para hacerlos canales de los espíritus. No en vano el verde se utiliza en las paredes de los hospitales como una forma de sanar. El verde depura el dolor corporal y lo aleja del sistema energético.

3. Morado: se usa para redimir temores y cargas emocionales. El morado significa redención y purificación. La parte del fuego que realmente quema es la parte morada. Es el morado el color que entra en contacto con los temores y los redime gracias a los poderes simbólicos del fuego.

4. Rojo: simboliza amor, la fusión de dos cuerpos y dos corazones que han accedido a encontrarse y juntarse para bombear juntos más sangre. El rojo simboliza pasión y dolor. Ambos procesos constituyen maneras de liberar sensaciones y emociones retenidas en los sistemas. El rojo se utiliza para alentar a los cuerpos a que liberen lo que tienen comprimido y le den paso al cambio y con éste a nuevas propuestas de vida.

5. Blanco: significa pureza, luz, espíritu en su totalidad. El blanco es un color que comunica con Dios de una manera directa porque contiene todos los colores y por consiguiente acepta la diversidad de las manifestaciones. Este color debe ser usado cuando quieran asemejarse a Dios y necesiten adoptar su ejemplo divino para vivir mejor sus vidas. El blanco depura sus vidas y los libera de su condición humana para asemejarlos más a su padre.

6. Negro: es un color protector y simboliza el recogimiento de sus espíritus en momentos de debilidad. Existen muchos tabúes con referencia a este color, sin embargo, el negro tiene unas propiedades de fortaleza porque actúa como una coraza que los protege cuando están flaqueando. Cuando sus es-

píritus se sientan débiles el negro ayuda a proteger sus esencias y los ayuda a ser menos vulnerables con todo lo que los rodea. El negro debe ser utilizado cuando quieran protegerse de sus miedos mayores y necesiten una fuente de energía extra.

7. Naranja: es un color revitalizador. Es una fuente de aumento de energías espirituales. Es una especie de vitamina espiritual que le da a sus espíritus los nutrientes necesarios para continuar su camino terrenal.

8. Rosado: es un color conciliador. Es el color que une en tiempos de disputa. Siempre que se necesite armonizar a dos personas o conciliar una situación se debe utilizar el color rosado. El rosado es un intermediario entre la humanidad (asociado con los hombres y con el color rojo) y la espiritualidad (asociado con el Señor y con el color blanco).

9. Amarillo: es vitalidad física y mental. El amarillo se utiliza para aumentar los niveles de energía del cuerpo y de la mente. El amarillo domina la parte física que los conforma y es por esto que siempre que se necesite claridad en las ideas y fortaleza en los actos se debe mirar el sol, encender una vela amarilla o vestir algo de este color.

La intención

Cada altar debe ser decorado con una intención específica y como cada intención es personal, así debe ser la decoración de los altares. Los altares deben ser una representación de su interior y se convierten en una gran oportunidad para desarrollar la creatividad en sus existencias. Cada altar debe darle cabida a los impulsos de su espíritu, entonces no se limite y decórelo como mejor le parezca. Los altares son representaciones divinas por medio de símbolos o imágenes que son cotidianos para nosotros, por eso el decorar un altar significa una oportunidad de mezclar ambos mundos: el físico y el espiritual. Es por esto que todos los símbolos, las imágenes y los colores que usted elija para su altar deben ir acompañados con un sentimiento de amor que lo ayudará a exaltar la luz en su camino y a facilitarle el recorrido a su espíritu. Los altares están impregnados por la energía de sus decoraciones, por esto elija con cuidado las cosas que pone en su altar. Recuerde que éste es un lugar sagrado y debe ser tratado con respeto. Elija imágenes que evoquen belleza, símbolos que representen grandeza y colores que eleven su espíritu y lo ayuden a volar. Si es seguidor de una religión específica ponga imágenes o representaciones que usted considere sagradas. Si por el contrario, no sigue ningún credo, ponga imágenes que representen lo sagrado para usted: pueden ser fotos de sus seres amados, símbolos importantes, recuerdos de algún momento especial de su vida, recortes de revistas que representen sus metas, flores, en fin, usted decide lo que es importante en su existencia. Sin embargo, recuerde que su altar es un espacio sagrado y si es posible no permita que nadie más toque este espacio porque su altar contiene su energía y por eso debe ser cuidado sólo por usted.

No descuide su altar, al contrario, manténgalo limpio y póngale atención a cada uno de los objetos que lo decora porque éstos son expresiones de su espíritu. Sin embargo, si siente que su altar no expresa lo que en realidad quiere, entonces tómese su tiempo y piense una nueva manera de expresar su divinidad. Sea creativo y busque las maneras más apropiadas para darle voz a su espíritu. Haga una plegaria y dígale a su ángel que lo acompañe en este proceso y cuando ya tenga su altar listo, pida la intervención del Señor y bendiga este espacio como un espacio que lo hará recordar su verdadera identidad. Luego exprese la intención de su altar para que active las energías que necesita para que sus manifestaciones se hagan realidad. Por ejemplo, si lo que está buscando es obtener más calma en su matrimonio haga esta petición en voz alta y recuerde que este espacio es una oportunidad que usted tiene para silenciarse y aprender a escuchar el latido de su corazón. Recuerde que no existen intenciones pequeñas porque todo lo que usted desea de verdad proviene de su alma. También tenga en cuenta que existen intenciones físicas y espirituales y ambas poseen la misma importancia porque hacen parte de lo que usted necesita para vivir su vida bajo el amparo de la luz. No olvide que sus metas materiales le ayudarán a desarrollar virtudes y características espirituales necesarias para el crecimiento de su alma. No menosprecie ninguna intención porque todas sus peticiones, si están encaminadas al logro de su bienestar, involucran un proceso de crecimiento interno. Las intenciones materiales y las espirituales se conectan en lo que representa el camino que usted ha elegido vivir y por ende representan la grandeza de su vida.

Meditación para la elaboración de un altar

Primero elija el lugar indicado para su altar. Limpie muy bien el espacio y luego encienda una vela blanca y dedíquele una oración a ese espacio. Invite al Señor a habitar este espacio y envuélvase en un halo de luz blanca que representa la presencia del Señor y la ausencia de la negatividad. Cúbrase por esa luz y báñese en ella. Luego invoque a sus ángeles para que siempre lo acompañen e invítelos a habitar ese lugar. Por último dispóngase a decorar el altar como mejor le parezca. Elija símbolos que representen amor, que convoquen la luz en su hogar, que representen belleza. Y cuando ya tenga listo su altar quédese en silencio y cierre sus ojos mientras capta la belleza de su nuevo refugio. Haga de su altar su espacio sagrado y comprométase a mirarlo aunque sea una vez en el día. Y cuando llegue agobiado y se sienta cansado con su existencia, vaya a su altar y recupere su fuerza. Cierre sus ojos e imagínese un grupo de ángeles que lo están abrazando con sus alas. Respire con tranquilidad y concéntrese en cada una de sus respiraciones. Recuerde que sus ángeles lo acompañan y que usted cuenta con el apoyo del Señor. Luego piense en todo lo que le agobia, todo lo que le preocupa y le atormenta e imagínese que lo pone en las manos de los ángeles y extienda sus brazos en señal de entrega. Entregue todo y respire con profundidad. Y no dude de que está siendo asistido.

5. *Mantener un diario de pensamientos*

Inspirado por Arcángel Uriel

Mis niños, no desesperen con sus vidas
y comprendan que son procesos divinos.
Siempre son asistidos y son apoyados

en sus andares. Escriban todo lo que los acosa, pero también escriban aquello que los regocija. Descubrirán que sus espíritus siempre les están marcando las pautas a seguir. Escuchen sus corazones y accedan a sus grandezas.

La palabra es la creación de todo. La palabra es la acción hecha manifiesta. Entonces cuando se les ha dotado de los dones del altísimo son llamados a recrearse en sus palabras convirtiéndolas en obras que se asemejen a sus verdaderas esencias. Son palabra dicha, son palabra creada, son palabra en acción. Perfilen palabras de aliento y denles cabida a sus identidades. Liberen sus espíritus a través de sus escritos y comprendan que todo lo que se siente es recibido por nosotros, los acompañamos en sus procesos.

Cuando accedemos a materializar nuestros pensamientos a través de las palabras los estamos convirtiendo en acciones pasivas, en acciones que contienen toda la potencialidad de convertirse en lo que significan, es por eso que les pedimos que cuiden sus palabras y que ahuyenten de ellas las energías negativas que sus mentes emiten. Recuerden que son luz, que son ligeros, que son expresiones divinas de un ente regente. Niños queridos, tienen las maneras de liberarse y cuando liberan sus pensamientos no sólo están creando palabras, están generando acciones en los tiempos alternos a sus estados conscientes, en el tiempo de las potencialidades. Porque todo lo que ven y lo que verán son pensamientos que están siendo procesados a través de las palabras y que serán precedidos por los actos. Creen amor y observarán cómo su mundo se empieza a perfilar con aquello que tanto anhela cada una de sus existencias. Creen amor y esperen en paz porque los cambios los siguen con cada palabra que emiten.

Es verdad cuando los ángeles nos dicen que una de las maneras para mantenernos en la luz es escribiendo nuestros pensamientos y liberando nuestras mentes de todo aquello que nos acosa. Personalmente, me he beneficiado de este consejo de una manera increíble y gracias a la escritura he podido descontaminar mi mente de muchos pensamientos que no me generaban sino angustia y poco a poco he empezado a escuchar la voz de mi espíritu que me ha guiado y me ha mostrado mi camino a la felicidad. Cuando escribo y dejo que el proceso de la escritura sea espontáneo puedo reconocer la voz de mi alma expresándose y siempre me sorprendo al comprobar que a través de mis escritos mi alma me está enseñando mi camino y aunque no es explícita en todas sus direcciones, siempre me está dando señales sobre las mejores maneras de vivir mi existencia. Para mí el proceso de la escritura ha sido la manera de encontrarme con mi espíritu y desde que escribo he podido descubrir una identidad que tenía escondida y que en realidad me gusta más que la identidad que siempre había conocido.

De hecho, la escritura es una especie de catarsis que permite liberar una presencia constante que invade nuestros pensamientos y cuando la vemos plasmada en nuestras realidades a través de las palabras comprendemos que escribir es un proceso de limpieza personal, es un acto que descontamina nuestra psique y nos permite liberarnos de una manera única. Sin embargo, cuando escribimos estamos haciendo algo más que una práctica personal porque de alguna manera estamos compartiendo lo que habíamos retenido con el Universo. Porque cuando liberamos nuestros pensamientos por medio de la escritura todo aquello que teníamos guardado en nuestro interior pierde su configuración personal y pasa a ser algo externo a nosotros, entonces lo que antes era nuestro pasa a ser entregado de nuevo a la fuente de toda creación. Los pensamientos son energía concentrada y una vez expulsados de nuestro interior pasan a fundirse de nuevo con la energía principal. Y como la esencia es neutra, no tiene implícita la capacidad de juzgar la calidad de nuestros pensamientos, simplemente los recibe. Sin embargo la esencia posee la habilidad de materializarlos de acuerdo con nuestros impulsos.

Los pensamientos son energía, entonces liberarlos consiste en convertirlos de nuevo en energía pura, en concentración divina, en potencialidades, pero cuando son expulsados de sus sistemas tienen una especie de paradigmas energéticos que ustedes les han dado. Nos explicamos, poseen como una especie de huellas o patrones energéticos conferidos por ustedes, de modo que cuando son recibidos por la fuente, son clasificados de acuerdo con estos patrones y una vez establecido esto, se procede a convertir estos patrones en acciones que concuerden con sus patrones, pues lo que se parece se acerca y propicia una acción determinada. Todo encaja y entonces sucede una serie de eventos y sucesos como consecuencia de esos patrones de energía. Se responde de acuerdo con sus emisiones. El Universo les responde lo que ustedes piden. Pidan bondad, amor, perdón, compasión, grandeza, y se les dará. El Universo tiene reservado un sinnúmero de alegrías esperando ser reclamadas por ustedes. Sin embargo, nos entristece ver que sólo piden temor, angustia, escasez y eso es lo que se les da. Niña, nos oyes bien y aunque hay una parte tuya que se resiste a entregar este mensaje, te pedimos que creas y escribas, habrá gente que comprenderá la magnitud de estas palabras y cambiará gracias a ellas.

Cuando nuestros pensamientos son positivos, son amorosos e involucran un grado de evolución en cualquier aspecto, el Universo responde a este impulso y nos envía las fuerzas necesarias para hacer que ese pensamiento se haga real o tangible en nuestro mundo. Sin embargo, si nuestros impulsos son negativos y están generados por nuestros miedos, el Universo también responde a nuestro llamado y despliega las fuerzas necesarias para hacer que eso que pensamos se haga realidad. Es así de simple y de aterrador a la vez y de alguna manera esto representa la grandeza del Señor y su respeto hacia nuestra libertad y hacia nuestra capacidad de elegir. Es difícil imaginarnos que quien más nos ama nos deje errar y de alguna manera nos propicie los medios necesarios para que el más hermoso de nuestros sueños se haga realidad o para que la más terrible de nuestras pesadillas se concrete. Aún es difícil para mí entender esta enseñanza que los ángeles me están impartiendo y sé que una parte mía juzga este proceso y la considera injusta; sin embargo, los ángeles siempre me piden que crea en lugar de entender y que confíe en lugar de juzgar.

Desmitificar nuestros pensamientos

Si tuviéramos la oportunidad de ver por escrito las cosas que pensamos quizá no las volveríamos a pensar porque lo más seguro es que no nos gustara lo que leyéramos. Sin embargo, lo maravilloso de todo este proceso es que los pensamientos pueden desaparecer tan rápido como aparecen si nosotros lo permitimos. Los pensamientos en sí no tienen ninguna importancia si los dejamos pasar, sin embargo, si los reforzamos una y otra vez y en cuanto tenemos la oportunidad volvemos a recrearnos con ellos, entonces estaremos haciendo un llamado al Universo para que nos materialice aquello que estamos pensando y, como en toda cadena, se propiciará una serie de actitudes y de acciones que determinarán nuestras vidas. Entonces son las acciones derivadas de esos pensamientos las que influyen en nuestras existencias, no los pensamientos solos, si bien ellos existen y existirán por el sólo hecho de que existimos. Es gracias a los pensamientos que las grandes ideas se han originado y que los grandes inventos han surgido para darle paso a un proceso de civilización. Sin embargo, también han sido los pensamientos no controlados los que han dado origen a las grandes catástrofes mundiales.

Empecemos a reconocer la existencia de nuestros pensamientos y a identificar sus voces y de esta manera, estaremos identificando una presencia que es constante en nuestra vida y que nos determina. Una vez identificada esa vocecita que siempre está presente en nuestras cabezas, la acción de controlarla y en algunos casos, de acallarla empieza a ser más fácil. Podemos utilizar nuestra respiración como un medio de silenciar nuestras mentes, o también le podemos decir a nuestro ego que sus palabras ya no nos afectan y de inmediato pedirle ayuda a los ángeles para que nos abracen y nos ayuden a alcanzar un estado de paz interior. Sin embargo, si nada de esto funciona también podemos escribir todo lo que pensamos sin editarlo ni cambiarlo y cuando terminemos podemos deshacernos de nuestros escritos.

Los ángeles quieren que depuremos nuestras mentes. Siempre me lo han dicho y ahora me lo están repitiendo mientras escribo estas palabras. Ellos me han enseñado que no tengo que avergonzarme por nada de lo que pienso porque una vez que logro expulsarlo de mi mente puedo sentir de inmediato un efecto purificador y cada vez que lo hago siento un renacer. Es increíble que tengamos la capacidad de volver a crearnos con cada minuto que pasa. Porque volver a vivir consiste en mirar nuestras existencias con otros ojos y esto siempre se logra cuando cambiamos las perspectivas de lo que consideramos como real.

La escritura espontánea puede convertirse en una práctica de depuración energética que le ayudará a estar más afín con su condición espiritual. Usted puede utilizar la escritura como un refugio personal que le permitirá establecer más contacto con quien realmente es. Es sorprende ver lo que pueden cambiar nuestras apreciaciones acerca de las cosas, las personas o las situaciones, cuando tenemos la oportunidad de leer lo que pensamos de ellas. En la mayoría de los casos, éste es un proceso favorable ya que usted se ve enfrentado a la misma situación pero esta vez adquiere una posición diferente, esta vez usted es una especie de lector, de espectador de su propia vida y puede tomar cierta distancia de la situación. Esta distancia es benéfica porque le da la oportunidad de pensar con claridad y analizar las cosas desde un punto de vista más desapegado y por lo tanto será menos crítico. Quizás este proceso lo ayude a ver las cosas desde un ángulo más compasivo.

Así como es de liberador y de importante escribir todo aquello que nos atormenta, también deberíamos escribir aquello que nos deleita. Démosle paso a lo bueno y dejemos constancia de todo lo que nos agrada, de aquello que nos asombra y de lo que nos maravilla. Y si mientras escriben escuchan la voz de sus sueños, los invito a que tengan la valentía de poner por escrito eso que no se atreven a pronunciar. Escriban ese sueño que siempre han tenido y por primera vez en sus vidas háganlo real aunque sea a través de las palabras. Tengan en cuenta que en el momento en que ustedes traducen ese deseo de su alma y lo convierten en palabras, le está enviando esa señal al Universo y ésta será la primera vez que se atrevan a exigir lo que se merecen de verdad. Tengan en cuenta que los deseos de su alma son hermosos, son constantes y siempre buscan el beneficio tanto personal como general. Sus palabras no obedecen a las leyes de las ilusiones ni de los caprichos, al contrario, son palabras llenas de sabiduría y de amor por ustedes y por los procesos que enfrentan. Así es que escriban aquello que su alma les está dictando y no tengan miedo. Léanlo y sorpréndanse con los anhelos de su esencia. No le teman a estas palabras y si cuando las leen sienten una sensación de bienestar en su corazón, no duden de que han hecho contacto con su alma. Continúen escribiendo ese deseo de su alma, hagan planas con frases que contengan esta idea. Léanlas en voz alta y repítanlas una y otra vez hasta que una parte suya empiece a creer que sí es posible, que aquello que tenían guardado es un deseo alcanzable y pídanle a sus ángeles que les enseñen las maneras de hacerlo realidad.

Escriba, escriba y escriba

Todos los días dedíquele un momento a la escritura. No necesita ser escritor o tener un proyecto complicado en mente para beneficiarse con esta práctica. Mantenga un cuaderno al alcance suyo o un diario y escriba un poco todos los días. Elija un momento en el que se encuentre solo y dedíquese a escribir libremente, a escribir todo lo que se le venga a la mente sin cuestionarse nada ni hacer correcciones. No se ponga ningún límite, sólo deje que las palabras fluyan y escriba. Si tiene mucho que decir, expréselo, pero si no tiene nada que decir, no se fuerce a escribir. Este acto tiene que ser espontáneo, tiene que estar revestido de un sentimiento de libertad personal que quizá usted no tenga en otro aspecto de su vida. Escriba y libere todo lo que tenga en su mente. Hágalo por un par de minutos y cuando se sienta más ligero, deténgase y respire profundamente. Inmediatamente se sentirá liberado, sentirá como si una carga que era ajena a usted hubiera sido retirada por una fuerza superior. En estos momentos se podrá sentir como es en realidad: ligero y liviano, porque su verdadera esencia lo es y éste es el estado que reconoce como natural. Sentirá cómo su respiración se irá relajando y su cuerpo se contagiará de esa sensación de calma porque ya todo ha sido expulsado y, como ha sido enviado fuera de usted, ya no le pertenece. En esos momentos sus pensamientos no son suyos, le pertenecen de nuevo al Creador. Luego, tómese unos momentos antes de leer sus escritos. Cierre sus ojos y respire profundamente. Lea su texto con calma, como si no fuera suyo y no interrumpa la lectura. Léalo todo y no lo juzgue. No lo juzgue porque no es suyo. Una vez haya terminado el proceso de lectura, deshágase de lo que escribió en el caso de que sus escritos estén revestidos de la voz del temor. Sin embargo, si ha tenido la fortuna de darle paso a la voz de su alma, regocíjese con sus palabras y guárdelas como señal de su propia grandeza.

Adquiera el hábito de escribir lo que está en su mente. Escriba todo aquello que lo hace feliz, pero también todo lo que lo acosa. No tema, no tiene que compartir sus escritos con nadie más. Esto es una cita entre usted y su interior, es una oportunidad de conocerse desde una perspectiva más profunda. No tema este encuentro con esta parte de su identidad ni juzgue sus escritos, recuerde que no son más que pensamientos y éstos de por sí no tienen validez. Los pensamientos adquieren valor cuando se convierten en acciones. Así es que escriba sus pensamientos para tener tiempo de analizarlos y así poder encontrar las mejores maneras de actuar.

Cuando escribimos estamos expulsando energía contenida y de esta manera despejamos nuestros sistemas para darle paso a nuevas energías. Escribir es en realidad una limpieza mental y espiritual. Entonces, cuando libramos nuestros canales energéticos y los descontaminamos, le estamos dando paso a que otras energías entren en nuestros sistemas y podremos beneficiarnos con este intercambio. Cuando se tiene una mente más despejada de pensamientos se da paso a una sanación, a una curación y con esto se invoca una intervención celestial. Porque los viejos pensamientos habrán desaparecido gracias a la escritura y esto hará que aparezcan nuevas ideas y con esto se generen nuevas maneras de vivir nuestras existencias. La escritura puede convertirse en un medio sanador porque sanar significa despejar. Sanar significa darle paso al cambio y con esto impulsar nuestros procesos de perfección. Cuando se propicia un espacio en nuestras mentes para el silencio, se están sanando y solamente en ese momento se dará paso a la voz del Señor. Nuestro padre está en nuestro interior tratando de comunicarse con nosotros. Recordemos que cuando nos callamos es la voz de Dios la que invade nuestros sistemas. Por ello, amigo lector, escriba siempre que pueda hacerlo. Escriba cuando se sienta perdido y crea que todo está mal; cuando se sienta solo y necesite compañía; cuando lo invada la alegría; cuando sienta el deseo de compartir. Y si está en el camino de su alma el compartir sus escritos con los demás, pídale a sus ángeles ayuda porque necesitará mucha fortaleza para compartir con otros aquello que consideraba sólo suyo, se lo digo por experiencia. Sin embargo, recuerde que cuando su espíritu se ve obligado a ayudar a los demás a través de sus palabras no existe un regalo mayor que el entregar palabras de aliento para quienes las andan buscando. Comparta y recuerde que es en la generosidad que usted se logrará expandir y es sólo en el compartir que usted podrá avanzar en el camino de su formación. No se vaya a la cama todas las noches con el conocimiento sólo para usted y, peor aún, no se vaya a la tumba con toda su sabiduría. Compártala, entréguela y deje que los demás se apropien de ella. Recuerde que todos tenemos algo que enseñar y que usted aprendió gracias a la generosidad de alguien más.

6. MEDITAR

INSPIRADO POR EL ARCÁNGEL ZADKIEL

Respira, niña y escucha tu silencio divino. Siempre que resides en el silencio perpetuo accedes a la grandeza del Ser. Somos silencio divino, somos calma total, somos eco de unos latidos de amor. Somos paz y residimos en los planos de la calma mayor. Respira y detente a escucharte. Sabes que eres más que el eco de tus lamentos. Sabes que eres más que las penurias de tu existencia. Sabes que eres más de lo que puedes vislumbrar. Sabes que eres totalidad en tu ser. Respira mi niña y resuena al compás del amor eterno. Reside en el silencio, las respuestas a tus búsquedas siempre yacen en el silencio. Accede a la grandeza de tu ser y desbloquea tu esencia. Es sólo en el silen-

cio que escucharás tus ecos y es gracias al
silencio que te engrandecerás. Imbúyete en
tu propia esencia y encuentra lo que tanto
has buscado. Calla, niña y respira paz.

La meditación es un despliegue corporal, es una enajenación de nuestra condición humana que nos permite establecer un vínculo con nuestra divinidad. La meditación es la alternativa corporal para acceder a un mundo espiritual mientras estamos vivos, es una forma de tener un contacto directo con nuestra espiritualidad. Porque es sólo bajo los efectos de un estado meditativo que podremos liberarnos, aunque sea momentáneamente, del peso de nuestra corporalidad y de esta manera podremos experimentar la levedad de nuestros espíritus. El meditar significa reconocer una búsqueda que va más allá de nuestros límites físicos. Cuando meditamos emprendemos un viaje interior, un viaje por la oscuridad que nos llevará a encontrar nuestra propia luz. La meditación es una forma de establecer una conexión directa con esa fuente de luz que nos constituye. Recordemos que venimos de la luz y siempre podemos conectar con ella. La meditación es un canal que ayuda a este proceso.

Existen muchas formas de meditar y si usted lo desea puede ingresar a unas clases de meditación que lo ayudarán a encontrar el método que sea más afín para usted. Sin embargo, tenga en cuenta que la meditación es un proceso personal y lo que funciona para usted quizás no sea efectivo para otra persona. Entonces tómese su tiempo en encontrar la manera que sea más satisfactoria y no se apure en este proceso. Porque cuando se medita no se tiene que demostrar nada a nadie, al contrario, es una oportunidad de disfrutar su esencia en su totalidad y para esto es necesario que usted se sienta bien con esta práctica. El objetivo primordial de todas las meditaciones consiste en limpiar la mente de los pensamientos que la acosan. Éste es un proceso personal y solamente usted sabe en qué condiciones se encuentra su mente, entonces debe ser usted quien decida la forma de meditación que lo ayudará a encontrar un poco de paz. Cuando haya decidido seguir una rutina de meditación, le recomiendo que primero defina el objetivo de sus meditaciones: ¿por qué medita? ¿Qué es lo que busca mediante la práctica de la meditación? Cada meditación puede ser utilizada con un propósito diferente, así es que considere cada acercamiento a la meditación como una práctica única. Si el objetivo de sus meditaciones es alcanzar un poco de silencio interior, entonces una práctica concentrada en la respiración puede ser la manera más eficaz de alcanzarlo. En primer lugar, elija un lugar de la casa que esté aislado del ruido. Si puede disponer de un lugar específico para sus meditaciones esto sería lo ideal, porque el espacio que usted dedica para el desarrollo de esta práctica se impregnará de una serie de energías que lo ayudarán a subir sus propias frecuencias energéticas. Puede meditar al lado de su altar o arreglar una esquina de alguna habitación para estar en silencio. No necesita muchas cosas para adaptar este espacio, puede poner un pequeño tapete o un cojín para sentarse y colocar una imagen sagrada en el suelo para que lo ayude a conectar con su esencia. Pero si no puede disponer de un lugar permanente entonces elija el lugar de la casa que esté más aislado del ruido. Antes de empezar a meditar, pídale a su pareja o a alguien de confianza que le cuide los niños y explíquele a sus hijos que necesita unos minutos para usted. Es importante que no sea interrumpido durante el tiempo que está meditando porque ésta es una cita sagrada que entre usted y su espíritu. Una vez elegido el lugar, dispóngase a arreglarlo de la manera indicada para su meditación. Encienda una vela blanca y arregle el espacio a su alrededor. El espacio debe estar despejado de desorden ya que usted necesita que todo lo que lo rodee esté en un estado de calma. Vista ropa cómoda, evite la ropa que le quede apretada ya que estas prácticas tienen como fin concentrarse en su respiración, así es que debe dejar que el aire fluya libremente por su cuerpo. Una vez dispuesto todo lo anterior, proceda a elegir la posición para meditar que sea más cómoda para usted. Muchas personas meditan sentadas en el piso en lo que se conoce como la posición loto. Si usted siente que esta posición es indicada para usted, entonces adóptela, pero si le empieza a doler su espalda y es muy difícil estar en contacto con el piso entonces busque una silla y medite sentado. En ambas poses se necesita que se siente con la espalda derecha porque es por medio de la espina dorsal que su energía fluirá. Las energías saldrán y entrarán en su cuerpo gracias a una buena posición y su espalda se convertirá en una especie de tubo que nivela el fluido de las energías que conforman su propio sistema. Si está meditando sentado en una silla, sus pies deben estar tocando el suelo y sus manos deben estar reposando en sus muslos con las palmas mirando hacia arriba. Cuando ya esté en posición para empezar su meditación tómese unos segundos para hacer una transición a un estado de calma. Primero cierre lentamente sus ojos e imagínese una luz blanca que proviene de arriba y esta luz está penetrando su cuerpo a través de su cabeza. Respire fuertemente y sienta cómo esa luz penetra en todas los partes de su cuerpo. Haga el recorrido de la luz con su mente: primero imagínesela entrando en su cabeza y sienta cómo va descendiendo lentamente hasta llegar a los pies. Cuando la luz haya recorrido todo su cuerpo, imagínese que la arroja toda por los pies y se la entrega a la tierra. Déle a la tierra todo lo que proviene de usted y libérese de eso. Proceda a respirar profundamente y sienta cómo su cuerpo se siente más ligero, más puro. En esos momentos haga una plegaria personal y pídale al Señor que lo acompañe y que lo cubra con su luz. Imagínese un rayo de luz dorada que lo está envolviendo como en una especie de burbuja. A partir de este momento usted está protegido por la energía celestial. Continúe imaginándose la luz protectora a su alrededor y proceda a concentrarse en sus respiraciones: ¿cómo son? ¿Son largas, o más bien cortas? ¿Son agitadas o reposadas? ¿Son profundas o superficiales? Registre la impresión del proceso de respiración en su cuerpo. Quizás ésta sea la primera vez que usted es consciente de su respiración. No se preocupe si el proceso de respiración deja de ser inconsciente y se convierte en algo forzado, esto es completamente normal. Intente nivelar su respiración. Trate que cada inhalación dure lo mismo que la exhalación. Cuando sienta que esto es así, deje unos segundos de intervalo entre la inhalación y la exhalación. Proceda a repetir lo anterior las veces que usted considere necesario.

Durante todo este proceso usted se verá enfrentado a una serie de pensamientos que residen en su mente. Intente alejarlos de usted con calma. No se detenga en ningún pensamiento, más bien envíelo a otro lugar. Aléjelo de usted de una manera apropiada. Muchas personas encierran sus pensamientos en unas pompas de jabón y una vez que los tienen allí, los explotan haciéndolos desaparecer. Elija una manera propia de alejar sus pensamientos y despeje su mente. Siga concentrándose en su respiración y continúe relajándose. En un principio es recomendable que haga la meditación durante un par de minutos, sin embargo, si se siente cómodo con esta práctica entonces aumente los minutos hasta encontrar el tiempo que mejor funcione para usted. Siga esta práctica de meditación personal durante unos días y observará unos cambios en su personalidad que serán sutiles al principio, pero con el paso de los días se harán mas perceptibles. Quizás empiece a observar que usted se concentra más fácilmente en lo que está haciendo o que tiene más paciencia en situaciones que antes lo exasperaban con facilidad. Todos estos son beneficios de la meditación ya que gracias al poder de su propia respiración usted se ha contactado con su esencia y se contagiado con parte de su grandeza.

Meditamos para conectar con el silencio divino

La meditación es quizás la mejor manera de reconocer el momento y la importancia del ahora. Porque cuando se medita no existe nada más sino ese presente, ese momento en que estamos tratando de analizar cómo vivimos. Porque cuando seguimos cada una de nuestras respiraciones podemos entender cómo se encuentran nuestras vivencias. Así, si existimos gracias a cada una de nuestras respiraciones, los invito a que respiremos en grande. Inhalemos sentimientos de amor y de compasión y cuando nos sintamos ahogados en nuestras propias respiraciones, cerremos los ojos y pidámosle a los ángeles que nos ayuden. Tengamos en cuenta que, como ellos son energía, pueden acceder a los estados de expansión que adquirimos con cada inhalación y pasar a conformar nuestros propios sistemas. Los ángeles pueden fusionarse con nuestras energías e infundirnos parte de su grandeza celestial. Ellos saben cuán difícil es para nosotros habitar nuestros cuerpos y es por esto que siempre están buscando las maneras de alivianar nuestras existencias para que nuestras vidas puedan fluir con mayor facilidad. Sin embargo, para obtener esta ayuda debemos concentrarnos en respirar sentimientos de amor, porque cada vez que respiramos más de nuestra confusión y de nuestra angustia, estamos cerrando nuestros canales, impidiendo que los ángeles hagan su labor.

La meditación nos lleva a mantener un estado de calma y esto de por sí es un regalo que nos ofrece la vida, pero lo más increíble del proceso de meditar es que ésta es la mejor manera de escuchar a Dios. Porque el Señor nos habita y está esperando nuestra atención y nuestro silencio para transmitirnos sus consejos. La meditación es una manera de conciliar un lenguaje común con el Padre porque en el silencio yace su presencia. Entonces, cuando accedemos al silencio le estamos diciendo al Señor que ya lo queremos escuchar y le damos paso a su intervención en nuestras vidas. Es mediante un proceso de meditación que encaramos una clase de silencio que es ajeno a nuestras vivencias. Ese silencio hace parte de nuestro propio silencio, de nuestros estados de calma mayor. Esto se conoce como el estado cero, el estado original, el estado del comienzo divino. Este silencio es nuestra divinidad, es nuestra conexión con la fuente, es el cordón que nos liga con el Padre y con el orden mayor. Porque somos una espiritualidad colectiva. Somos individualizaciones de una parte total y por consiguiente conformamos una unidad. Recuerden que todos somos uno: somos un mismo espíritu sin límites de manifestaciones.

> *Ustedes se conectan con su misma grande-*
> *za por medio de sus respiraciones y, cuan-*
> *do lo hacen, se conectan con la esencia. Y*
> *como son Él, son uno mismo, entonces Él*
> *se conecta con ustedes. Esto quiere decir*

*que son partes de una totalidad, por eso
cuando establecen conexiones con ella,
ella misma se activa y responde a su llamado. Es como si observaran un mar en
calma que está a la espera de las olas. Ustedes son las olas, son el movimiento que
es producido por el viento. El viento son
sus vivencias, sus acciones, en síntesis,
lo que hacen de sus potencialidades. De
manera que cuando se convierten en ola
mueven todo el mar calmo y son de nuevo
una totalidad, un mar en movimiento. Sin
embargo, siempre estuvieron conectados,
siempre fueron uno. Salvo que cuando el
mar era calmo, era potencia esperando el
arribo de sus movimientos. Son un mismo
movimiento en distintas fases. Se vive en
ascenso o en descenso, pero también se es
en la inercia.*

Meditemos en grande

Cuando meditamos le estamos enviando a nuestros
cuerpos y a nuestras mentes una señal de paz que
genera unas ondas relajantes que invaden nuestros
sistemas y nos permiten reconstituir un equilibrio
necesario para mejorar nuestra salud. Nuestras vi-

das se mueven bajo elevados niveles de estrés y si no encontramos las maneras de reponer nuestras energías y recuperar un grado de balance estaremos más propicios a contraer enfermedades y a debilitar nuestra propia energía. La meditación nos ofrece un excelente medio de recuperación personal porque actúa eficazmente en nuestros sistemas y es algo que podemos hacer en privado siguiendo nuestros propios ritmos y nuestras propias necesidades. En estos días la meditación está de moda y se ve como una práctica muy moderna, sin embargo es una disciplina antiquísima y ha sido practicada por los grandes maestros que han transitado esta tierra. Lo que pasa es que en estos momentos se está dando una universalización de las leyes que han iluminado el camino de pocos. No se necesita viajar a un lugar remoto para aprender a meditar ni debemos tener contacto con un gurú de un país lejano para gozar de los beneficios de la meditación. Al contrario, con enfocarse en su respiración y dedicar unos minutos del día a esta práctica, usted también estará accediendo a la grandeza que iluminó la vida de los profetas y de los grandes maestros de la humanidad. Porque todos podemos establecer un contacto con la grandeza del Señor si accedemos a dejar nuestras palabras a un lado y agachar nuestras cabezas como señal de humildad para aprender a escuchar la voz de la sabiduría perpetua.

Las meditaciones funcionan como las frecuencias de radio que se activan de acuerdo con la dirección a la que apuntan sus antenas. Si las antenas están elevadas y son ubicadas en lugares estratégicos, la recepción de la señal mejorará y esto hará posible que el mensaje se escuche mejor. De esta misma manera funcionan las meditaciones y es de acuerdo con la capacidad que tenemos para acallar la mente y la habilidad de contagiarnos con la energía divina que nuestras meditaciones alcanzarán diferentes frecuencias energéticas. Porque el objetivo de una buena meditación es entrar en contacto con las frecuencias superiores para poder elevar nuestros propios niveles energéticos y así sobrepasar nuestras limitaciones físicas. Cada meditación posee una frecuencia diferente y es como si esa antena personal que todos tenemos fuera ubicada en diferentes lugares y apuntara hacia distintas direcciones con cada intención que tenemos. Si nuestras intenciones son elevadas, tienen fines altruistas y están basadas en sentimientos que emanan de nuestros corazones, de la misma manera se atraerá esta fuerza en torno a nuestras meditaciones. Sin embargo, si nuestras meditaciones tienen un carácter aterrador porque obedecen a las leyes humanas, es decir, aparecen como respuesta a un miedo determinado, entonces esto también afectará la calidad de las meditaciones. En esa medida, entre más elevada sea la intención, mayor será la frecuencia a la que se tendrá acceso. Todos meditamos para acallar nuestros temores en mayor o menor grado, entonces para exaltar la categoría de nuestras meditaciones y elevar nuestras frecuencias podemos conectar la intención de nuestra meditación con la de una intención general. Por ejemplo, si usted decide dedicar su meditación para propiciar un estado de paz personal conecte esta intención con las intenciones de obtener la paz mundial e inmediatamente sus frecuencias se unirán con todas las frecuencias de aquellas personas que también están pidiendo lo mismo en ese instante y todas sus peticiones formarán una onda energética que emitirá esa misma señal. Y la frecuencia de esta señal será enorme porque habrá conectado con una gran colectividad y por consiguiente sus efectos lo afectarán a usted y a todos lo que se cobijan bajo sus mismas frecuencias. Recuerde que lo que lo afecta a usted afecta también a millones. Mientras medita, conéctese con la energía de otros seres que al igual que usted están experimentando vivencias similares, de esta manera su eco se unirá al de ellos, las respiraciones de todos formarán frecuencias de energía más elevadas, la señal se extenderá y con esto el beneficio aumentará. Únase a las intenciones de los demás y piense que usted no está solo, al contrario, en este mismo momento millones de personas están viviendo una situación muy similar a la suya. Únase a ellos, a esa colectividad y conforme ese unidad que somos. No estamos solos, no lo estamos. Todos hacemos parte de una colectividad, así que aprópiese de esta naturaleza cósmica y conéctese a ese todo con cada una de sus respiraciones. Recuerde que necesitamos estar unidos y trabajar como una colectividad para alcanzar esa paz que tanto anhelamos. Porque cuando meditamos accedemos al espacio supremo, al amor natural y cuando estamos frente a la grandeza de nuestros espíritus, las máscaras que esconden nuestras verdaderas identidades se caen para darle paso a nuestros rostros de amor. Porque todos los espíritus son hermosos y aún el más temible de los humanos posee un espíritu pidiendo ser liberado. Cuando meditamos no hay enemigos, solo espíritus conectándose a través de nuestras respiraciones. Cerremos los ojos e imaginemos que todos somos uno. Respiremos con profundidad e imaginemos que todos estamos unidos por el sonido unísono del amor. Cerremos los ojos, conectémonos con el Padre y escuchemos sus susurros que nos indican la ruta al amor. Hagamos las paces con el mundo y accedamos a engrandecer la labor del Señor. Y si cuando abrimos los ojos seguimos viendo a los demás bajo la mirada acusatoria de nuestros egos, volvamos a intentarlo. Démonos otra oportunidad para meditar y entrar en conexión con la grandeza de la humanidad. Y tengamos en cuenta que la paz es un estado mental y no se encuentra en otro lugar que no sea en nuestro interiore.

Meditar por los seres que amamos

No necesitamos obligar a las personas que amamos a que se sienten a nuestro lado como unos budas para beneficiarlos con el uso de la meditación. Porque la meditación puede ser la respuesta que su alma ha elegido para aflorar, pero puede que no sea la respuesta de los espíritus de sus seres amados. Entonces no juzgue a nadie por no querer meditar y comprenda que lo que funciona para unos no funciona para otros. Sin embargo, todas las personas que lo rodean se contagiarán con los beneficios de sus meditaciones porque su energía se elevará; esto hará que su frecuencia se extienda y usted irradiará parte de su bienestar a quienes ama. La meditación es una forma de lenguaje universal, es un idioma que se expresa a través de ondas energéticas que trascienden todos los espacios y las formas que nos limitan. La meditación puede ser esa llave que abre los interiores en los que estamos viviendo bajo una forma humana y nos encontramos aprendiendo a través de nuestras experiencias. Gracias a la meditación la unión que tanto anhelamos es posible y lograremos hacer que finalmente hablemos un idioma de amor. Aprovechemos este conocimiento y meditemos por los demás. Conectémonos con sus interiores y pidámosle al Señor que encuentre la manera de unir nuestros corazones para lograr un mayor grado de armonía en nuestras existencias.

Si siente que un ser amado está en problemas, dedique una meditación en su nombre y tenga en mente las intenciones de esa persona, así sean desconocidas para usted. Contacte al ángel de esa persona y pida su bienestar. Dígale que lo oriente en este proceso y proceda a cerrar los ojos y a respirar en nombre de esa persona. Siga las rutinas de meditación que usted utiliza y hágalas en honor a la persona que tiene en mente. Recuerde que primero debe hacer una plegaria para pedirle ayuda al Señor. Luego desconéctese de sus pensamientos y trate de aislarlos y de mantenerlos alejados durante el tiempo que dure la meditación. Cúbrase de una luz blanca que lo protegerá e imagínese que esa misma luz está cubriendo a la persona por la que está meditando. Luego pronuncie el nombre completo de esa persona en voz alta y repítalo tres veces. Pronunciar el nombre lo ayudará a activar los niveles energéticos que forman a esa persona. Luego de pronunciar el nombre empiece a sentir los efectos que ese nombre produjo en usted. En algunos casos sentirá una agitación que es ajena a usted, que no le pertenece, esto puede ser una señal de que usted necesita relajarse más y dejar los temores a un lado. Si es así, pídale al arcángel Miguel que lo abrace y que lo acompañe en este proceso. Respire con mayor profundidad y vuelva a conectarse con la esencia de esta persona. Sienta ese contacto: ¿cómo es? ¿Siente calma? ¿Hay alguna sensación de bienestar en su cuerpo? O, por el contrario, ¿siente un pequeño malestar? Si es así, dígale al arcángel Miguel que lo libere de esta sensación y que también libere a esta persona de esta sensación. No juzgue esta energía ni se imagine las causas que condicionan esta reacción. Recuerde que el lenguaje del alma es un lenguaje misterioso y sólo nuestras esencias conocen su significado. Enfóquese de nuevo en su respiración e invoque la asesoría de los ángeles que rodean a la persona por la que está meditando. Pídales su ayuda e intervención en lo que acosa a esa persona y respire con mayor profundidad. No haga más, sólo respire y aleje todo tipo de pensamientos, suyos y de la otra persona. Respire profundamente tratando de mantener un equilibrio entre sus inhalaciones y sus exhalaciones y cuando sienta que lo ha logrado, que es natural mantener un equilibrio de respiración, entonces agradézcale a los ángeles su presencia y pídales su intervención en beneficio de esa persona. Ellos sabrán qué hacer. Usted sólo tiene que confiar y respirar. Confiar en la presencia de los ángeles y en su intervención divina y continuar respirando, porque es gracias a la respiración que los ángeles harán un contacto directo con nuestros cuerpos y con nuestras mentes y los ayudarán a sanar. Y cuando haya terminado su meditación pídale al arcángel Miguel que corte los lazos que lo unen a esta persona para que todo aquello que no haga parte de la energía divina desaparezca y se pueda dar paso a una sanación. No crea que cortar los lazos significa hacer desaparecer el contacto que lo une con esa persona. Al contrario, cortar los lazos significa hacer desaparecer la negatividad que puede existir entre ambos para afianzar sólo el amor. No espere ningún resultado en concreto de esta meditación ni les imponga a los ángeles ni al espíritu de la otra persona lo que deben hacer. Al contrario, respete la libertad total de la otra persona y comprenda que ella está viviendo sus procesos y está siguiendo sus propios tiempos. Sin embargo, tenga la certeza de que su ayuda ha sido recibida por el alma de esa persona y que se lo agradece.

7. ORAR, PEDIR ASISTENCIA DIVINA Y PROTECCIÓN _____

INSPIRADO POR EL ARCÁNGEL SANDALPHON

Oramos para conectar con la fuente divina
y contagiarnos de su presencia. Las ora-

ciones constituyen eslabones de energía que nos ayudan a acceder a la grandeza del Creador. Siempre que oramos estamos accediendo a un espacio en donde las palabras se funden con la existencia de la perfección. Las oraciones son himnos de amor que entonamos para alabar a quien nos ha creado y nos da dotado con su grandeza. Oren mis niños que cada uno de sus cánticos es escuchado por su padre y cuando sientan que sus palabras son silenciadas por el miedo, oren de nuevo y recuerden que todos sus llamados son escuchados y que siempre son asistidos. No duden del amor del altísimo porque él siempre los acompaña.

La oración es un medio de expresión divina porque es una forma de comunicación directa con el Señor. Cuando oramos hacemos vigente el contrato natural de amor que adquirimos con el Señor en el momento en el que decidimos emprender nuestros caminos y pactamos recordarlo en nuestras existencias. Así, cuando oramos estamos emitiendo palabras que nos conectan con la fuente mayor de sabiduría, ya que cada vez que repetimos palabras que evocan una serie de sentimientos sublimes estamos reconociendo que en realidad sí existe algo superior a nosotros y que ese algo está conectado a nosotros a través del poder de las palabras. Porque cuando estamos repitiendo una serie de palabras que evocan sentimientos de amor, de perdón y de compasión, cada una de estas palabras eleva nuestras frecuencias energéticas y nos libera de la carga que nuestras cotidianidades producen, ayudándonos a acceder a un grado de frecuencia mayor. También es por medio de las oraciones que reconocemos nuestras limitaciones y aceptamos la grandeza de pedir ayuda a quien es superior a nosotros. Porque todos dependemos de una fuerza mayor para poder subsistir, de modo que reconocer su existencia es el primer paso en nuestra evolución espiritual. Cuando oramos logramos neutralizar las fuerzas que nos conforman como humanos, es decir, acallamos un poco el poder de la mente y hacemos que nuestros sistemas se relajen para que estemos más dispuestos a escuchar nuestras esencias divinas.

Las oraciones son unas herramientas muy poderosas que nos ayudan a mantenernos en la luz de una manera efectiva, ya que las palabras constituyen la energía en acción, entonces cada vez que repetimos palabras de amor y de perdón estaremos irradiando estas mismas fuerzas en nuestras vidas y por consiguiente nos apropiaremos de sus beneficios.

Todo es energía y por consiguiente nosotros también creamos nuestra propia energía y nos apropiamos de la energía que nos rodea, y una manera de fortalecer el campo energético que nos conforma es a través de la oración. Cada vez que oramos estamos convocando el poder de las palabras que repetimos y entre más veces las repitamos más fuertes serán nuestros campos magnéticos. Es como si estuviéramos creando una especie de coraza que nos protege contra las energías negativas que se puedan presentar, tanto las que son creadas por el poder de nuestras mentes como las que provienen del poder de las otras personas. Entre más fuerte esté nuestro campo magnético más amparados estarán nuestros espíritus y más oportunidades tendremos de que nuestras experiencias fluyan a través del amor. Porque todo actúa como si tuviéramos una especie de imán, si nuestras mentes procesan angustia, miedo y desesperación de alguna manera esto es lo que atraemos a nuestras vidas. Pero si, por el contrario, nuestras mentes irradian amor, confianza y compasión tendremos más posibilidades de atraer esto mismo a nuestras existencias y gracias a esto podremos empezar a crear aquello que tanto anhelamos. Entonces, apoderémonos del potencial de las palabras y adquiramos el hábito de rezar como si fuera una práctica cotidiana. No esperemos a estar en medio de una crisis para refugiarnos en la oración. Al contrario, deleitémonos con este hábito y aprendamos a orar en todo momento que podamos.

Yo soy el que soy

La oración es la unión de credos, es en sí un mismo credo, es un credo universal que reconoce a un Dios como fuente creadora y no hay oración más poderosa que aquella que reconoce la existencia y la presencia del todo como unidad por excelencia: *Yo soy el que soy* fueron las palabras que el creador le dijo a Moisés cuando se manifestó como fuego divino. Yo soy el que soy representa la presencia de todo lo que fue, todo lo que es y todo lo que será. Estas palabras albergan el poder de toda la creación y cada una de sus sílabas irradia la energía de la potencia suprema. Es por esto que cuando las repetimos nos adueñamos de las propiedades de nuestro padre, ya que reconocemos que nosotros también poseemos parte de su grandeza y por lo tanto podemos asemejarnos a su naturaleza.

MENSAJE DEL SEÑOR

Emitan estas palabras siempre que se encuentren perturbados: Yo soy el que soy, porque yo soy el padre que los creó, soy el hijo que se manifiesta y soy la presencia callada del espíritu que los alberga. Yo soy

*el que soy, yo soy tú y tú eres yo. Yo soy
el que soy, soy ese que buscan y que se
perfila ante su presencia de la manera más
evidente, delante de sus ojos. Yo soy ese
que buscan, yo soy ese que preguntan. Yo
soy ese que andan buscando mientras me
encuentro en ustedes. Yo soy el que soy,
soy el que buscan y soy el encuentro de
sus propias existencias. Yo soy el que soy,
yo soy tú y tú eres yo.*

Es todo, su Padre.

Personalmente, me he beneficiado mucho del poder de
la oración y dedico gran parte del día a orar. Antes me
distraía con mis pensamientos y repetía una y otra vez
la lista de temores que me acosaban, pero desde que
los ángeles me han hablado del poder de la oración
me he dedicado a cambiar mis diálogos internos por
oraciones y de verdad que me ha dado resultado. No
sólo me sirve para relajarme y para alejarme del estado
de temor constante que invade mi mente, sino que he
podido sentir que poco a poco atraigo más felicidad
a mi existencia. Es como si estuviera bañada por un
halo de amor que contagia a quienes me encuentro
a mi paso y he podido comprobar cuan bien está mi
energía cuando veo que los niños me saludan al pa-

sar y siempre me sonríen, entonces sé que estoy en buenas condiciones porque ellos saben reconocer una energía de amor. En mi caso yo utilizo las oraciones que más le lleguen a mi alma y como fui criada bajo la influencia católica, muchas veces rezo las oraciones tradicionales de esta religión. Sin embargo, también he adoptado la repetición del *Yo soy el que soy* y siempre que repito cada una de estas palabras puedo contagiarme de una energía superior, porque esta frase es una afirmación de mi divinidad y de la presencia del infinito en mí. Yo soy el que soy, yo soy el que soy, yo soy el que soy y el mero repetirlo me hace sentir fuerte y es como si me contagiara de una parte de la grandeza del creador.

Las oraciones deben ser caminos personales que delimiten una fe propia. De hecho, todas las oraciones deben ser representaciones individuales de una colectividad divina. Es decir, las oraciones deben simbolizar una clase de fe que es colectiva pero que está siendo expresada por medio de nuestra propia individualidad. Las oraciones originalmente nacieron en el corazón de personas que sintieron el llamado del Señor y lo tradujeron a través de sus palabras. Las oraciones son inspiraciones divinas que son interpretadas y enseñadas por aquellos que sintieron un llamado divino. Sin embargo, ellas son universales y todos poseemos las mismas capacidades de ser inspirados por la Fuente y podemos convertir esa inspiración en palabras. Seguro que cada uno de ustedes se ha encontrado en un momento difícil y es en ese momento cuando invoca una plegaria personal al Señor pidiéndole su ayuda. Bueno, eso es una oración. Es una forma de comunicación personal entre usted y su padre y es por eso que no existen maneras únicas para lograr los efectos de esta comunicación. Cree oraciones y repítalas con frecuencia. Recuerde que el Señor siempre lo está escuchando y siempre responde a sus peticiones, aunque sus respuestas no siempre llegan de la manera en que lo espera.

Si decide crear sus propias oraciones le recomiendo que adopte el modelo de la oración por excelencia y empiece todas sus oraciones con las palabras yo soy. Por ejemplo, si atraviesa una situación delicada con algún miembro de su familia repita una y otra vez: yo soy paz, yo soy paz, yo soy paz. Diga estas palabras siempre en tiempo presente porque esto simboliza que usted ya es lo que dice y que no tiene que esperar un futuro para alcanzar esta condición. Así que afirme su grandeza una y otra vez y convierta sus oraciones en sus propias creaciones. Rece cuando necesite pedir ayuda y amparo divino, pero también hágalo cuando quiera recordar cuán grande es. Repita una y otra vez la frase que más necesite escuchar: yo soy amor, yo soy perdón, yo soy luz, yo soy dinero, yo soy salud, yo soy abundancia, yo soy bienestar, yo soy paz. Empiece sus días afirmando su grandeza y desde el momento en que abra sus ojos ore y dedíquele el día al Señor. Y cuando esté preparando su cuerpo para descansar, envuélvalo en una luz blanca y repita sus oraciones y deje que estas palabras lo arrullen y lo lleven a un estado de calma mayor. Siempre reciba y despida sus días con oraciones y así estará bajo el amparo protector de la luz divina.

El poder de las oraciones actúa en su vida al igual que lo hace una cuenta de ahorros. Cada vez que usted ahorra, usted deposita su dinero en un banco y no tiene un acceso directo a éste. Por el contrario, se lo entrega a un extraño y confía en que será depositado en su cuenta. Luego, poco a poco, si usted continúa ahorrando se dará cuenta de que ha acumulado una cierta cantidad de dinero que podrá utilizar cuando lo necesite. De la misma manera actúan las oraciones. Las oraciones liberan unos poderes de energía que son completamente favorables para usted y para aquellos a quienes esté dedicando sus plegarias. Cada oración tiene la capacidad de combatir los niveles negativos que lo rodean, de manera que cuando usted reza está desplegando un antídoto contra la energía negativa que está en usted y a su alrededor. Cada oración se convierte en una portadora de luz y como es enviada a un nivel superior a las fuerzas producidas por nuestra humanidad, la oración destruye la negatividad que envuelve la situación por la que estamos orando. De acuerdo con lo anterior, la oración tiene el efecto de establecer de nuevo la luz, aunque sea momentáneamente en esa situación que nos acosa. Por eso entre más oremos más luz invocaremos en nuestras vidas.

Beneficios de la oración:

1. Nos liga a Dios.

2. Nos comunica con nuestra espiritualidad.

3. Nos enfoca, nos trae al presente, a nuestro estado actual.

4. Es una forma de entretener nuestra mente para darnos un descanso interior.

5. Hace que accedamos a unos canales de paz y convoquemos fuerzas afines a nuestras vidas.

6. Fortalece nuestro espacio energético alejando la presencia de fuerzas negativas.

338

7. Actúa como un sistema inmune energético recha-
zando fuerzas negativas que puedan presentarse
a nuestro alrededor.

8. Puede beneficiar a otras personas porque siempre
podemos orar en nombre de los demás.

Cadenas de oración

La oración es un llamado universal al amor, es un
llamado de paz. Es un llamado que es universal
porque está al alcance de todos sin importar las
condiciones que los rodeen ni las creencias en las
que fueron criados. La oración es un idioma universal
que nos conecta a todos como hijos de una misma
esencia. La oración es una propuesta personal que
nos acerca a Dios y a su estado natural de amor.
Por cada oración que rezamos propagamos unas
palabras de aliento para la humanidad. Porque las
oraciones unen nuestras palabras y las elevan a una
energía superior en donde todas las posibilidades
residen y el poder de los milagros está esperando ser
activado. Todos tenemos acceso a la grandeza del
creador y cuando emitimos nuestras palabras con
la intención de conectar con su grandeza, estamos
emprendiendo el camino de los milagros, tanto personales como generales. Y por milagro entendemos

la capacidad que tienen nuestros espíritus de efectuar los grandes cambios cuando en verdad están listos para ello y cuando hacen parte de su misión. Imaginémonos como un mar etéreo, una extensión infinita en donde todo es posible, inclusive lo más increíble. Entonces, si todas las posibilidades yacen paralelamente a nuestros sistemas, traigámoslas a nuestra existencia por medio del poder de la oración. Empecemos a activar el poder de nuestras almas y unámonos en las peticiones de aquellos que al igual que nosotros están pidiendo lo mismo. Porque una petición tiene poder pero miles de peticiones tienen fuerza para generar cambios. Convierta sus oraciones en oraciones colectivas y comprenda que lo que lo acosa a usted también acosa a millones. Por ejemplo, si usted padece una enfermedad que hasta el momento no tiene cura, empiece a rezar pidiendo que su salud se estabilice, pero también rece pidiendo que se encuentre la cura para su malestar. Porque en estos momentos la cura reside en el mar de posibilidades y lo que usted vive como tragedia puede ser un paso en el proceso de curación general. Rece por usted y por todos los que han decidido aprender a través de la misma lección. Active las fuerzas necesarias para que se produzcan los cambios y convoque la luz en su vida y en las vidas de quienes transitan los mismos caminos.

Nada es exclusividad de nadie y lo que ahora alguien padece, es también padecido por millones de personas en todas partes del mundo. Es por esto que la oración nos conecta con el resto de la humanidad recordándonos una vez más que en realidad somos uno y que todos conformamos una misma experiencia. Las oraciones conectan en esferas universales las situaciones que son particulares, y nos recuerdan que somos piezas esenciales de una misma cadena, una gran cadena de amor. Y cuando oramos estamos transmitiendo una energía que emitirá un impulso de amor que recibirá la otra parte de la cadena y ésta a su vez generará una reacción de amor que le enviará a la otra parte. Es por esto que cuando una de las partes de la cadena se fortalece, el resto también lo hace, haciendo que toda la cadena trabaje mejor y es por esto que debemos rezar, debemos fortalecer nuestra parte y enviarle mensajes a las demás partes que nos rodean. Si todos nos uniéramos a rezar al mismo tiempo aunque fuera por un par de segundos, en esos segundos reinaría la calma, el amor y el perdón universal. Esos segundos serían los propiciadores de un estado de calma superior en donde nuestros temores no existirían porque estaríamos habitando el amor.

La oración compartida no sólo afianza nuestros espíritus sino que fortalece los espíritus de personas que no conocemos en los planos físicos, sin embargo, en otra dimensión nuestras almas se encuentran y se reconocen y esto hace que nuestros recorridos sean compartidos. No necesitamos tener una cercanía física para afectar favorablemente a una persona que está necesitada. Entonces si usted se siente fuerte y quiere ayudar a alguien que en realidad lo necesite, conéctese con esa persona a través de la oración. Yo estoy segura de que muchos de ustedes se preguntan de qué manera pueden ayudar al mundo y yo les respondo que pueden orar por los más necesitados. Ahora, en lugar de recrearse con las malas noticias que apenan nuestras existencias, le propongo que cierre los ojos y elija una causa que le llegue a su corazón. Respire profundamente y ore por esa situación en particular. No importa si no tiene idea del lugar en el que habitan los beneficiarios de sus rezos, cierre sus ojos y dígale al Señor que en este día sus oraciones serán dedicadas a una causa en particular. Por ejemplo, si elige ayudar a erradicar el hambre en el mundo empiece a rezar por esta causa e imagine que caen alimentos del cielo para toda la humanidad. Porque nadie debería estar privado de la comida ni de las condiciones básicas de subsistencia. Empiece a rezar y pídale al Señor que despliegue ayudas divinas para todos aquellos que tienen hambre. Recuerde que usted puede convocar las fuerzas que son necesarias para ayudar a mejorar una situación que parece imposible de resolver. No pase desapercibido ante la necesidad de la humanidad, escuche las noticias pero haga algo más, rece y pida asistencia divina. Autorice al Señor para que despliegue un ejercito de ángeles que se encarguen de proteger a aquellos a quienes van dirigidos sus rezos. Recuerde que mientras usted lee estas palabras hay miles de niños sufriendo el abuso de los adultos, miles de personas están muriendo en guerras absurdas, otras miles están contrayendo enfermedades y miles más mueren en condiciones catastróficas. Entone una plegaria y aunque no entienda el funcionamiento del mundo espiritual, pida ayuda para la humanidad y ayude a los demás a enfrentar sus realidades amparados bajo la protección celestial.

La oración compartida es un llamado de amor incondicional al Padre y a cada uno de sus hijos. Unámonos a este llamado y pensemos como colectividad. Si yo logro que alguno de ustedes ore en beneficio de otra persona habré activado una cadena de amor. Entonces lo invito a usted, que se ha tomado la molestia de leer estas palabras, para que las practique y empiece a compartir sus oraciones y a ofrecerlas por el beneficio de muchos. Dígale a sus seres amados que compartan sus oraciones y activemos más piezas de la misma cadena de amor. Recuerde que el amor sólo se activa con amor y se fortalece por medio de sus manifestaciones. Así es que ya lo sabe, rece por usted y por aquellos que también son como usted, porque el sólo hecho de estar vivos nos convierte en una misma colectividad, en un mismo espíritu compartiendo la incertidumbre de nuestras existencias.

8. Hacer ejercicio

Inspirado por el Arcángel Rafael

Ejerciten sus cuerpos siempre que puedan, porque sus cuerpos son los recipientes de sus existencias y por lo tanto son sus canales de expresión. Verán, sus cuerpos son los vehículos que ayudan a sus almas a transitar esta experiencia, entonces la manera en que lo cuiden también afectará la calidad de cada una de sus experiencias. Si está en sus manos propiciar un poco de ligereza a su vivir ¿por qué no hacerlo? Es tan fácil como moverse un poco, bailar al ritmo de una gran melodía, correr al compás de los juegos de sus hijos. Experimenten la magia que reside en cada uno de sus cuerpos y conecten con sus ritmos naturales. Deléitense con el placer del movimiento y cuando sientan sus corazones palpitar escuchen

cada latido con atención y agradézcanle a
ese cuerpo que les ha dado una oportuni-
dad más de expresarse.

En las mañanas siempre me gusta ver a los caminantes y a las personas que salen a trotar. Los observo porque sus caras van relajadas y hasta sonrientes y a medida que continúan con sus ejercicios puedo verlos alejarse en medio de las calles vacías y me pregunto qué es lo que estarán sintiendo en esos momentos en los cuales tienen la ciudad prácticamente para ellos. Yo creo que es un momento de comunión con sus cuerpos en donde por unos instantes llegan a compenetrarse siendo uno solo. Es un momento en donde el movimiento, la habilidad y el poder de la respiración pasan a trabajar en conjunto con el objetivo de desplazarse e ir más allá de sus límites. Y aunque estas personas siempre retornan a sus cotidianidades una vez que han terminado sus ejercicios, llegan diferentes. Sus corazones palpitan aceleradamente, las glándulas de su cuerpo han segregado sudor que los ha empapado y las venas bombean la sangre con determinación, con un ritmo diferente. Estoy segura de que estas personas llegan más vivas que cuando emprendieron sus rutinas de ejercicios. Y aunque pueden sentir un cansancio que no tenían cuando se levantaron, no hay duda de que tienen un sentimiento de placer que los acompaña durante el resto del día. Estas personas han saludado su día participando en uno de los rituales de mayor poder que ha existido en la humanidad, el del culto al cuerpo. No en vano en Grecia se consideraba un dios a quien poseía un cuerpo perfecto, y el asemejarse a la perfección por medio de la excelencia de cada uno de los músculos era considerado una práctica religiosa. Porque antiguamente se reconocía que el cuerpo era el canal que accedía al infinito y por esto se buscaba su perfecto acoplamiento. El practicar el ritual de la perfección corporal era considerado como un camino espiritual y estos cultos corporales han prevalecido en la historia de la humanidad.

El cuerpo simboliza el orden del cosmos a la perfección. Porque sus cuerpos son sistemas perfectos que tienen la capacidad de funcionar como un todo y a su vez tienen la autonomía de mantener cada una de sus partes. Sin embargo, cuando una parte no está funcionando adecuadamente, ese todo se ve afectado y es ahí cuando se pierde el equilibrio. Porque en el equilibrio reside la receta para funcionar a la perfección. No se puede aislar el funcionamiento de un órgano, al contrario, todos están correlacionados.

Sus cuerpos son la prueba de la perfección y de la existencia de un orden mayor. Si supieran cuán sabios son, se cuidarían mejor. Tienen la capacidad de residir en unos planos densos en donde las energías se cristalizan y se convierten en materia. Pero también tienen la propiedad de fluctuar y de salir a sus ambientes naturales. Pueden hacerlo simultáneamente, pueden estar aquí pero también allá. El aquí y el allá como dos realidades paralelas, dos simultaneidades conjugadas por un velo ilusorio. Porque el aquí y el allá no existen. Todos están configurados en un mismo espacio en donde la temporalidad pasa a ser otra herramienta de aprendizaje. Respirar para estar presentes en sus cuerpos pero también respirar para estar transitando los caminos etéreos de sus existencias. Aquí pero también allá, aquí pero también en otro lugar, en otro momento y bajo otras circunstancias. Sean ligeros y aprendan a utilizar esa herramienta tan preciada que les dio el Señor. Aún no saben de su grandeza porque la grandeza de sus existencias radica en la perfecta fusión de sus partes, en la conjugación de su totalidad.

¿Y vamos a alcanzar esa perfección corporal de la que hablan?

Ya lo han hecho, algunas personas han logrado trascender el velo de sus limitantes físicos y se han fusionado convirtiéndose en uno. Verás, la clave de la perfección consiste en trascender la limitación y esto se logra manteniendo la mente en un estado de calma total. Las limitaciones físicas del cuerpo, la enfermedad y su deterioro, son causales de sus limitaciones mentales. No se juzguen cuando lean estas líneas porque no está en su poder el hacer esto de manera consciente, sin embargo, existen quienes han entendido que todo es una ilusión y una vez vislumbran un poco de la verdad sus cuerpos pasan a otros planos simultáneos y es ahí donde pierden su peso y sus limitaciones como ustedes las conocen. Existen seres que han aprendido que sus cuerpos contienen la materia de sus existencias y cuando han descubierto las maneras de liberarlas han trascendido la enfermedad y la misma muerte. La muerte es el cese de un mecanismo natural, del funcionamiento de una herramienta

*que utilizan sus esencias para expresarse,
pero existen quienes han logrado fusionar
materia y esencia y convertirla en uno.
Niña, sabemos que quieres que te demos
respuestas específicas pero sólo podemos
adelantarte que su sistema corporal puede trascender sus limitaciones si se logra
conectar con la grandeza de sus esencias.
Es una búsqueda meritoria que ha llevado
a muchas almas al aprendizaje. Muchos
de ustedes eligen aprender a través de las
limitaciones que su cuerpo les impone y
como ésta ha sido su elección nosotros los
respetamos con sus mandatos y los prote-
gemos en sus caminos, es todo.*

El cuerpo como centro de intercambio energético

El ejercicio es una especie de ritual sagrado en el que
se le rinde un homenaje a nuestros cuerpos como
instrumentos divinos. Porque si bien es cierto que
somos espíritus viviendo experiencias corporales, es
gracias a nuestros cuerpos que podemos experimentar la maravilla que implica el ser humanos. Es bajo
este cuerpo en particular que podremos emprender
nuestras lecciones de aprendizaje y desarrollar las
capacidades que necesitamos para evolucionar.

Cada espíritu ha seleccionado un cuerpo específico antes de nacer. No hay casualidades en este proceso porque nuestras almas han elegido la clase de ADN que constituirá nuestros cuerpos y con esto han determinado sus funcionamientos. Entonces, amigo lector, lo invito a que se mire en un espejo con atención y se pregunte por qué su alma habrá seleccionado este cuerpo. Mírese bien y comprenda que es gracias a este cuerpo que usted evolucionará. Entonces si este cuerpo le está prestando un servicio único, ¿por qué no empieza a valorarlo más? Mírese bien y sorpréndase con la grandeza de su elección, porque seguro que su alma tuvo excelentes razones para elegirlo de esta manera. Y si existen cosas que no le gustan de su cuerpo quiero que sepa que usted no está solo en esto, porque todos tenemos algo que no nos gusta, incluso aquellos a quienes consideramos más hermosos. Sin embargo, quiero que tenga en cuenta que estas palabras de descontento provienen siempre de su ego porque para su alma su cuerpo es perfecto y le presta el funcionamiento que ella necesita. Y si accedemos a la grandeza de nuestros espíritus podremos ver que en realidad todos somos hermosos, porque si miramos con atención nuestros ojos y logramos ver una pequeña chispa que los hace brillar sabremos que ése es el reflejo de nuestra alma. Entonces, como los cuerpos son instrumentos divinos que contienen nuestras propias esencias, los invito a que los cuidemos como lugares sagrados y les demos un mejor trato. No los privemos de su alimento ni los saturemos con excesos de comida, al contrario, encontremos un balance que se adapte a nuestra supervivencia y recordemos que es sólo en el balance que nuestros sistemas funcionarán a la perfección. Tengamos en cuenta que en un día nuestro cuerpo necesita seguir sus propios ciclos de funcionamiento y por lo tanto debemos respetar los tiempos para estar activos como también necesitamos los ciclos de descanso.

El balance es la clave para conservar nuestros cuerpos en estados satisfactorios porque entre más nivelados tengamos nuestros cuerpos estaremos en mejores condiciones para regular nuestras propias energías y controlar las energías que nos llegan de otras fuentes. No olvidemos que somos energía y que somos sensibles a todo lo que nos rodea, de manera que mantener nuestro cuerpo en buenas condiciones debe ser una de nuestras prioridades.

Cada cuerpo es un regulador de energías y tiene la capacidad de formar sus propias energías y de absorber las que lo rodean. Este intercambio energético lo logra a través de sus centros energéticos o chacras que están distribuidos en todo nuestro cuerpo. Estos centros de energía actúan como puertas que conectan los mundos físicos con las realidades paralelas, siendo el mundo espiritual una de ellas. Si quiere entender mejor el funcionamiento de los chacras le recomiendo que lea libros que hablen de este tema porque en realidad es un tema apasionante que requiere de una mayor profundidad de la que le estoy dando en este capítulo. Sin embargo, mi objetivo es ayudarles a entender que el cuerpo es un sistema perfecto que tiene la capacidad de nivelar el flujo de energía; como estamos tras la búsqueda de las maneras de vivir bajo el amparo de la luz, debemos propiciar los despertares de nuestros espíritus y ayudarlos a materializarse en nuestras vivencias. El ejercicio nos ayuda a lograrlo porque estimula nuestras energías como una especie de ventilador y hace que nuestros sistemas fluyan moviéndose en las direcciones indicadas. Porque cuando nos ejercitamos aceleramos nuestra respiración y la sangre circula con más rapidez haciendo que nuestras energías se liberen en el caso de que se encuentren acumuladas en exceso y que se despejen nuestros centros energéticos para que se dé paso al intercambio energético de manera natural. Y entre más depurada sea la energía mejor será nuestro funcionamiento. Me explico, la energía condensada está estancada por el producto de nuestra inmovilidad y en la mayoría de los casos esos grados de inercia son producidos por los efectos que la ansiedad, los temores y la angustia nos ocasionan. Porque cuando estamos enfocados sólo en nuestros temores y nos la pasamos angustiados por la manera en que se desarrolla nuestra vida, estamos enviándole señales de angustia a nuestro cerebro y éste a su vez le envía a nuestro cuerpo una señal de alerta que nos proporciona una tensión constante. Esta tensión nos impide estar receptivos a la fuente de energía e imposibilita el intercambio energético que tanto necesitamos. Cuando hay un exceso de las mismas energías y no se produce ningún movimiento o respiro, como yo le llamo, las energías del cuerpo se estancan y se solidifican en forma de bloques energéticos. Cada bloque impide el paso de las energías divinas o las fuerzas renovadoras que constituyen nuestras esencias espirituales y para que funcionemos adecuadamente es necesario que la energía que tenemos condensada se libere y a cambio entren nuevas energías. En muchos casos la energía se solidifica de tal manera que puede llegar a afectar nuestra salud, no en vano muchas de las enfermedades son producidas por el estrés. Es aquí donde el ejercicio entra a ser vital en nuestra existencia porque cada vez que nos ejercitamos activamos nuestros centros energéticos y hacemos que la energía estancada se libere y lentamente hacemos que la energía empiece a fluir con naturalidad.

El ejercicio nos ayuda a liberarnos de nuestra rigidez corporal y si lo practicamos con regularidad veremos que nuestros cuerpos se hacen cada vez más fuertes y más flexibles haciendo más fácil el fluir de nuestra alma. El alma necesita una flexibilidad física porque necesita su liberación, entonces cuando nuestros cuerpos están en mejores condiciones y por consiguiente adquieren un óptimo grado de relajación, el alma puede introducirse en nuestras realidades para manifestarse de manera efectiva.

El ejercicio como rutina diaria

Mueva su cuerpo y sienta cómo late su corazón. Sienta cada músculo que está moviendo y mientras lo hace agradézcale su existencia. Honre a su cuerpo cuidándolo por un par de minutos diarios y demuéstrele su importancia. Recuerde que usted es lo que es gracias a ese cuerpo. Cuídelo porque éste es el vehículo de su alma, es su herramienta de manifestación. Es gracias al cuerpo que las almas nos expresamos y por eso un poco de mantenimiento corporal hace que el alma y el cuerpo se fusionen y trabajen mejor en equipo. Esto funciona igual que la relación que usted tiene con su carro. Cuando su carro está en buenas condiciones le puede prestar su servicio de una manera más eficiente, lo puede transportar a donde usted quiera y lo lleva seguro. Lo mismo ocurre con el cuerpo. Él nos lleva a donde nuestra alma quiere y necesita llegar y gracias al ejercicio le podemos hacer un mantenimiento y evitar daños mayores que obstaculicen nuestro movimiento.

Los ángeles nos están invitando a que adoptemos una rutina diaria de ejercicios y por ejercicios se entiende que movamos nuestros cuerpos de una manera que nos cause placer. Porque el objetivo de ejercitarnos es lograr conectar con un estado de relajación que beneficie cada uno de nuestros músculos, pero que a la vez aleje nuestros pensamientos de nuestros temores. Cuando elegimos ejercitar nuestro cuerpo siguiendo una práctica que nos gusta logramos todos los beneficios que necesitamos. No se imponga las rutinas de ejercicios de los demás, recuerde que lo que funciona para unos no funciona para otros. Entonces lo invito a que explore diferentes opciones y cuando vea que en medio de la rutina de ejercicios usted sonríe aunque sea levemente, ha encontrado su práctica. Y lo más importante, si usted desea volver a hacerlo quiere decir que este ejercicio le traerá algo más que beneficios físicos, esta rutina le dará alegría. El ejercicio no necesita ser una actividad exhaustiva que lo deje sin ninguna energía para el resto del día, al contrario, el ejercicio debe ser moderado porque el objetivo es que le brinde más energía a su existencia. Ejercítese de la manera que sea más conveniente para usted y siga sus propios tiempos. No agote a su cuerpo, use su propia sabiduría y fije unos límites de tiempo. También tenga en cuenta que su resistencia varía de día a día, entonces si no logra hacer los ejercicios de la misma manera todos los días, eso es perfectamente normal porque su cuerpo está sujeto a sus propios cambios. No se limite cuando de ejercitarse se trata, sea creativo y si no le gusta estar encerrado en un gimnasio salga a caminar o a trotar y aproveche para observar el mundo que le rodea. Ponga música y baile sin complejos, no importa cómo lo haga, simplemente muévase y déjese llevar. Entre a unas clases de yoga y empiece a conectarse con su cuerpo a través de la respiración y de unas posturas específicas. Si lo que le gusta es desarrollar sus músculos entonces dedíquese a las pesas y empiece a formar un cuerpo fuerte. O si quiere dejar de sentir los efectos de la gravedad y sentirse libre, dedíquese a nadar y olvídese por completo del mundo que lo rodea. En fin, elija el ejercicio que más le guste y cambie un poco su rutina, su cuerpo se lo agradecerá.

Todos los días deben ser una alabanza al Señor, porque cada día es una nueva oportunidad que se nos ha brindado para que aprendamos a vivir en la presencia de la luz. Respetar nuestros cuerpos es un excelente medio para alcanzar una mejor espiritualidad porque nos ayuda a propiciar el flujo natural de energías y cuando nuestras energías fluyen nuestras existencias se despliegan siguiendo el compás de nuestras propias búsquedas. Y no hay nada más hermoso que repercutir al compás de nuestras propias alegrías.

9. DESPEJAR LOS ESPACIOS Y PURIFÍCARLOS

INSPIRADO POR EL ARCÁNGEL MIGUEL

Mis niños, los convoco en una cruzada para mantenernos en la luz. Siempre son asistidos en sus procesos de engrandecimiento, entonces emprendan sus búsquedas. De ustedes se requiere la fortaleza y la valentía de aprender de acuerdo con sus verdades. No es fácil mantenerse en la luz pero es un proceso que puede ser aprendido. Y para eso estoy yo, siempre los acompaño y empuño mi espada para combatir sus tinieblas, porque siempre aparecen atenuantes que empañan el destello original, sin embargo, están entrenados para luchar y poseen todas las herramientas para ganar las batallas. Siempre son apoyados cuando sus almas apuntan hacia el camino de su verdad. Empiecen, pues, convirtiendo sus espacios en santuarios, en fortalezas en donde la luz se preserve y se acentúe hacia los demás. Sus hogares pueden albergar sus capacidades regenerativas, por eso, trátenlos con el respeto que se merecen. Siempre los acosan las tinieblas y queremos decirles que éstas son sus propias creaciones. Siempre los acosan los temores y queremos decirles que éstos sólo existen en su imaginación. Mis niños, alístense en esta cruzada y prepárense para ganar la gloria eterna. Es todo, los amo y los acompaño en sus recorridos. Invóquenme siempre porque siempre estoy presente.

Los espacios que habitamos son manifestaciones de los estados de nuestras mentes y por consiguiente afectan las expresiones de nuestras almas. Cada lugar es un santuario porque contiene nuestras existencias, recordemos que en estos momentos residimos los espacios físicos y es por medio de nuestras realidades que podremos darle vida a los llamados de nuestras almas. Cuando estamos rodeados de belleza, las posibilidades de que nos contagiemos de esa belleza y recreemos realidades que están en armonía con estos parámetros aumentan. Pero, si por el contrario, estamos rodeados de un ambiente caótico en donde prevalece el desorden y la suciedad, las posibilidades de crear armonía y belleza se verán disminuidas. Porque en verdad somos energía y todo lo que nos rodea afecta la calidad de nuestras existencias. Lo invito a que observe con detenimiento la habitación en que se encuentra: ¿qué siente en este lugar? ¿Este espacio le proporciona bienestar o, por el contrario, le genera una sensación de angustia? ¿Quiere permanecer más tiempo en este lugar o se quiere ir lo más rápido posible? Ahora haga un recorrido por toda su casa y tómese su tiempo en cada una de las habitaciones que la conforman. ¿Qué siente? ¿En cuál de estos lugares se siente mejor? ¿En qué lugar tiene una sensación de malestar? Camine lentamente en cada una de las habitaciones y póngale atención a los sentimientos físicos que su cuerpo produce: ¿siente frío o calor? ¿Se siente feliz? ¿Se siente cansado? ¿Le duele la cabeza? ¿Tiene sensación de frío en los huesos? ¿Le duele el pecho? No se imagine nada cuando haga este recorrido, simplemente escuche su cuerpo. Recuerde que su casa está afectada por la mezcla de sus energías y las de los seres que la habitan. Todas las personas están irradiando una serie de ondas electromagnéticas que son el resultado de sus vivencias y estas ondas se mezclan con las energías de las otras personas y la de las cosas que los rodean.

Pero si bien estamos afectados por las energías de los lugares que habitamos, tengamos en cuenta que nosotros no somos nuestras casas ni somos nuestras posesiones. Nuestras posesiones son sólo medios que nos ayudan a vivir más cómodamente y gracias a ellas podemos desarrollar de una mejor manera nuestras misiones. Sin embargo, nuestras posesiones carecen de significado propio, porque somos nosotros quienes les damos un grado de importancia pues las usamos para nuestro beneficio. Entonces cuando nos veamos aferrados a nuestros bienes materiales hasta el punto de perder nuestro equilibrio interior y poner en peligro nuestra supervivencia, abramos nuestras manos y respiremos con calma. Entendamos que estos bienes están a nuestro servicio, pero nosotros no estamos al servicio de ellos. Ningún bien material merece que arriesguemos nuestra paz ni mucho menos nuestras vidas. Escribo estas palabras porque yo soy de Colombia y sé que la gente pierde sus vidas defendiendo sus posesiones y ¿todo para qué? Si cuando la muerte nos llama no nos permite llevarnos nada de este mundo, entonces ningún bien material merece que perdamos lo más preciado que tenemos que son nuestras vidas.

Valoremos nuestros bienes en la medida en que ellos nos prestan un servicio que facilita nuestras existencias y con esto en mente empecemos a ser responsables por su buen mantenimiento. Empecemos por valorar nuestras casas como si fueran templos sagrados, y de hecho lo son, porque nuestros hogares albergan los espíritus de quienes los habitan, entonces mantengámoslos limpios y convirtámoslos en recipientes que faciliten el intercambio de las energías físicas y divinas. Tratemos los espacios físicos que habitamos con reverencia, no con obsesión. Mirémoslos como moradas terrenales que nos están ayudando a expresarnos en este plano físico. Entendamos que nuestras casas son refugios que protegen nuestros cuerpos y démosles las gracias por cuidarnos. Y así como su cuerpo es el templo de su alma, su casa es el templo de su cuerpo.

Cada casa cumple una función sagrada y, por humilde que parezca, cada casa es lujosa porque usted la habita. Recuerde que usted es un ser inmenso, es un ser especial, es el hijo de Dios y se encuentra cumpliendo una misión sagrada. Entonces mire su casa con reverencia y agradézcale todos sus servicios. Pregúntese mentalmente cómo se puede cohabitar mejor, cómo se pueden combinar mejor todas las energías y verá cómo empieza a recibir respuestas de manera intuitiva. Quizás esas respuestas apunten a hacer una limpieza en cierta área, a cambiar un sofá de posición o a colgar un cuadro en una pared. Sin embargo esos cambios, por pequeños que parezcan, lo beneficiarán. Así es que no menosprecie estos avisos internos, más bien sígalos y empiece a prestar atención a sus sentimientos frente a esos cambios. Si son sentimientos de bienestar, entonces el cambio ha sido positivo para usted en ámbitos que quizás no pueda entender de manera racional.

La limpieza energética de los espacios

Las casas comparten un campo energético con sus habitantes; así como nosotros nos bañamos y nos hacemos cargo de nuestra limpieza física y energética, los espacios que habitamos necesitan los mismos tratamientos.

Para lograr que los espacios que habitamos nos beneficien tenemos que renovar sus energías con regularidad. En primer lugar se deben dejar ir las energías que se encuentran estancadas para darle paso a las nuevas energías. Porque cuando el aire se torna pesado esto significa que la energía no ha sido renovada y que el ambiente se encuentra cargado con una pesadez que no es normal. Y entre más condensada esté la energía que nos rodea, más difícil será la manifestación de nuestros espíritus.

La limpieza de energías es un proceso personal y existen muchas maneras de hacerla, sin embargo, yo les voy a explicar la forma que me han dado los ángeles y recuerden que siempre que se hace un ritual de limpieza se debe tener la intención de darle paso a la luz:

1. Invoque la presencia del arcángel Miguel y pídale que lo asista en este proceso y que lo bañe con su halo de luz redentora.

2. Limpie su espacio y mantenga ordenado todo lo que lo rodea.

3. Encienda una vela blanca e invoque la presencia de la luz celestial.

4. Imagínese una luz blanca que está iluminando este espacio y pídale al Señor que borre todos los sentimientos de angustia y de temor que estén concentrados en ese lugar.

5. Invoque una plegaria personal e invite a las fuerzas del amor a que habiten estos espacios.

6. Deje la vela encendida por unos minutos más y confíe en este proceso.

7. Mire atentamente a su alrededor y pregúntese si ese lugar es indicado para su alma. Si su respuesta es positiva la limpieza ha sido exitosa, pero si aún hay algo que no le gusta, le recomiendo que repita este ritual una vez más y que le entregue al arcángel Miguel la responsabilidad de depurar las energías que se encuentren más concentradas, él sabrá cómo hacerlo.

8. Haga este ritual en cada lugar de su casa.

9. Apague la vela y lávese las manos y los brazos hasta la altura de los codos usando agua fría y jabón.

10. Corte los lazos con su casa y déle las gracias al arcángel Miguel por haberlo asistido en todo este proceso.

No es necesario hacer una limpieza energética todos los días porque existen maneras más simples de facilitar la circulación de energías, más adelante las explicaré. Sin embargo, si usted siente que necesita hacer estas limpiezas con frecuencia, hágalas siempre que lo considere necesario, pero mantenga a los niños alejados de ellas, porque los niños son seres muy sensibles y aún no han fortalecido sus propios campos energéticos, por eso es mejor protegerlos para evitar que se contaminen con energías que no les convienen.

Otras técnicas para despejar espacios

Existen muchas maneras de despejar espacios y muchas técnicas destinadas a ello. Cada técnica debe ser utilizada con respeto invocando siempre la protección mayor, la protección de Dios. Recuerde que una limpieza significa desvanecer las energías estancadas para permitir que nuevas energías entren y así se propicie un intercambio efectivo. Tenga en cuenta que todas las limpiezas tienen validez si sus intenciones son amorosas y están buscando su beneficio y el de quienes lo rodean.

El incienso

Los inciensos o los perfumes aromáticos han sido utilizados a través de todos los tiempos para rendirle un homenaje a las deidades. En la antigüedad se creía que el Hado estaba conformado por el aroma de la perfección y por consiguiente los humanos se encargaron de recrear el aroma perfecto, encontrando en la naturaleza los extractos divinos para eternizar sus efectos.

El aroma de los inciensos conserva los perfumes naturales logrando que nuestras esencias conecten más fácilmente con sus estados de perfección. Por eso, cuando encendemos un incienso estamos invocando los poderes de la naturaleza para que sus efectos renovadores nos ayuden a aligerarnos y a conservar un balance propicio para nuestras existencias. Porque todas las energías, por buenas que sean, tienen que fluir y fundirse con el todo. Entonces encendamos los inciensos con los deseos de renovarnos y purificarnos. Porque purificar significa volver a las formas básicas, a las formas descontaminadas, al amor.

Los olores, al igual que sus evocaciones en nuestro inconsciente, son percepciones individuales, es decir, un incienso en particular puede ser de gran beneficio para una persona, pero puede ser una sensación menos placentera para otra. Existen muchos inciensos y cada uno tiene una propiedad específica, para aprender más sobre el tema, infórmese adecuadamente de los poderes que tiene cada uno de los aromas antes de usarlos. Existen muchos libros sobre este tema, al igual que personas especializadas. Consúltelos y luego decida, recuerde que debe usar sólo el aroma que usted considere apropiado y que lo haga sentir bien. Sin embargo, si lo que usted desea es hacer una limpieza energética de su casa o de un espacio en particular, le recomiendo que use sándalo. El sándalo tiene unos efectos inmediatos, ayuda a desaparecer la acumulación de negatividad y limpia el espacio efectivamente, permitiendo que la energía vuelva a fluir con facilidad. Empiece una limpieza general utilizando sándalo, de ahí en adelante, cada vez que quiera renovar sus energías puede utilizar el aroma que más se ajuste a sus necesidades. A continuación, la lista de los aromas y sus propiedades que los ángeles me han dictado:

1. Sándalo: tiene la capacidad de arrasar con las partículas negativas creando una neutralidad necesaria para propiciar el despliegue energético de la luz divina.

2. Rosas: capacidades de conectar con el cuarto chacra, con el corazón y de esta manera renovar y activar las fuentes de amor y de perdón.

3. Canela: tiene la capacidad de convocar las fuerzas de perdón y conciliar dos partes desunidas.

4. Lavanda: estimula la actividad mental, activa el intelecto para el desarrollo de las ideas.

5. Menta: promueve la claridad en el pensamiento y separa los miedos de las ideas que dan curso al bienestar.

6. Albaca: estimula los órganos y propicia un bienestar en general.

7. Valeriana: promueve la calma para lograr un reposo óptimo.

8. Incienso: regula las energías opuestas y neutraliza el ambiente.

9. Madera: propicia el desarrollo de las capacidades intuitivas y estimula la circulación de la energía celestial a través de los chacras superiores.

10. Cítrico: promueve el desarrollo intelectual.

11. Ámbar: potencializa la energía individual aumentando su capacidad.

Las velas

Como ya lo he explicado anteriormente, las velas actúan como portadoras de energía divina. Cada vela representa la luz celestial, la luz espiritual que habita en nuestro interior, ellas son manifestaciones de la luz eterna en nuestros espacios físicos y nos están recordando que existen otras realidades a las que pertenecemos. Las velas se asemejan a las llamas internas que nos determinan, porque cada persona tiene su propia mecha que puede ser encendida cuando lo desee.

Utilice las velas para recordar su camino por la luz pero recuerde que debe tener mucho cuidado cuando utiliza este recurso. Recuerde que siempre debe supervisar sus velas y mantenerlas alejadas de los niños. También debe apagarlas una vez que haya terminado su ritual o cuando tenga que salir de su casa. Siempre que encienda una vela pídale a su ángel que lo acompañe y lo ampare. Dígale que le muestre la luz y que lo conecte al Padre a través del brillo de la luz eterna. Y cada vez que mire la llama imagínese que esa chispa es una extensión del amor de su Padre y siéntase contagiado de su protección.

Cada vela es un símbolo que nos conecta con la llama eterna y nos hace partícipes del fuego eterno del amor. Cerremos nuestros ojos e imaginemos nuestro planeta iluminado por millones de velas que alumbran apuntando hacia el infinito. Cada llama es una invitación al amor, al perdón y a la tolerancia que tanto necesitamos. Enviemos señales de luz y recordemos que la luz siempre prevalece, sin importar cuán oscura sea su entorno.

Si quiere utilizar las velas con una intención específica le recomiendo que tenga en cuenta el significado de los colores que expliqué en el capítulo de la elaboración de los altares (p. 292)

El uso de las flores

Las flores tienen un efecto de renovación inmediata porque son manifestaciones estéticas que realzan los espacios con su sola presencia. Ellas evocan sentimientos de belleza y su presencia hace que nuestra energía se contagie por la grandeza de sus esencias. Poner un par de flores en un lugar determinado hace que ese lugar adquiera una frescura y un sentimiento de ligereza que propicia una sensación de bienestar. Por eso, tengamos flores en los lugares que más lo necesiten, en aquellos sitios en los que hace falta un poco de belleza y de alegría. Mantengamos flores en nuestras casas y en nuestros trabajos y cuando necesitemos un descanso de nuestras realidades, démosles una mirada y esbocemos una sonrisa en honor a la belleza del Creador.

Si es posible, evitemos el uso de las flores artificiales o de las flores secas ya que éstas carecen de los poderes renovadores que la naturaleza posee. Recordemos que las flores son otra de las herramientas que sirven para depurar espacios y para subir las frecuencias energéticas. Así es que pongamos un par de flores en un espacio que carezca de luz y veamos cómo se ilumina este lugar con su sola presencia. No conservemos las flores por mucho tiempo, sólo el suficiente para que se conserven frescas porque cuando están marchitas significa que ya carecen de su propia energía y ya no pueden ayudarnos más.

Ventile los lugares

El aire regenera, descontamina, libera, descarga, purifica. El aire es un limpiador energético natural que puede ser utilizado a nuestro favor. Con una sola inhalación de aire puro nuestro cuerpo se recarga como si hubiera consumido una especie de estimulante natural. Y esto es lo que es el aire, un estímulo natural que nos ayuda a mantener un campo energético renovado.

Abra las ventanas de su casa y deje que el aire circule por cada habitación. Realice este ritual de purificación e imagínese que el viento se está llevando aquello que ya no es necesario. Entréguele al aire lo que ya no es suyo y déle paso a la renovación. La mañana es el mejor momento para ventilar sus espacios porque en este momento usted puede deshacerse de las energías del día anterior y limpiar su espacio para darle la bienvenida a nuevas energías que lo ayudarán a vivir un mejor día. Este ritual es muy efectivo en el caso de que haya tenido una mala noche y no haya podido dormir en paz. Entonces abra sus ventanas y deje que el aire ventile su cama y su habitación por un par de horas. Luego dígale al aire que se lleve sus preocupaciones y que impregne su habitación con sentimientos positivos.

La mañana representa el comienzo, el inicio de una nueva vida, de su vida. Empiece esos comienzos acompañado de un aire fresco que le sirva para recargar no sólo sus pulmones sino los espacios que habita. Recuerde que todo lo que entra ayuda a sacar lo que ya no le sirve. Es decir, la presencia de un nuevo aire hará que el aire estancado se renueve dando paso a una limpieza de espacios, a una depuración del ambiente y por consiguiente, propiciará una renovación personal. Abra sus ventanas y déle paso a la luz celestial. Permítale entrar en su hogar y deje que penetre todos los espacios que lo rodean. Abra las ventanas y permita que el cambio ingrese. Acepte cada corriente de aire como una señal del devenir. Deje que el aire revuelva sus energías hasta llegar a confundirlas con la presencia infinita.

Organice el desorden

Mire detenidamente su desorden y trate de comparar esa imagen con su propia vida: ¿está viviendo una existencia caótica? ¿Tiene demasiados problemas en su mente? ¿No sabe qué hacer? ¿Está acumulando las oportunidades sin hacer uso de ellas? O, por el contrario, ¿está evitando enfrentar sus problemas? Mire con atención esa acumulación de objetos y de basura y pregúntele a su espíritu por el mensaje que esto envuelve. Recuerde que cada objeto posee su propia carga de energía, entonces cuando tenemos muchos objetos desorganizados y acumulados en un mismo espacio hacemos que la energía se estanque y se concentre en bloques que impiden el acceso de las fuerzas renovadoras.

Mire con atención sus pertenencias y pregúntese con sinceridad si usted necesita tanto para vivir. Observe el estado de cada cosa y evalué su funcionamiento. ¿Estas cosas le prestan un buen servicio? ¿Están en un buen estado? ¿Son objetos útiles? ¿Son estéticos y realzan la belleza de su hogar? En realidad no sé por qué nos aferramos tanto a las cosas que no nos sirven. Yo me sorprendo al ver cómo la gente acumula cosas que no funcionan o que ya no utilizan y siempre me pregunto cuál es el propósito de conservar algo que ya no sirve. ¿Es que acaso tememos que si salimos de nuestras cosas no las podamos reponer? Eso es desconfiar de nuestro propio poder y de la abundancia de la vida. En mi caso, yo he aprendido a no aferrarme a nada y cuando salgo de algo que considero valioso, la vida siempre me lo vuelve a reponer y en mejores condiciones. Es como si por cada acto de desprendimiento yo le estuviera dando un voto de confianza a mi propio poder y a la generosidad infinita del Creador. Por otro lado, los ángeles me han enseñado a ser ordenada y me han ayudado a mantener mis espacios en un buen estado de limpieza y cuando veo que estoy acumulando cosas, los ángeles siempre me susurran al oído: "si no lo usas entonces hazlo circular" y siempre lo hago.

Ahora lo invito a que haga una limpieza de su clóset y de los cajones de su escritorio y mientras lo hace sorpréndase con su existencia, porque cada una de sus posesiones hace parte de una etapa de su vida que usted ha sobrevivido, porque el sólo hecho de que se encuentre vivo es la prueba de su propia fortaleza. Si lo que usted está buscando es una renovación de su ser, una búsqueda interior que lo lleve a una mejoría y por lo tanto a la conformación de una nueva existencia, entonces clasifique sus pertenencias de acuerdo a su funcionalidad. Si todavía las está usando y le prestan un buen servicio, consérvelas a su lado. Pero si ya no las usa o no sirven, quiere decir que esos objetos ya terminaron su ciclo y debe dejarlos ir. De la misma manera que hace la limpieza de su clóset y de los cajones, así es la limpieza de su mente. Mire interiormente y busque los sentimientos, los pensamientos y los miedos que lo constituyen. Si mira con atención se dará cuenta de que la mayoría de estas emociones responden a un pasado, a un momento de su vida que ya concluyó pero que usted no ha querido dejar ir. Y así como lo invito a que conserve a su lado sólo las cosas que aún utiliza, trate de hacer lo mismo con sus emociones y sus pensamientos. Conserve las emociones que le produzcan bienestar y que lo impulsan a ser una mejor persona. Suena muy difícil, pero es posible lograrlo y aunque parezca que arreglar nuestros desórdenes es un acto superficial, en realidad se trata de prácticas espirituales que nos ayudan a encontrar la claridad que tanto anhelamos.

Convoque a los ángeles de su hogar y de los espacios que habita

Recuerde que siempre contamos con la ayuda angelical y nuestras pertenencias también pueden ser protegidas por estos seres de luz. Pidámosle a los ángeles de nuestras casas que se hagan presentes y que generen las energías del amor. Digámosles que rodeen nuestras casas y nuestras pertenencias y que las envuelvan con su luz infinita haciéndolas invisibles a los ojos de quienes quieren atentar contra nuestra paz. Confiemos nuestros hogares a estos centinelas divinos y cada mañana imaginemos que dejamos un ejército de luz protegiendo nuestra casa y, cuando nos vayamos a dormir, volvamos a pedirle a nuestros ángeles su infinita protección. Digámosles que confiamos en que ellos nos cuidarán mientras dormimos e imaginémoslos parados afuera de nuestros hogares formando un gran círculo de luz. Envíele esta misma protección a sus seres queridos y si tiene ánimos, extienda esta petición para el resto de la humanidad. Invoquemos los ejércitos de la luz y empecemos a fortalecernos a través del amor. No nos sintamos solos ni combatamos los temores que nos acosan simplemente con las soluciones humanas porque éstas siempre serán limitadas y estarán basadas en el temor. Al contrario, utilicemos el poder celestial y aumentemos nuestro propio poder. Porque nada se compara con el poder del Señor y como sus hijos somos llamados a impregnarnos con parte de su grandeza para fortalecernos en nuestros recorridos. Porque de nosotros se requiere la fortaleza para poder avanzar por el camino de la luz. No nos dejemos intimidar y reclamemos lo que nos pertenece. Recordemos que somos guerreros de la luz y nuestras almas están preparadas para combatir la batalla de las tinieblas y ganarla.

10. ESCUCHAR MÚSICA CLÁSICA, MÚSICA INSTRUMENTAL, MÚSICA SIN PALABRAS QUE DEJEN AL ESPÍRITU VOLAR

INSPIRADO POR LA MADRE MARÍA, TAMBIÉN
CONOCIDA COMO LA REINA DE LOS ÁNGELES

MENSAJE DE LA MADRE MARÍA

La música siempre los transporta a su hogar porque todos provienen de las tonadas del amor. Desde los orígenes el Padre expresó su amor a través de melodías que repercutieron en cada una de sus esencias. Cuando esto ocurrió fueron cobijados por tonadas de melodías exquisitas que les dieron una particularidad a cada uno de sus sistemas. Verán, cada tonada les confirió una imprenta energética que los acompañaría por el eterno recorrido de sus existencias y cuando sus esencias estuvieron listas para emprender sus recorridos, nosotros abrimos las puertas de sus vivencias, sin embargo, cada uno de ustedes aún conserva el sonido de la melodía que lo acompañó en sus orígenes. Todos fuimos cobijados por melodías exquisitas de amor divino y cuando nuestros espíritus se fortalecieron para expandir la grandeza de la existencia, todos cargamos internamente nuestras melodías. Cierren sus ojos mis niños y conéctense con su propia melodía. Cierren sus ojos y recuerden el lecho que los cobijó. Y cuando sean sus momentos de

volver a casa, cierren sus ojos y pídanle a
sus ángeles que entonen sus melodías de
amor. Los asistimos en todo y queremos
reiterarles que no están solos y que nunca
lo han estado. Los amo, su madre.

Me sorprendí bastante cuando escuché que fuimos creados con música, pero a la vez algo en mí encajó. Sin embargo, no las creí e imaginé que me estaba inventando este mensaje, entonces lo olvidé por completo y los ángeles me lo volvieron a repetir, pero habían pasado cinco años de diferencia entre ambos mensajes y no pude dejar de maravillarme al comprobar que me estaban diciendo la misma idea, porque yo aún conservaba el primer dictado y admiré la constancia de los ángeles cuando quieren transmitir sus enseñanzas. De verdad que tienen toda la paciencia del mundo y con su infinito amor vuelven a repetirme una y otra vez estos conceptos hasta que logran que se los transmita a quienes estén interesados. Así es que estoy obedeciendo sus órdenes y espero estar haciendo un buen trabajo. Entonces provenimos de la música, ¿y cómo es esto?

Cada tonada activó una energía que
convirtió la nada en esencia divina que
perpetuó la esencia en más partes. Cada

nota le dio paso a la expresión de uno de ustedes y expandió la totalidad. Han sido creados por medio de la música y han sido cobijados a través de ella. Es como si hubieran tenido acceso a unas incubadoras en donde cada sonido palpitaba con fuerza un latido a su existir. Es por esto que es básico que se rodeen de música y que le impriman a sus esencias una adrenalina que los activa. Respira, niña, vas bien y conoces el tema. Todos provienen de la música porque la esencia es un acorde infinito que tiene la capacidad de expandirse con cada resonar. Y cuando esto ocurre se le da paso a la creación de sus manifestaciones, de sus representaciones, de cada uno de ustedes. Somos música entonando melodías de amor y esto lo decimos más que en el sentido poético, porque existen quienes recuerdan los orígenes y sabrán reconocer estas palabras. Evocamos las emociones del recuerdo del amor porque todos vibrábamos con la misma melodía, sin embargo, todos emprendidos la misma búsqueda. Y aunque desalojamos nuestros espacios de perfección, algo de eso permaneció con nosotros y fue la misma manifestación de *los estados naturales. Entonces con cada tonada, con cada melodía que evoque el amor repercutimos otra vez el momento del origen. Es tan sencillo como cerrar los ojos cuando se escucha una melodía perpetua, todos se conectan en un mismo nivel, el nivel etéreo de la melodía perpetua. Niña, aquí estamos, traduce estas palabras y hazlas públicas, no le temas a este proceso, tú lo recuerdas, lo escuchas, lo conoces. Sus almas siempre son resguardadas bajo los efectos de la música sagrada y la denominamos sagrada no porque haga alusión a cualquier ideología, sino porque tiene los efectos sanadores del Creador. Entonces, si emprendieron este camino tan arduo, el Señor les dejó a su alcance la fórmula original de su creación, les entregó el elixir del bienestar total a través de sus creaciones musicales.*

Siempre que escuchamos música que es afín con nuestros espíritus sentimos una sensación de bienestar en nuestro cuerpo y nuestras mentes se relajan transmitiendo sensaciones de paz a cada uno de nuestros órganos. Este es un momento en que el cuerpo, el alma y la mente logran unirse para conformar la totalidad que son y aunque estos momentos son esporádicos y efímeros, su existencia nos demuestra que sí es posible alcanzar esa unión y así lograr un perfecto balance. Y todo esto fue propiciado por unas tonadas que activaron partículas inertes en nuestros sistemas. La música en realidad logra sanar de manera inmediata y cuando estamos cautivados por sus efectos logramos trascender nuestras corporalidades para transportarnos a nuestras existencias paralelas. Porque tenemos la capacidad de movernos en direcciones complementarias a las de la realidad que nos rodea y cuando trascendemos las barreras físicas somos libres de nuevo. La música puede llevarnos a unos estados de trance, de contacto divino, de evocación espiritual, de pertenencia mística, de identidad no corporal, porque establece unos puentes de conexión con los mundos espirituales y logra que nuestros espíritus oscilen fácilmente entre ambos mundos mientras habitamos nuestros cuerpos. La música nos transporta por unos espacios energéticos en donde el concepto del tiempo como lo entendemos deja de ser una constante. En esos estados, la presencia del tiempo lineal pasa a ser un estado de referencia más y lo que se conoce como pasado, presente y futuro se conjuga en un mismo latir. La música nos transporta a ese estado de referencia, a ese momento cero que todos recordamos, a esa presencia espiritual que sabemos que habita en nosotros.

La música despierta emociones pasadas, sentimientos que han sido reprimidos por nuestras mentes
y que se encuentran almacenados en lo que constituye nuestra memoria general, nuestro entendimiento
mayor, nuestra esencia única, nuestra divinidad. Por
medio de la música podemos liberar traumas que
tenemos reprimidos de un pasado remoto y gracias a
sus tonadas logramos perpetuarnos en una conciencia divina que nos contagia con su grandeza y con
su poder sanador. La música nos permite trascender
nuestras limitaciones y acceder de nuevo al poder cu-
rador del amor incondicional. Porque si hemos venido
a este mundo olvidando, somos llamados a recordar,
incluso aquello que nos atormentó, para que podamos
sanar y darle paso a nuevas formas de expresión. Y
cada nota, cada tonada, cada melodía que resuene
con nuestras esencias nos está llevando de nuevo
a nuestros ambientes originales en donde nuestras
existencias fueron creadas de música y nuestras almas
sólo conocieron el amor.

La música como transmisora de ondas relajantes

La música libera energías e inquietudes que residen
en nuestro subconsciente. Cada tonada musical tiene
poderes regeneradores que limpian nuestros espacios
electromagnéticos. Nuestro cerebro, al igual que el

resto del cuerpo, también necesita liberarse de las energías negativas producidas por nuestros temores, desconfianzas, celos, preocupaciones, aberraciones, discriminaciones, entre otras, para recuperar unos estados de paz que propicien el flujo de energías. Recordemos que es sólo en el intercambio constante de energías que lograremos recuperar un balance satisfactorio que nos permita vivir unas existencias felices. Como estamos expuestos a miles de estímulos en nuestros días y nuestro cerebro recibe constantemente las señales que nuestro ego, el mundo y las demás personas le están enviando, es importante que aprendamos a reconocer la necesidad de entregarle también señales de paz.

Una de las mejores maneras para lograr este objetivo es escuchando música clásica. Como bien es sabido, la música clásica transmite unos efectos tranquilizantes que benefician al cuerpo en su totalidad. Muchos estudios han demostrado que escuchar música clásica estimula el correcto desarrollo del cerebro y según los ángeles la música clásica o instrumental permite que sus moléculas se regeneren y que sus espacios energéticos se liberen del exceso de energía, ocasionando una subida en sus propios sistemas energéticos y siempre que suben sus frecuencias acceden un poco más a estar en las frecuencias celestiales.

La música clásica conforma una serie de ondas que oscilan en unas frecuencias más elevadas a las que conforman nuestras corporalidades, de manera que cuando trascendemos nuestros ambientes físicos, nos conectamos con nuestros verdaderos mundos oscilando entre ambas realidades con naturalidad.

La música clásica o cualquier clase de música instrumental, permite que accedamos a otras dimensiones que son congruentes con la nuestra. Si cerramos nuestros ojos y nos dejamos llevar por los efectos de la música empezaremos a sentir que podemos acceder a otro espacio cerebral, al estado cero en donde las palabras no residen, sólo los sonidos. Este espacio es el punto de salida de sus realidades físicas y su fusión con sus otras realidades, es una especie de canal que los transporta al espacio astral. Y el espacio astral es el medio en donde su espíritu viaja para contactarse con otras realidades, con el eterno presente. Es también en el plano astral en el que se puede establecer un contacto con los seres que habitan estas esferas, siendo los ángeles algunos de ellos. La música facilita los viajes de su alma y recuerde que cuando se tiene acceso a esta posibilidad se puede establecer contacto con los seres que hemos amado y que han abandonado el mundo físico. También logramos contactar a nuestros guías para pedirles ayuda en nuestros recorridos y como siempre, encontraremos a los ángeles, quienes nos están amparando en nuestros recorridos. Sin embargo, lo invito a que sea muy cuidadoso cuando decida contagiarse con los beneficios de la música. No se le olvide pedir la protección angelical para que sus experiencias siempre estén amparadas bajo los efectos de la luz. Recuerde que siempre hay tinieblas a nuestro alrededor y cuando nos adentramos en un territorio que no conocemos es mejor no arriesgarnos y dejar que nuestros ángeles nos guíen en nuestros peregrinajes.

No menosprecie el poder de la música ni la capacidad que tienen unas tonadas para transportar nuestros espíritus por sus ambientes naturales; lo invito a que se beneficie de esta práctica y la haga con responsabilidad, invocando siempre la presencia de sus ángeles y pidiéndole a su espíritu que se contagie y se renueve con los poderes del amor. Déjese llevar por los acordes musicales y permita que su espíritu adquiera la confianza que necesita para salir de su cueva y poder aflorar. Recuerde que entre más aflore más recordará su objetivo en esta vida, su razón de ser y de estar aquí. Y de esto se trata la experiencia de nuestras existencias, venimos a este mundo a recordar quiénes somos en realidad y qué es lo que verdaderamente nos motiva a seguir adelante. Porque siempre existe un sentimiento de pertenencia a un lugar o a un estado superior y siempre estamos emprendiendo una búsqueda para encontrarlo. Siempre existe una parte nuestra que nos está impulsando a mejorar y a alcanzar un grado de perfección mayor. Sabemos que tenemos que llegar a un lado y es con este aliciente que emprendemos cada uno de nuestros días.

Entonces, démosle paso a la música en nuestras rutinas y dejemos que cada una de las tonadas invada nuestros sistemas. Poco a poco sentiremos que nuestras emociones responden de manera diferente con cada melodía. En algunos casos nos remontaremos a nuestro pasado y nos contagiaremos por sentimientos de amor y de alegría. Sin embargo, habrá algunas ocasiones que nos albergará una sensación de pérdida y de tristeza que no podremos explicar. No nos preocupemos y dejemos que todas esas emociones salgan. Tengamos en cuenta que nuestras almas han acumulado un sinnúmero de sentimientos a través de sus peregrinajes humanos, entonces la música permite que estos sentimientos que se encuentran solidificados salgan a la luz y se fundan de nuevo con la esencia. Éste es un proceso de curación y la música posee unos efectos sanadores muy poderosos porque libera nuestra conciencia dándole paso de nuevo a la luz. Este proceso limpia nuestros canales y nos permite albergar nuevos sentimientos que respondan a nuestras vivencias actuales. Y como los ángeles dicen: "Todo consiste en aclarar los canales, ésta es la mágica fórmula de la trascendencia espiritual."

Así es que si se siente tenso, agitado, preocupado o enfermo ponga un poco de música clásica o instrumental y déjese llevar. No estimule su cerebro con palabras ajenas, ni se contagie con sentimientos que no le pertenecen. Al contrario, dése un descanso aunque sea por unos minutos en el día y deje que los sonidos lo invadan. Impregne su vida con música que le propicie bienestar y contágiese con sentimientos de paz. Cierre sus ojos y conéctese con su pasado y ayúdelo a liberarse, pero sobretodo, conéctese con su presente y recuerde que a usted lo espera la belleza porque su alma siempre está apuntando a su hogar. Acceda a liberar su interior a través del poder de los sonidos y déle cabida a la sinfonía del amor incondicional.

Los músicos como transmisores de mensajes divinos

Cada músico tiene a su disposición una herencia divina, un legado de perpetuar los sonidos celestiales en la Tierra. Cada músico tiene la propiedad de decodificar el código de la creación. Porque cada músico conecta con la tonada divina, con la perpetuación del amor, de modo que cuando traduce los ecos del amor celestial y los convierte en melodías a su alcance, está esparciendo la luz en sus cotidianidades. Los músicos son emisarios del Señor y su tarea consiste en perpetuar los estados originales de la armonía total.

> *Siempre son admirados en esta misión porque los vemos traduciendo los latidos del Señor y convirtiéndolos en melodías que recrean sus existencias. Siempre son asistidos en sus procesos creativos y cubrimos sus almas con sonidos que evocan el ayer, el momento de la perpetuación original, su despertar. Ser músico significa llevar el código del funcionamiento total en cada una de sus células y emprender un proceso de transformación de la energía contenida en sonatas particulares.*

Los músicos tienen la capacidad de curar, aunque sea momentáneamente, a las almas que se conectan con sus melodías, logrando que se liberen de su energía comprimida y le den paso a la luz. Es por esto que la misión de cada músico y de cada persona que decide trabajar con los poderes de la música es tan delicada, porque ellos pueden propiciar los medios para liberar nuestras existencias y brindarles un grado de paz que tanto necesitan. Por eso se debe tomar este trabajo con mucha responsabilidad porque cada sonido, cada acorde y lo que es más importante, cada palabra que se utiliza en las creaciones musicales, afectan a quienes las escuchan. Cuando se tiene la misión de perpetuar el legado divino a través de la música se debe invocar la presencia constante de la luz. Yo admiro mucho a los cantantes y en realidad me sorprendo al ver que tienen una gran capacidad de convocatoria, porque logran universalizar los sentimientos de muchos a través de sus canciones. Y cada vez que voy a un concierto y escucho a miles de personas cantar una misma canción sintiéndose identificados con las palabras que están cantando, compruebo lo que los ángeles me repiten una y otra vez, que en realidad sí somos uno. Somos una misma colectividad viviendo experiencias similares. Entonces, si estamos recorriendo el mismo sendero de formación y estamos aprendiendo por medio de las mismas lecciones, no nos olvidemos de entonar cánticos que exalten nuestra grandeza. Si está en nuestras manos hacer que miles de personas canten nuestras melodías, propaguemos cánticos de amor, cánticos que alaben nuestra humanidad como otra prueba de la grandeza del Señor. Volvámonos músicos de cantares universales y unámonos con la totalidad.

Incorporen la música en los sistemas educativos, no olviden lo que antes hacían con naturalidad. Hemos observado el declive de las prácticas musicales en la vida de los niños. Todos los niños son músicos innatos porque llevan impreso el ritmo de la tonada del amor. Recreémosles sus orígenes y eduquémoslos con música. Se avanza en muchos aspectos pero se retrocede en el intento de conservar la clave de la creación. Están olvidando que provienen de la música y que es su deber celestial perpetuar los sonidos incandescentes del amor. Vuelvan a las enseñanzas musicales, impongan la música como parte del currículo de formación de sus hijos. Antes lo tenían claro y primero accedían a las melodías y después a las palabras. Primero se les educaba en el arte de la música y luego se accedía a las letras. No lo olviden, no olviden la grandeza de los sonidos, al contrario, perpetúenlos, enséñenle a los niños a cantar, a brillar y con esto a soñar.

EPÍLOGO

Todos los caminos que llevan al amor convergen en la luz.

Recuerde esto siempre, el objetivo suyo es encontrar un estado de paz y de amor porque ese es su estado natural. La confusión, el miedo, las dudas, el cansancio y la desolación no hacen parte de su verdadera esencia, son matices que conforman su existencia corporal. Su meta en esta vida es conectarse con su fuente de luz y extraer parte de su sabiduría para que sus caminos se iluminen al andar. Descubra su propia forma de fusionarse con su espíritu y empiece a trabajar por el bienestar de su existencia. Tenga presente que la forma para mantenerse en la luz es personal y por consiguiente, sus elecciones son diferentes a las de los demás. Lo que le causa bienestar y alegría es lo que su alma quiere hacer y recuerde siempre lo que los ángeles nos han enseñado: todos los caminos que llevan al amor convergen en la luz. Su misión en esta tierra es encontrar su propia luz y cuando lo haga, es llamado a defender ese descubrimiento como si fuera su más grande tesoro. Créame cuando le digo que encontrar la luz es sólo el primer paso en este camino. Aprenderla a conservar se convierte en una verdadera odisea y propagarla en los demás en un verdadero talento.

Porque aprender a vivir en la luz exige un grado de fortaleza que necesita ser inspirado y propiciado por nuestras fuentes de ayudas superiores y, cuando logramos encontrar nuestros propios modelos de luz, se exige que tengamos una gran habilidad para aprender a manipularla a nuestro favor. Porque la luz es maleable, puede ser moldeada de acuerdo con nuestros gustos. La luz nos permite que le demos consistencia en forma de muchas ideas, de pasiones, de gustos, de exploraciones, de creaciones; que exploremos el más allá, y con esto me refiero a que nos muestra una realidad más grande de lo que nos rodea y, siempre que perfilemos parte de ese brillo, podremos respirar en paz porque sabremos que sí es cierto que somos parte de un todo. Es verdad que provenimos de lo grande y hacia lo grande nos dirigimos. Iluminemos, pues, nuestras existencias y sigamos nuestro camino al amor.

Tengamos siempre en mente que es muy fácil mantenernos en la luz cuando todo sale bien, lo difícil es recordar que la luz existe cuando estamos en problemas. El hecho de que nuestras realidades empañen nuestra visión no quiere decir que la luz haya desaparecido, al contrario, la luz sigue a nuestro alcance, sólo debemos volver a activar su eterno poder. La luz debe convertirse en la balsa que se conserva en mitad del océano en medio de una tempestad. La luz es lo que nos mantiene en perfecto balance cuando todo lo que nos rodea está en movimiento y nos parece que se está moviendo "en nuestra contra". Lo pongo entre comillas, porque quizás sea a nuestro favor, pero en el momento en que se está presentando nos encontramos inútilmente ocupados tratando de impedir el curso natural del mismo movimiento. No nos desgastemos tratando de impedir lo que debe ocurrir, más bien respiremos con profundidad y concentrémonos en mantener nuestro equilibrio. En momentos así, pidamos la ayuda de nuestros ángeles y soltemos las velas. Entreguémosle el timón de nuestras existencias al Señor y sentémonos en mitad de nuestros botes a esperar la calma. Porque cada proceso importante en nuestras vidas está acompañado por un cambio y esto nos asusta ya que es más fácil mantenernos quietos en nuestros estados inertes. Sin embargo, somos cambio y es gracias a los cambios que logramos el avance de nuestros espíritus. No rechacemos los cambios en nuestras vidas, al contrario, démosles paso. Invitémoslos y, cuando la marea llegue y el movimiento nos sacuda, sostengámonos firmes, porque al final siempre vuelve la calma. Esto me recuerda una imagen que contemplé en las playas de San Diego cuando me puse a admirar a los surfistas y su manera de desafiar el mar. Ellos salen al encuentro de las olas y se sientan a esperar su arribo con gran dedicación. Y cuando viene la ola, la enfrentan con su tabla dándole siempre la cara a la marea. Sin embargo, también pude comprobar que sólo unos pocos lograban hacer de ese movimiento un verdadero arte. Sin duda se necesita tener una gran habilidad para poder avanzar cuando hay una gran resistencia, pero los que saben cómo hacerlo llegan hasta el pico de la ola y se paran con habilidad y mediante la fricción de la tabla y el movimiento apropiado de sus cuerpos logran mantener un equilibrio que hace que sus cuerpos se adapten a los caprichos de la ola. Y cuando paran de pelear y por fin se dejan llevar empiezan a danzar con el mar y logran avanzar con gracia.

Seamos surfistas de nuestras existencias y enfrentemos cada uno de nuestros días de cara a la luz. No peleemos con el curso de nuestras vidas y más bien movámonos con gran habilidad. Recordemos que podemos ser flexibles si realmente nos lo proponemos. Salgámonos de nuestras limitaciones y alcancemos la luz. Seamos buscadores perpetuos del destello divino y cuando lo hayamos vislumbrado, comprometámonos a vivir siempre bajo su amparo para que, cuando llegue la noche y estemos a punto de sucumbir al mundo de los sueños, podamos cerrar los ojos con la tranquilidad de haberlo hecho todo bien. Entreguemos nuestros días sabiendo que no deseamos volver el tiempo atrás porque lo que se perfila en el horizonte es mucho mejor que lo que acabamos de experimentar. Vivir en la luz, en compañía de nuestros ángeles, nos permite volver a escribir ese dicho que dice que todo tiempo pasado fue mejor. Pero en mi caso no es así, yo más bien experimento una mayor alegría con el paso de los días y siempre pienso que no retrocedería ni un día en mi existencia, ni siquiera para experimentar de nuevo los buenos momentos, porque son viejas alegrías y aún me quedan muchas alegrías nuevas por descubrir.

Todos estamos llamados a vivir en la luz y todos tenemos el derecho divino de vivir en completa libertad. Y si esto suena difícil de alcanzar, quizás sea aún más difícil dejar vivir en esa misma libertad a los demás. Porque es sólo en libertad que lograremos expresar nuestras verdades y es gracias a la libertad que conservaremos lo que tanto amamos. Es sólo abriendo nuestras manos que podremos contemplar el vuelo de los demás y es propiciando las condiciones indicadas de ese vuelo que los demás podrán volar en paz. Cuando se vive en la luz se puede avanzar con seguridad porque el vivir en la luz nos da la libertad de movernos hacia el Señor; por eso cuando se vean corriendo pregúntense para qué tanto afán. Pregúntense si tuvieron tiempo para respirar y descubrir la grandeza de todo lo que los rodea. No llegan más pronto porque vayan más deprisa, pero sí llegan antes si andan con certeza.

No es más mi niña.

Es así como concluyen los ángeles cada uno de sus mensajes y siempre que escucho estas palabras sonrío porque sé que hay mucho más, que existe todo por explorar, ¡el Infinito! Y mientras respiro, miro el horizonte esperando ver qué es lo que me traerá y, como el mar me trajo este libro, el viento me traerá las respuestas a mis andares. Porque el Universo funciona de manera sorprendente y siempre responde a los llamados de nuestra alma. Así es que, amigo lector, continúe confiando en que es escuchado y en que sus plegarias serán contestadas a su debido tiempo. Recuerde que todo se está dando en el eterno presente, entonces eso que tanto anhela ya es real en otro plano y bajo otras condiciones. Y si tiene dudas, sepa que este libro es una prueba de lo que he dicho, porque me ha mostrado que vivimos en el eterno presente ya que sus palabras surgieron en tiempos y en espacios diferentes, pero cuando salieron a la luz pasaron a formar un mismo ahora. Y aunque los años pasaron y los lugares fueron distintos, yo siempre me encontré invadida por la misma necesidad de escribir estas líneas mientras me bebía mi eterno café. Y entre sorbo y sorbo los ángeles me dictaron sus palabras y esperaron a que levantara mi mirada para observar el cambio de muchas estaciones y el paso de numerosas personas que me acompañaron. A todos ustedes, gracias, en especial a Lina Hincapié.

Este libro fue un encuentro divino y me demostró que podemos asistir a los llamados de nuestra alma si en realidad lo queremos. Yo sabía que tenía esta cita porque estas páginas eran lo primero que empacaba cuando emprendía un nuevo viaje. Y aunque me veía sola en un nuevo lugar siempre que escribía me sentía acompañada por muchos. Porque esta vez pude escuchar el latido de sus almas, que me daban ánimos para que continuara transmitiendo las palabras angelicales. Y en realidad han sido ustedes los que han hecho posible que yo cumpla con esta misión. Muchas gracias de todo corazón por leer estas páginas y por abrir sus corazones a la posibilidad del amor. Y espero que sus vidas sean vividas en compañía de sus ángeles, quienes siempre los están esperando para bailar la danza del amor.

Son caminos inciertos los caminos del alma, pero son caminos felices.

Siempre te encontrarás con personas que al igual que tú han decidido transitar sus vidas siguiendo el eco de sus corazones. Y cuando reconozcas a alguno de estos peregrinos entenderás que tus andares, al igual que los de ellos, han valido la pena.

Los ángeles.